商务礼仪实训

SHANGWU LIYI SHIXUN

主　编　李媛媛
副主编　童　茜　张馨元　张　超

西南财经大学出版社

图书在版编目(CIP)数据

商务礼仪实训/李媛媛主编.—成都:西南财经大学出版社,2016.4(2020.8重印)
ISBN 978-7-5504-2407-4

Ⅰ.①商… Ⅱ.①李… Ⅲ.①商务—礼仪—高等职业教育—教材
Ⅳ.①F718

中国版本图书馆 CIP 数据核字(2016)第 086600 号

商务礼仪实训

主　编:李媛媛
副主编:童　茜　张馨元　张　超

责任编辑:孙　婧
封面设计:墨创文化
责任印制:朱曼丽

出版发行	西南财经大学出版社(四川省成都市光华村街 55 号)
网　　址	http://www.bookcj.com
电子邮件	bookcj@foxmail.com
邮政编码	610074
电　　话	028-87353785
照　　排	四川胜翔数码印务设计有限公司
印　　刷	四川五洲彩印有限责任公司
成品尺寸	185mm×260mm
印　　张	13
字　　数	295 千字
版　　次	2016 年 5 月第 1 版
印　　次	2020 年 8 月第 4 次印刷
印　　数	6001— 8000 册
书　　号	ISBN 978-7-5504-2407-4
定　　价	29.80 元

前 言

社会发展需要礼仪规则意识，以体现个人的学识、修养和价值观。礼仪能有效地展现施礼者和还礼者的教养、风度与魅力，体现了个人对他人和社会的认知水平、尊敬程度，是人与人之间表达心意、增进交流、促进了解的有效保障，是人际交往活动中不可缺少的润滑剂和联系纽带。

商务礼仪是一门实践性非常强的应用型学科。在本教材中，学生不仅要掌握个人形象塑造和商务礼仪运用的基本知识和操作方法，更重要的是要有意识地运用礼仪知识，为以后走上工作岗位，建立完善的人际关系，为更快地走向成功奠定良好的基础。

本书的一大特点是结合学生今后在现代服务业和现代社会活动的实际需要，结合企业常见商务活动，分为职业形象礼仪、商务会面交往礼仪、商务接待拜访礼仪、商务宴请礼仪、商务活动礼仪、会议谈判礼仪和求职面试礼仪七大模块。每个模块由礼仪谚语、模块教学目标、知识目标、技能目标、素质目标组成。每个模块中又包含了多个任务，每个任务由案例导入、任务目标、理论知识、实训技能构成。本书以任务为目标，以技能为导向，提高学生在任务开发过程中的分析问题、解决问题的能力，提高学生的实践操作技能。

本书的另一大特点是在每个任务或模块结束前，设置了一个情景模拟与角色扮演环节，通过一些商务活动的真实场景，组织学生积极参与教学，进行体验式学习和演练，并在训练礼仪技能的基础上，提高创新能力和团队合作能力，培养自信心。

本书具有较强的应用性和可操作性，是按照当代大学生职业目标定位方向和培养目标的要求进行编写的，尤其适合高等职业型人才和应用创新型人才培养使用。本书遵循“实用为主，适用为变”的原则，以内强素质、外塑形象为重要目标突出商务礼仪的重要性。

本书由昆明理工大学李媛媛、童茜、张馨元老师编写。在本书编写前，郭辉老师提供了该书的编写思路和框架，并提出了许多建设性的指导意见。具体编写分工为：李媛媛编写绪论、模块一、模块二和模块三；童茜编写模块四和模块五；张馨元编写模块六和模块七。全书由李媛媛、张超最后统稿并审定。

本书在编写过程中，参考了大量的国内外专家学者的文献和资料，在此表示衷心的感谢。

尽管在本书的编写过程中编者做出了许多努力，但仍存在疏漏和不足之处，恳请同行专家、学者及广大读者不吝赐教，批评指正。

编者

2016 年 1 月

目录

绪论　商务礼仪实训概述

一、课程概述

（一）课程性质

商务礼仪实训课程是当代大学生各专业，尤其是经济管理类各专业集中实践性教学环节的专业实训课，属于应用性实践必修骨干课程和职业训练课程。课程遵循“实用为主，适用为变”的原则，以内强素质、外塑形象为重要目标突出商务礼仪的重要性。

商务礼仪实训，既是教学与训练项目课程之一，也是学生在校学习期间理论联系实际、增长实践知识的重要手段和方法之一。

（二）基本理念

商务礼仪实训课程以“教师为主导，学生为主体”作为课程的指导思想，理论知识以必须、适用为度，以任务设计、技能训练、情景模拟和角色扮演等实践活动为载体，以学生未来就业岗位的实用技能培养为宗旨。课程设计理念注重职业能力培养，即：注重学生包括职业素养和沟通表达能力等职业能力训练，提升学生的团队意识及合作精神；注重课程与社会的关联度，即注重课程与企业的关联，要求课程内容应符合企事业单位商务活动的要求与标准，教学团队专兼职结合、教学环境校内外结合，不脱离社会实际；注重课程设计的开放性，即注重在课时、内容和考核的安排上，通过教学内容的合理编排和教学过程中的体验训练，体现校企的合作性和学生的参与性。

（三）设计思路

商务礼仪实训课程将针对学生今后在现代服务业和现代社会活动的实际需要，通过实训环节巩固学生先修课程讲授的礼仪基本理论和知识，要求学生熟悉商务礼仪的基本原理，掌握商务交往活动中的基本规则和正确的商务礼仪技巧，自觉按照商务礼仪的规范约束个人言行举止，以达到在观念、态度、能力等多方面提升学生的职业素养、全面提高学生个人的道德修养、改善自身形象、净化社会风气的目的，为学生将来建立良好的人际关系、走向职业化奠定基础。

本实训课程通过启发引导、案例分析、情景模拟、角色扮演等教学方法，采用互动、模拟、训练等方式开展有关商务和公务活动的相关礼仪程序和技巧的培训和实践，以期达到活学活用的效果；并使学生在意识、形象、语言、举止、内外往来及沟通技巧上有据可依、有章可循，从而提高学生的职业素养，规范自身言行和行为，掌握接人待物以及沟通艺术与技巧。

二、课程目标

（一）课程总目标

商务礼仪实训课程以高等职业本科及应用型本科人才培养的目标和社会对现代商务人才的需求为依据，以企业常见商务活动的主要类型进行实训教学，以完成各项实际工作为任务来开展教学，以企业一个完整的商务活动安排教学任务，以任务的完成为目标，以学生自主思考和训练、模拟和实际体验为主，以教师启发引导、讲解、示范为辅，教与学结合，学与做结合。

课程要求学生采用互动、模拟、训练等方式，认识和了解企业常见商务活动策划与组织的一般程序，熟练掌握商务活动策划与组织各项技能，熟练掌握商务活动各环节的礼仪规范，培养学生一定的沟通能力、组织能力、应变能力以及团队合作精神。

通过商务礼仪实训课程的学习和培训，学生应掌握个人形象塑造和商务礼仪运用的基本知识和操作方法，并有意识地运用礼仪，为以后走上工作岗位，建立完善的人际关系，更快地走向成功奠定良好的基础。

（二）课程具体目标

1. 知识目标

（1）了解并掌握塑造良好个人形象的原则；

（2）了解企业商务活动的主要类型和工作流程；

（3）了解商务礼仪的基本原则和国际惯例；

（4）掌握商务活动各环节礼仪规范要求。

2. 技能目标

（1）掌握塑造良好职业形象的技巧和方法；

（2）掌握会面交往、客户接待与拜访的礼仪规范；

（3）掌握商务宴请的流程和礼仪规范；

（4）掌握各类特定商务活动策划的方法和规范；

（5）掌握各类商务会议的工作流程，并熟悉其活动的策划内容；

（6）掌握面试应聘的技巧和礼仪规范；

（7）掌握涉外交往中不同国家的礼仪习俗禁忌。

3. 素质目标

（1）培养学生的职业素养和职业意识；

（2）培养学生的团队意识与合作精神；

（3）培养学生的组织能力与责任意识；

（4）培养学生的沟通能力与应变能力。

三、课程内容与标准

（一）课程导论内容与标准（表0.1）

表0.1　　课程导论内容与标准

课程导论——实习动员	
知识目标	通过导论部分的学习，要求学生掌握了解以下两方面的内容
	1. 课程定位及学习要求 （1）本课程在培养方案中的地位 （2）本课程的教学目的与要求 （3）教学内容与教学安排 （4）成绩考核与评价方法
	2. 课程的目标和教学方法 （1）课程的总体目标和分目标 （2）课程教学方法
任 务	统一思想、端正认识；人员分组、实训物资准备等

（二）职业形象礼仪内容与标准（表0.2）

表0.2　　职业形象礼仪内容与标准

模块名称	模块一 职业形象礼仪	
知识目标	1. 了解仪态、仪表、仪容的概念、内容及要点 2. 掌握商务人员仪态、仪表、仪容的礼仪规范要求 3. 掌握站立、入座、行走和下蹲等姿态，以及表情、手势和身体语言使用的礼仪规范和基本要求 4. 掌握男士西装、女士套裙和商务着装的基本原则、着装要求以及服饰搭配要领 5. 掌握仪容修饰的基本原则，掌握皮肤护理、职业化妆、发型选择、手脚修饰及其他仪容修饰的技巧	
素质培养目标	1. 培养学生的个人素养和职业素质 2. 培养学生养成注重个人仪容仪表、行为举止的优秀意识和良好习惯 3. 提高学生审美修养和塑造自我美好个人形象的能力	
任务	内 容	技 能 目 标
	任务1 仪态礼仪	1. 掌握仪态礼仪的礼仪原则和要求 2. 掌握优美规范的站姿、坐姿、行姿和蹲姿 3. 掌握眼神礼仪和微笑礼仪，正确使用身体语言以及各类手势 4. 培养良好的行为举止习惯
	任务2 仪表礼仪	1. 掌握男士西装、女士套裙和职业着装的原则 2. 掌握商务活动着装规律、饰品佩戴要求
	任务3 仪容礼仪	1. 掌握洁面步骤、美容要领和职业化妆技巧 2. 职业装扮技巧训练

（三）商务会面交往礼仪内容与标准（表 0.3）

表 0.3 商务会面交往礼仪内容与标准

模块名称	模块二 商务会面交往礼仪	
知识目标	1. 掌握不同场合的称呼与问候 2. 掌握握手、拥抱、合十、拱手等会面礼仪要求 3. 掌握自我介绍和介绍他人的礼仪技巧 4. 掌握名片制作的方法、递接及索要名片的技巧 5. 掌握接听电话、拨打电话的技巧以及手机使用的注意事项	
素质培养目标	1. 提高学生在待人接物、社会交往和商务工作中的礼仪修养 2. 掌握基本礼貌用语，具备在不同场合与人交往的基本素质	
任务	内 容	技 能 目 标
	任务 1 称呼与问候礼仪	1. 掌握不同场合的称呼 2. 掌握不同场合的问候
	任务 2 见面礼节	1. 掌握握手、拥抱、合十、拱手等会面礼仪要求 2. 掌握不同国家的见面礼仪
	任务 3 介绍礼仪	1. 掌握自我介绍的礼仪技巧 2. 掌握介绍他人的礼仪技巧
	任务 4 名片使用礼仪	1. 掌握名片制作的方法 2. 掌握名片递接的技巧 3. 掌握索要名片的技巧
	任务 5 电话礼仪	1. 掌握电话接听与拨打的礼仪规范 2. 掌握手机使用礼仪

（四）商务接待拜访礼仪内容与标准（表 0.4）

表 0.4 商务接待拜访礼仪内容与标准

模块名称	模块三 商务接待拜访礼仪	
知识目标	1. 掌握接待工作流程及内容 2. 了解接待前的准备工作 3. 掌握接待时迎客、待客、送客和乘车礼仪 4. 掌握商务拜访的准备技巧、正式拜访和告辞过程中的礼仪 5. 掌握馈赠礼仪的规范、要求及注意事项 6. 熟悉不同国家的接待拜访礼仪	
素质培养目标	1. 提高学生在商务接待和商务拜访中的礼仪修养 2. 培养学生的专业能力与职业核心能力，提高学生的职业素养	
任务	内 容	技 能 目 标
	任务 1 接待礼仪	1. 掌握接待工作的流程和标准 2. 掌握接待时迎客、待客、送客和乘车礼仪
	任务 2 拜访礼仪	1. 掌握商务拜访的礼仪原则和技巧 2. 掌握商务拜访的准备技巧、正式拜访和告辞过程中的礼仪 3. 掌握不同国家的拜访礼仪
	任务 3 馈赠礼仪	1. 掌握礼品选择的技巧 2. 掌握礼品赠送、接受和谢绝的礼仪 3. 掌握礼品回赠的礼仪

（五）商务宴请礼仪内容与标准（表 0.5）

表 0.5 商务宴请礼仪内容与标准

模块名称	模块四 商务宴请礼仪	
知识目标	1. 掌握宴请活动的程序、桌次与席位排序礼仪 2. 掌握中餐餐具分类使用、点菜要领及上菜顺序等餐桌礼仪 3. 掌握西餐餐具类别使用、点菜要领、上菜顺序及餐酒搭配等餐桌礼仪	
素质培养目标	1. 培养学生的个人素养和职业素质，在提高自身综合素质的同时，帮助人们顺利开展各种商务交往 2. 培养学生的沟通能力与交际意识	
任务	内 容	技 能 目 标
	任务 1 中餐宴请礼仪	1. 掌握中餐宴请的尊位确定、主客位次排序 2. 掌握中餐餐具的使用 3. 理解中餐点菜要领及上菜顺序等餐桌礼仪
	任务 2 西餐宴请礼仪	1. 掌握西餐宴请的主客位次排序 2. 掌握西餐餐具的类别与使用 3. 掌握西餐的点菜、上菜及餐酒搭配等餐桌礼仪

（六）商务活动礼仪内容与标准（表 0.6）

表 0.6 商务活动礼仪内容与标准

模块名称	模块五 商务活动礼仪	
知识目标	1. 掌握签字仪式的程序及活动内容 2. 掌握各种开业庆典的筹备工作流程、仪式程序与活动内容 3. 掌握各种剪彩仪式的程序与活动内容	
素质培养目标	1. 培养学生的创意思维和策划能力 2. 培养学生的团队合作精神与组织协调能力	
任务	内 容	技 能 目 标
	任务 1 签字仪式	1. 掌握签字场地的布置准备 2. 掌握签字文本的格式内容 3. 掌握签字仪式流程
	任务 2 开业庆典	1. 掌握传播媒介的选择原则与方法 2. 掌握嘉宾名单的拟定与邀请方式的选择 3. 掌握场地布置的方法 4. 掌握开业庆典的流程设计及过程组织
	任务 3 剪彩仪式	1. 掌握剪彩仪式的流程和活动内容 2. 掌握剪彩场地的布置和位次的排定 3. 掌握对剪彩者的选定和助剪者的礼仪要求

（七）会议谈判礼仪内容与标准（表 0.7）

表 0.7 会议谈判礼仪内容与标准

模块名称	模块六 会议谈判礼仪	
知识目标	1. 掌握组织会议、接待会议以及参加会议的相关礼仪规范 2. 掌握组织和参加茶话会的礼仪规范 3. 掌握谈判前、中、后期整个过程的礼仪要求	
素质培养目标	1. 培养学生的个人素养和职业素质，在提高自身综合素质的同时，帮助其顺利组织、策划、开展各种会议及谈判等商务交往 2. 培养学生的会议组织能力及沟通能力	
任务	内 容	技 能 目 标
	任务 1 会议礼仪	1. 了解会议准备的内容 2. 掌握商务会议工作流程及制定方法 3. 掌握会议礼仪规范 4. 掌握会议座次安排的原则 5. 了解质询的礼仪
	任务 2 茶话会礼仪	1. 了解茶话会准备工作的内容 2. 掌握茶话会礼仪规范
	任务 3 谈判礼仪	1. 了解商务谈判重点涉及的内容 2. 了解谈判室的布置与主、客方谈判座次安排 3. 了解出席商务谈判的仪表仪态、语言规范的基本要求

（八）求职面试礼仪内容与标准（表 0.8）

表 0.8 求职面试礼仪内容与标准

模块名称	模块七 求职面试礼仪	
知识目标	1. 了解求职面试礼仪的基本原则和要求 2. 掌握求职面试前的准备工作 3. 掌握面试过程中的礼仪技巧和注意事项	
素质培养目标	1. 培养学生的应聘能力 2. 提高学生的沟通能力与言谈技巧 3. 要求学生能出色地完成一次面试任务	
任务	内容	技 能 目 标
	任务 1 求职面试准备	1. 掌握应聘信息收集的方法 2. 掌握简历和自荐信的制作技巧 3. 对面试问题进行充足的准备 4. 对服饰和个人仪表仪容进行准备
	任务 2 面试礼仪	1. 掌握求职者的仪态礼仪 2. 熟知面试中的十个礼仪要求及三个注意事项 3. 掌握面试时的一些应答及应对技巧

（九）实训综合考核内容与标准（表 0.9）

表 0.9 实训综合考核内容与标准

实训综合考核——商务场景模拟展演	
知识目标	通过商务场景模拟展演，要求学生综合掌握以下两方面的礼仪内容
	1. 仪容、仪态、仪表综合礼仪展示
	2. 不同商务场景综合礼仪展示
任 务	团队统一思想、配合默契；展示符合礼仪标准、展示物品准备齐全。在商务场景模拟展演中，能综合运用实践环节的各种礼仪知识。仪容、仪态、仪表正确，礼仪使用合理并恰到好处，语言表达顺畅。提升整体礼仪水平

四、实施建议

（一）教学方法

商务礼仪实训课程的教学，将传统教学方法与多媒体等现代化的手段相结合，采用任务开发、训练结合、情景模拟和角色扮演等体验式教学方法。

（1）任务开发型教学法。它是指以实际任务为目标，教学围绕任务解决开展，通过完善任务的实际流程，让学生在任务开发过程中提高分析解决问题的能力，提高实践操作技能。

（2）训练结合教学法。它是指以学生为主体，教师加以适当引导，突出知识的应用性，引导学生自主思考，提高学生分析问题、解决问题的能力，提高学生的实践技能。

（3）情景模拟教学法。它是指在实践教学的过程中，通过设置一些商务活动的真实场景，组织学生积极参与教学。

（4）角色扮演教学法。它是指学生按不同的任务要求，在特定情境之下，分别扮演特定组织中的不同角色，通过体验式学习和演练，达到提高创新能力、培养自信心和掌握技能的目的。

（二）教学手段

商务礼仪实训课程教学要求学生已掌握商务礼仪的基本知识，注重学生实际操作能力的培养。实训以学生练习为主，教师指导为辅。

商务礼仪实训课程充分运用现代教学技术手段，将多媒体课件、音频资料、视频资料、图片资料等各类课件的使用有机地纳入整个课程教学，与文字教材配合使用。

商务礼仪实训课程通过现场训练与指导、实地参观考察、模拟场景设计和特定角色扮演等实际操作训练手段，完成体验学习演练的任务，达到掌握塑造职业形象和提高商务礼仪技能的目标，提高学生解决实际问题的能力，以便在商务礼仪实践活动中应用自如。

（三）学时分配

商务礼仪实训课程的教学总学时可以设为 40~60 学时，也可以在实训课程之前开设 16~32 学时的理论教学。如设立为 60 学时，可以选择实际操作训练 40 学时，辅导 20 学时。如果设立为 40 学时，可以把辅导学时作为学生的课后作业。每个模块考虑的学时分配如表 0.10 所示。

表 0.10　每个模块考虑的学时分配

序号	模块	实际操作训练	辅导
1	课程导论	2	1
2	职业形象礼仪	10	5
3	商务会面交往礼仪	4	2
4	商务接待拜访礼仪	4	2
5	商务宴请礼仪	4	2
6	商务活动礼仪	4	2
7	会议谈判礼仪	4	2
8	求职面试礼仪	4	2
9	实训综合考核	4	2
学时合计		40	20

（四）评价考核

课程评价考核的目的是全面评估学生的学习状况。对学生学习的考核，既要关注学生知识理解与技能掌握的程度，也要关注学生价值观与职业素养的发展；不仅关注结果，更关注过程。

考核手段和形式将过程评价与结果评价相结合，定性与定量相结合，充分关注学生的个性差异，发挥考核的激励作用，增强学生的自信心和实践能力。

教师将利用考核所提供的信息，进一步改善教学设计，调整教学过程，改进教学水平。

商务礼仪实训课程的考核项目，包括课程教学过程中的出勤率、学生的态度及积极性，小组讨论、技能训练等教学活动中的参与度。此外，在每一个教学任务或模块完成后，都要安排学生情景模拟与角色扮演练习，同时撰写实训笔记，作为模块小结。

实训总成绩，将根据学生在实训期间的出勤情况、实习态度和积极性、各模块训练效果、商务场景模拟展演和实训报告的质量综合评定。具体如表 0.11 所示。

学生最终成绩 90~100 分评定为优秀；80~89 分评定为良好；70~79 分评定为中等；60~69 分评定为及格；59 分及以下评定为不及格。

无故缺席 1/3 学时及以上者，成绩评定为不及格。

表 0.11　实训总成绩考核

考核方式	考核项目	成绩	标准
过程考核（70%）	1. 出勤率	10 分	缺席一次扣三分
	2. 实习态度和积极性	10 分	是否积极参与训练、积极参与小组活动
	3. 各模块技能训练效果	20 分	是否认真完成实训任务的训练，实训后各种商务礼仪是否有改进
	4. 实训综合考核：商务场景模拟展演	30 分	在商务场景模拟展演中，是否能综合运用实践环节的各种礼仪知识。仪容、仪态、仪表是否正确，礼仪使用是否合理并恰到好处，语言表达是否顺畅。是否提升了整体礼仪水平
结果考核（30%）	5. 实训报告	30 分	不少于 3 000 字。语言表达是否流畅，字数是否达到规定数量，总结是否深刻，是否达到实习的目的
总分		100 分	

（五）实训设备配置

按每个实训班最多 30 名学生配置，配备可容纳 50 人左右，可模拟办公、会见、谈判、宴请等商务场景和形体训练的多媒体实训教室。

模块一　职业形象礼仪

商务人士在商务交往中想要给他人留下好的第一印象，必须注重自己的职业形象。一个人职业形象的形成涉及的方面很广，容貌、妆貌、仪态、服饰等，都是个人职业形象的重要组成部分。因此，商务人士必须加强个人仪容、仪表、仪态等方面礼仪知识，学习提升自身修养的职业形象礼仪规范。

【礼仪谚语】

人的一切都应该是美丽的：面貌、衣裳、心灵、思想。

——契诃夫

【模块教学目标】

1. 了解职业形象礼仪的基本内容；
2. 掌握仪态礼仪的规范及要求；
3. 掌握仪表礼仪的规范和要求；
4. 掌握仪容礼仪的规范和要求。

【知识目标】

1. 了解仪态、仪表、仪容的概念、内容及要点；
2. 掌握商务人员仪态、仪表、仪容的礼仪规范要求；
3. 掌握站立、入座、行走和下蹲等姿态，以及表情、手势和身体语言使用的礼仪规范和基本要求；
4. 掌握男士西装、女士套裙和商务着装的基本原则、着装要求以及服饰搭配要领；
5. 掌握仪容修饰的基本原则，掌握皮肤护理、职业化妆、发型选择、手脚修饰及其他仪容修饰的技巧。

【技能目标】

1. 掌握优美规范的站姿、坐姿、行姿和蹲姿；
2. 掌握眼神礼仪和微笑礼仪，正确使用身体语言以及各类手势；
3. 能在仿真的工作环境中规范、正确地着装和搭配；
4. 能根据不同的工作性质，正确地装饰自己的仪容。

【素质目标】

1. 培养学生的个人素养和职业素质；
2. 培养学生养成注重个人仪容仪表、行为举止的优秀意识和良好习惯；
3. 提高学生审美修养和塑造自我美好个人形象的能力。

任务 1　仪态礼仪

【案例导入】

小张将要大学毕业，虽然成绩在班级中名列前茅，但一直没有找到合适的实习岗位。某天小张到 A 公司面试管理培训生的实习岗位，在面试过程中，小张弯腰驼背，跷着二郎腿，脚还不停地抖动；在回答问题时，小张面无表情，一直低着头，不敢与面试官有眼神上的交流。面试结束后，小张觉得自己的专业知识回答得还不错，但最终还是未能获得 A 公司的实习机会。

思考：

1. 小张面试失败的原因是什么？如果你是这位大学生，如何做才能赢得面试官的青睐？

2. 商务人员需要掌握和注意哪些仪态礼仪？

【任务目标】

通过实训，学生应掌握仪态美的基本动作要领，掌握符合礼仪规范的站姿、坐姿、行姿和蹲姿，同时掌握目光礼仪和微笑礼仪的要领，能规范使用身体语言以及各类手势。

【理论知识】

一、仪态的概述

仪态是指人们在行为中具体呈现的各种体态和姿势的总称，主要包括人的站、坐、行、蹲、一瞥一笑、举手投足等。一个人的仪态是呈现一个人修养的一面镜子，人们往往会凭借一个人的仪态来判断其生活、能力、品格以及文化教养等。优雅的举止、潇洒的风度，常常会给人留下深刻的印象。

仪态是人们在成长和交往过程中逐步形成的，具有习惯性的特点。在人际交往中，人们除了用语言来表达思想情感外，还常常用体态来表达内心的活动，因为通过体态表达的信息一般要占所传递信息总量的65%左右，其信息承载量远远大于有声的语言。因此，“听其言，观其行”是所有商务活动中必不可少的。人们在语言交流的同时，也在通过面部表情、身体的姿态、手势和动作传递信息，而通过仪态表达的礼仪比用语言更让受礼者感到真实可靠。

二、体态礼仪

在人际交往中，体态的调整和变化，往往涉及礼貌、个人风度和教养等几个方面的问题。正确而优雅的体态可以给人留下美好的印象，不正确、不得体的体态会显得不礼貌，甚至失礼。

（一）站的姿态

站姿是指人的双腿在直立静止状态下所呈现出的姿势。站姿是走姿、坐姿和蹲姿的基础，一个人想要表现出得体雅致的姿态，首先要从规范站姿开始。优雅挺拔的站姿可以显示出一个人的自信，展现美好的气质和风度。

1. 基本站姿

对站姿的要求是“站如松”，其意思是站得要像松树一样挺拔，同时还要注意站姿的优雅和稳健。站立时，要注意肌肉张弛的协调性，挺胸、立腰、沉肩，两肩和手臂的肌肉放松，呼吸自然，面带微笑。其基本做法是：

（1）头部抬起、双眼平视、下颚微收、颈部挺直、双肩放松、呼吸自然、腰部直立。

（2）双臂自然下垂，处于身体两侧，手部虎口向前，手指稍许弯曲，指尖朝下。

（3）两腿立正并拢，双膝与双脚的根部紧靠于一起，双脚呈 45°~60°夹角，身体重量应平均分布在两条腿上。

（4）标准站姿从正面看，应头正、肩平、身直。从侧面看，其主要轮廓线应为挺胸、收腹、直腿。

基本站姿如图 1.1 所示。

图 1.1　基本站姿

2. 女士站姿

除了基本站姿外，女士还可以采用叉手站姿。在站立时，挺胸收腹，平视前方，面带微笑，双腿并拢，双手在腹前交叉，右手握住左手手指部分，双腿均匀用力。女士叉手站姿如图 1. 2 所示。

除了“V”字形站姿外，女士还可以站成“T”字形。“T”字形站姿，也称为丁字步站立。在站立时，挺胸收腹，平视前方，面带微笑，右手握左手并轻搭小腹前，一脚在另外一脚弓处成 90°，呈丁字形。站立时间较长时，左右脚可以互换以减轻疲劳感。女士“T”字形站姿如图 1. 3 所示。

女性要注意表现出女性的大方、文雅、端庄的韵味，要给人一种宁静之美。

图 1. 2　女士叉手站姿

图 1. 3　女士“T”字形站姿

3. 男士站姿

除了基本站姿外，男士还可以采用背手站姿和叉手站姿。

背手站姿在站立时，挺胸直立，平视前方，面带微笑，双脚分开，两脚外沿宽度以不超过肩宽为宜，双手背后轻握，重心分散于两脚上。具体如图 1. 4 所示。

男士叉手站姿需要两手自然并拢，右手搭在左手上，轻贴腹部。具体如图 1. 5 所示。

图 1. 4　男士背手站姿

图 1. 5　男士叉手站姿

男士在站立时要注意表现出男性稳重、刚健、潇洒的风采，要力求给人一种阳刚之美。

4. 站姿的注意事项

（1）站立时，切忌歪头、缩颈、耸肩、含胸、弯腰驼背，两肩一高一低。

（2）忌低头、目光呆滞。

（3）忌无精打采、东倒西歪、重心不稳。

（4）忌手位不当，如手插在口袋里，双手叉腰或者双手抱胸。

（5）忌腿位不雅，如双腿叉开过宽，双腿扭在一起，双腿弯曲，一腿高抬等。

（6）忌把其他物品作为支撑点，依物站立，更不要靠门或者靠墙站。

（7）注意小动作，如双手玩弄衣角、头发、物件等。

（8）腿不要不停地抖动。

错误站姿如图 1.6 所示。

图 1.6　错误站姿

（二）坐的姿态

坐姿是指人在就座以后身体所保持的一种姿势。坐姿也是一种静态的身体造型，是人们在商务活动中采用最多的姿势。端庄优美的坐姿不仅给人以文雅、稳重、大方的感觉，而且也是展现自己气质和风度的重要形式。

1. 基本坐姿

坐姿的基本要求是：端庄、稳重、自然，给人一种舒适感，即“坐如钟”。其基本做法是：

（1）入座时，要走到座位前面再转向，右脚向后退半步，然后轻稳地坐下。女士穿着裙装或大衣时，要先从后向前抚顺裙摆后再轻轻坐下。需坐在椅子前方 1/2 或者 2/3 的位置，脊背不要靠椅背，收左脚，脚尖平行向前，两腿自然弯曲，两脚平落地面，膝盖呈 90°垂直。入座时，一般都是要求“左进左出”，即从椅子的左边入座。

（2）入座后，女士双膝和双脚都必须并拢，两脚平行。男士双膝可适度分开，但双膝宽度不能超过肩膀宽度，上身自然挺直，双肩平正放松，立腰、挺胸，两手放在双膝上。女士双手可叠放一边，压住裙子，以防走光，双目平视，嘴唇微闭，微收下颚，面带微笑。

（3）起立时，右脚向后退半步，然后起立站起，收右脚，从椅子的左边离座。

基本坐姿如图 1.7 所示。

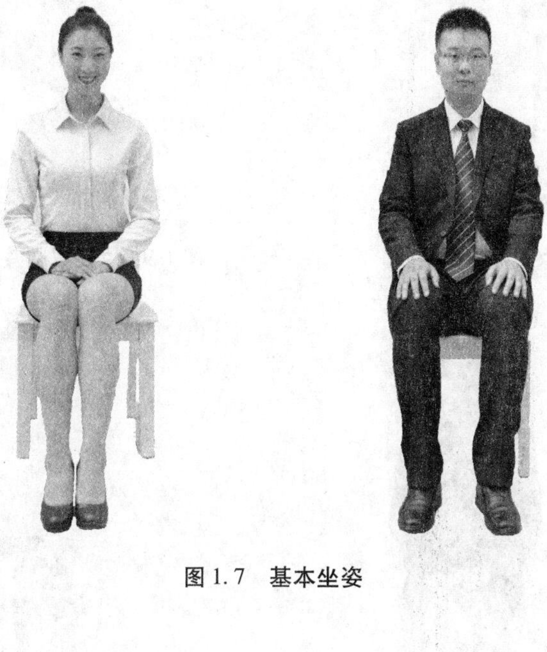

图 1.7 基本坐姿

2. 女士坐姿

女士坐姿有很多种，但基本要求都是身体坐直，膝盖并拢。

（1）标准式坐姿。如上基本坐姿，主要要求是：坐正，双膝并拢，双手可叠放在左或者右膝上，小腿垂直于地面。具体如图 1.8 所示。

（2）双腿叠放式坐姿。这种坐姿适合穿裙子的女士采用，造型极为优雅。主要要求是：将双腿完全地一上一下交叠在一起，交叠后的两腿之间没有任何缝隙，犹如一条直线。双脚斜放于左侧或者右侧，斜放后的腿部与地面呈 45°角，叠放在上的脚的脚尖垂直地面。具体如图 1.9 所示。

（3）双腿斜放式坐姿。这种坐姿适合穿裙子的女士在较低处就座所用。主要要求是：双腿首先并拢，然后双脚向左侧或右侧斜放，力求使斜放后的腿部与地面呈 45°角。具体如图 1.10 所示。

（4）双脚交叉式坐姿。女士坐在办公室后面、主席台上或车上时，比较适合采用这种坐姿。其主要要求是：双膝先要并拢，然后双脚在踝部交叉。需要注意的是，交叉后的双脚可以内收，也可以斜放，但不宜向前方远远地直伸出去。具体如图 1.11 所示。

图 1.8　女士标准式坐姿

图 1.9　女士双腿叠放式坐姿

图 1.10　女士双腿斜放式坐姿

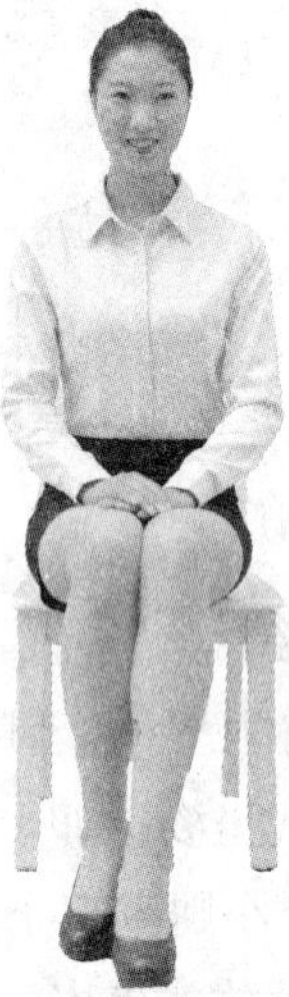

图 1.11　女士双脚交叉式坐姿

3. 男士坐姿

男士坐姿有端坐标准式、分足式和大腿叠放式。

端坐标准式如上基本坐姿要求：坐正，双腿并拢，双手放在膝盖上或者扶手上，掌心向下，小腿垂直于地面。

分足式坐姿，即双腿分开，但不得超过肩宽，在正式场合或者女性面前一般是一个拳头的距离，在非正式场合可以是两个拳头的距离，分足式坐姿时，可以四指并拢，虎口张开朝前。具体如图 1.12 所示。

大腿叠放式坐姿多适合男性在非正式场合采用，俗称二郎腿。主要要求是：两条腿在大腿部分叠放在一起。叠放之后位于下方的一条腿的小腿垂直于地面，脚撑着地；

位于上方的另一条腿的小腿则向内收，同时脚尖下压。具体如图 1.13 所示。

图 1.12　男士分足式坐姿

图 1.13　男士大腿叠放式坐姿

4. 入座礼仪

一个人入座时，无所谓顺序，多人一起就座时就要考虑顺序问题。一般客人、长辈、领导、女士优先。入座时要注意方位，分清座位的尊卑，主动让上座，如把面门的座位、居中的座位、舒适的座位、居右的座位让给尊者。入座时，从座位左侧就座。在就座时，如遇到熟人，应起身主动跟对方打招呼；如不认识身边的人，也应向其点头示意。

5. 离座礼仪

离座时，身旁如有人，需以言语或者动作先向其示意，随后方可起身；如果与他人同时离座，需注意起身的先后次序，地位低于对方时，应稍后离座。起身离座时，动作要轻缓、无声，从左侧离开座位。

6. 坐姿的注意事项

（1）入座后，忌弯腰驼背、东倒西歪、前俯后仰。

（2）入座后，忌双腿抖动或者腿晃来晃去。

（3）在正规场合下，比如求职面试、与领导谈话等，不要使用大腿叠放式坐姿。

（4）坐下后，忌双腿拉开成八字形或脚尖相对，也不能将脚伸得很远。

（5）忌入座后坐得太深，靠在椅背上。

（6）忌把脚放在桌子上，忌以脚踏物，忌以脚钩住桌腿等不文明坐姿。

（7）女士入座时，勿忘轻抚裙摆，坐下后，双腿务必合拢，以防走光。

（8）跷二郎腿时，忌将脚抬得过高，忌将脚尖指向他人，应将脚尖朝地下压。

（9）忌双手乱放，比如双手抱于胸前，双手抱于脑后，双手夹在大腿间或手抱膝盖等。

错误的坐姿如图 1.14 所示。

图 1.14　错误坐姿

（三）行的姿态

行姿，也称为走姿，是指一个人在行走过程中的姿态。它是站姿的延续动作，是在站姿的基础上展示人的动态美。每个人都是一个流动的造型体，优雅、稳健、敏捷的行姿，会给人以美的感受，产生感染力，反映出积极向上的精神状态。

1. 基本行姿

所谓“行如风”，是说人行走时，如风行水上，有一种轻快自然的美。迈步行走时，应脚尖向着正前方，脚跟先落地，脚掌紧跟落地。步幅、步速要以出行目的、环境和身份等因素而定。协调和韵律感是步态的最基本要求。其基本做法是：

（1）行走时，上身挺直，双肩平稳，目光平视，下颚微收，面带微笑。

（2）手臂伸直放松，手指自然弯曲，摆动时，肘关节略弯曲，以肘关节为轴，大臂带动小臂，两臂自然摆动，以前摆 35°、后摆 30°为宜。

（3）迈步向前时，身体稍向前倾，大腿带动小腿。抬脚不宜太高或太低，落脚声音不可大。

（4）步幅适中。在生活中，步幅的大小往往与人的身高成正比，身高腿长者步幅就大些，反之则小些。男性步幅（前后脚之间的距离）约 25 厘米，女性步幅约 20 厘米，或者说前脚的脚跟与后脚脚尖相约为一脚长。步幅与服饰也有关，如女士穿裙装时（特别是穿旗袍、礼服和穿高跟鞋），步幅应小些，穿长裤时步幅可大些。

（5）步态平稳。男士的步伐要注意阳刚美，一般以大步为佳，步伐频率每分钟约 100 步。女士的步伐要注意阴柔美，步子轻一些，步伐频率约每分钟 90 步。

（6）步位平直。在较正式场合中，女士一般走直线，即行走时两脚的内侧在一条直线上，两膝内侧相碰，收腰提臀，挺胸收腹，肩外展，头正颈直，收下颚。男士在较正式的场合中的行路轨迹应该是两条距离 5 厘米的直线，即行走时两脚的内侧应是在两条直线上。

女士的走姿要注意轻盈、自然、大方，给人以动中有静、静中有动、婀娜多姿的美感。男士的走姿应稳健、自信、挺拔，给人从容、坚定、潇洒、气度不凡的感觉。但无论男女，行走时都要注意昂首、挺胸、收腹、眼平视、肩要正、身要直、双肩自然下垂，两臂前后摆动自如协调。在某些特殊场合，女士也可采用叉手的方式行走。

基本行姿如图 1.15 和图 1.16 所示。

图 1.15　男士基本行姿

图 1.16　女士基本行姿

2. 特殊场合的行姿

（1）陪同引导。陪同引导是指陪伴或带领客人。在陪同或引导客人时，要注意方位、速度、关照及体位。所谓的方位，是指不让客人先行，也不应让其走在外侧，一般情况下，应该让客人走在中央或是内侧，原则是中央高于两侧，内侧高于外侧。如果双方并排行走，陪同引导人员应该在客人左侧；如果双方单行行走，陪同引导人员应居于客人左前方约2~3步的位置。所谓的速度，就是陪同引导人员在行走时，须与客人行走速度相协调，不能走得太快或者太慢。同时，在引领过程中，陪同引导人员要以客人为中心，尤其在客人不熟悉的地方，需要随时关照和提醒对方，不要让客人有陌生和尴尬感。最后，在整个陪同引领过程中，还需要使用一些体位，比如请对方开始行走，要面向对方，稍微欠身。如果在行走时需与对方交谈，应将头部和上身转向对方。

（2）进出电梯。乘电梯时，应等电梯里面的人出来后，外面的人方可进入电梯。如果电梯中无人，陪同引导人员应该采用“先进后出”，被陪同人员“后进先出”的原则。也就是说，陪同人员应该先进入电梯，按住“开门”按钮，再请客人进入电梯，以防电梯门夹到客人，到达目标楼层时，按住“开门”按钮，请客人先下。如果电梯中有人，陪同引导人员可以把手放在电梯门侧门，让客人先进入电梯，自己最后进入电梯。进入电梯后，要让客人站在里面，并尊重周围的乘客。下电梯前，应提前和周围乘客打好招呼或者提前换到电梯门口。下电梯时，同样把手放在电梯门感应位置，让客人先下。

（3）上下楼梯。陪同引领客人上下楼梯时，不应并排行走，应靠右侧单行。在上楼梯时，陪同引导人员应在客人后方1~2个台阶；在下楼梯时，陪同引导人员应在客人前方1~2个台阶。上下楼梯时，应尽量快速通过，注意礼让客人。

（4）出入房门。进入房间前，一定要先敲门或者按门铃，向房内的人通报。如果门是向外开的，应入门时替对方拉门，让客人先进，之后反手关门。如果门是向内开的，应把门推开先进入，背对门，再请客人进入，之后反手关门。出门时和入门时原则一样。但要注意的是，务必用手开门或关门，推拉门时注意自己的站位，不要挡住客人。

3. 行姿的注意事项

（1）忌走内八字步或外八字步。

（2）忌弯腰驼背，忌歪肩晃膀。

（3）忌大甩手、扭腰摆臂，忌大摇大摆、左顾右盼。

（4）行走时，需注意双腿不要过于弯曲。

（5）步幅和步态要根据自己的身高来调整，不要忽快忽慢。

（6）忌脚蹭地面，忌双手插兜。

（7）女士在穿高跟鞋行走时，注意不要发出“咚咚”的声音。

错误的行姿如图1.17所示。

（四）蹲的姿态

蹲姿是由站立姿态变化而来的相对静止的体态，即在站姿的基础上，双腿弯曲，身体下降。在商务工作中也会经常用到蹲姿，例如，捡拾物品时或者拍集体照片时。蹲姿讲究屈腿而不弯腰，动作轻缓而不急促。

蹲姿的基本要领是：在站立姿态的基础上，一脚在前，一脚在后。上身保持正直，不要低头，也不要弯腰，两腿合力支撑身体，掌握好身体的重心。腿部慢慢弯曲向下蹲，蹲下后要保持上身的挺拔和自然。

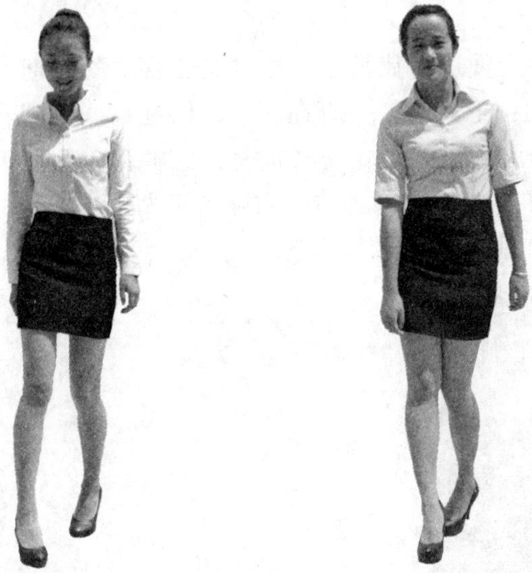

图 1.17　错误行姿

常见的蹲姿有四种。

1. 高低式蹲姿

高低式蹲姿一般是男性经常采用的姿态。基本做法是：

（1）下蹲时，两腿不并排在一起，而是一脚在前，一脚在后。一般情况下，左脚在前，右脚在后。但当需要侧身下蹲面向客人时，需要把膝盖高的一面对着客人，因此可以根据客人具体所在位置，来调整左右脚在前后的位置。

（2）下蹲后，前脚小腿垂直于地面，前脚掌全着地，后腿脚跟提起，双膝一高一低，后膝应低于前膝，头和腰应保持一条直线，臀部向下，后腿支撑身体。男士两腿之间可以有适当的缝隙，女士两腿必须靠紧。

（3）下蹲后，男士的手可以放在两边大腿靠膝盖的位置，如图 1.18 所示。女士两手交叉（右手握左手）放在前腿大腿靠膝盖的位置，用手轻轻压住裙子，如图 1.19 所示。

图 1.18　男士高低式蹲姿

2. 交叉式蹲姿

交叉式蹲姿一般女士使用得比较多，尤其是在穿着短裙时，这种蹲姿造型优美但难度较大。基本做法是：下蹲时，一脚在前，一脚在后，前腿在上，后腿在下，在前的小腿垂直于地面，全脚着地，双腿交叉重叠，后腿膝盖由后下方穿过前腿膝盖下方伸向另一侧，后脚脚跟抬起，脚掌着地。两腿前后靠近，合计支撑身体。臀部向下，上身略向前倾。具体如图 1. 20 所示。

图 1. 19　女士高低式蹲姿

图 1. 20　女士交叉式蹲姿

3. 半跪式蹲姿

半跪式蹲姿是一种非正式蹲姿，多用于下蹲时间较长，或为了用力方便之时使用。其特点是双腿一蹲一跪。基本做法是：下蹲之后一腿单膝跪地，臀部坐脚跟之上，以脚尖着地，另一条腿则应全脚着地，小腿垂直于地面，双膝应同时向前，双腿应尽力靠拢。具体如图 1. 21 所示。

4. 半蹲式蹲姿

半蹲式蹲姿多为行进之中临时采用。其特点是身体半立半蹲。基本做法是：下蹲时，上身稍许弯下，但不宜与下肢构成直角或者锐角，臀部向下而不是撅起，双膝略为弯曲，其角度根据需要可大可小，但一般均应为钝角，身体的重心应放在一条腿上。具体如图 1. 22 所示。

男士使用蹲姿时，两腿之间可以有适当的距离。女士无论采用哪种蹲姿，都要将腿靠紧，臀部向下。举止应自然、得体、大方、不造作。女士如果穿着低领上装，下蹲时应该一手护住胸口。在公共场合下蹲时，应尽量避开他人的视线，尽可能避免后背或正面朝人。在取地面上物品时，应先走到物品左侧，慢慢下蹲去拾起物品，不要低头或弓背。

蹲姿需要注意以下事项：

（1）忌过度的弯曲上身和翘起臀部，防止内衣或者皮肤外露。

（2）忌下蹲时弯腰驼背，忌歪肩晃膀。

（3）忌下蹲速度过快。

图 1.21 女士半跪式蹲姿

图 1.22 女士半蹲式蹲姿

(4) 两人一起下蹲时，注意双方的距离，以防双方迎头相撞。

(5) 女士下蹲时，两腿一定要并拢，不要出现“洗手间蹲姿”，很不雅观。

(6) 女士穿着低领上装下蹲时，需护住胸口，防止走光。

(7) 下蹲捡物品时，应该先走到物品旁，需控制好和物品的距离。

(8) 在公共场所不要蹲着休息，这种做法非常不文明。

错误的蹲姿如图 1.23 所示。

图 1.23 错误蹲姿

三、动作礼仪

(一) 鞠躬

鞠躬是一种比较常见的动作礼仪。在商务活动中，面对客人、下级对上级、晚辈对长辈、演讲、上台领奖、表示感谢和回礼时都可以行鞠躬礼。在中国的商务活动中，一般使用 15°~90°的鞠躬礼；在国外，例如日本和韩国，还会使用到 180°的鞠躬礼。各种鞠躬礼的使用视不同场合和对象而定；同时，鞠躬的幅度也视行礼者对受礼者的尊重程度而定。行鞠躬礼的基本做法是：

（1）行礼之前应当先脱帽，摘下围巾，身体肃立，面向受礼者两三步距离，目光平视，自然微笑，面对受礼者。

（2）男士双手可自然下垂，贴放于身体两侧裤线处，也可交叉于腹前。女士双手可搭放在腹前。

（3）鞠躬前必须伸直腰、脚跟靠拢、双脚尖处微微分开，目视对方。

（4）鞠躬时，以腰部为轴，伸直腰背，上身慢慢前倾。整个肩部向前倾 15°以上，视线也随之自然下垂。

（5）鞠躬时，弯腰速度要适中，身体前倾到位后，需停留一秒左右再抬头直腰，动作可慢慢做，这样会令受礼者感觉很舒服。

（6）鞠躬时，目光应向下看，表示一种谦恭的态度。不要一面鞠躬，一面试图翻起眼睛看对方。

不同角度的鞠躬礼如图 1.24~图 1.26 所示。

图 1.24　15°鞠躬礼

图 1.25　30°鞠躬礼

图 1.26　45°鞠躬礼

鞠躬时，需要注意以下事项：

（1）忌只弯头的鞠躬。

（2）忌不看对方的鞠躬。

（3）忌头部左右晃动的鞠躬。

（4）忌双腿没有并齐的鞠躬。

（5）忌驼背式的鞠躬。

（6）忌可以看到后背的鞠躬。

（7）忌速度过快的鞠躬。

（8）忌边鞠躬边抬头看受礼者或者视线飘忽不定。

错误的鞠躬礼如图 1. 27 所示。

图 1. 27　错误鞠躬礼

（二）手势

手势是人际交往中不可缺少的动作。美国心理学家詹姆斯认为，在身体的各部分中，手的表达能力仅次于脸。因此，得体适度的手势，可以增强感情的表达，体现出对宾客的尊重和礼貌。

1. “请”的手势

“请”的手势，是手势表达的基础，既能表达“请”的寓意，也可以指示或者引领方向。其基本要领是：女士手掌自然伸直并拢，男士拇指可自然稍微分开，掌心向内向上，腕关节伸直，手与前臂成直线，掌心斜向前方，大小臂弯曲以 90°~180°为宜。身体微前倾，肩下压，同时配合眼睛和表情，使手势更显协调大方。

常见的“请”的手势，可以按照大小臂弯曲的弧度分为小“请”、中“请”和大“请”。

（1）小“请”。小“请”一般用来指示或引领较近的地方，例如入门前的“请进”或者“里面请”。基本做法是：五指并拢伸直，手臂从身体的一侧向指引的方向抬起，以肘关节为轴，抬起到大小臂弯曲至 90°为止。具体如图 1. 28 所示。

图 1. 28　小“请”手势

（2）中“请”。中“请”一般是用来指示或引领不远不近的地方。基本做法是：五指并拢，手臂从身体的一侧向指引的方向抬起，以肘关节为轴，抬起到大小臂弯曲至 140°为止。具体如图 1. 29 所示。

图 1. 29　中“请”手势

（3）大“请”。大“请”一般是用来指示或引领较远的地方。基本做法是：五指并拢，手臂穿过腰间线，屈肘向需指引的方向抬起，抬到约与肩同高，大小臂弯曲 180°。在使用大“请”时，可以加上礼貌用语，比如“请往前走！”“请看这边！”等。具体如图 1. 30 所示。

无论是小“请”、中“请”还是大“请”，头部和上身都要向伸出手的一侧微微倾斜，另外一只手自然下垂或放在腹前，目视宾客，面带微笑。

同时，按照手势的活动范围，还可以分为高位手势、中位手势和低位手势。一般把手势抬到肩部以上的，称为高位手势；抬到腰部以下的，称为低位手势；抬到腰部和肩部之间的，称为中位手势。例如，在引领宾客就座的时候，我们常常用到低位手势。

图 1.30　大“请”手势

使用“请”的手势时，需要注意以下事项：

（1）使用“请”的手势时，注意眼神、表情和其他姿态的配合。

（2）使用“请”的手势时，注意动作的柔美和流畅，不要左右或者上下摇摆。

（3）忌手掌紧握，忌食指伸出。

（4）忌手心向下。

2. 其他的手势

除了“请”的手势外，在商务活动中还会使用到很多其他的手势，比如打招呼、举手致意、挥手道别等。优雅的手势可以帮助商务人士更好地表达情感，但在使用的过程中，也必须注意一些基本事项。如在与人交谈时，手势不宜过多，动作幅度不宜过大，否则会给人以手舞足蹈的印象，效果反而不理想。还有，要特别注意的是在不同的国家或地区，使用手势的习惯是不同的。有时，同样的手势却表达出完全相反的含义。因此在国际商务活动中，应该特别注意手势的使用，千万不要乱用手势。

以下列举几个手势在不同国家和地区的不同理解：

（1）“V”形手势。第二次世界大战期间，英国首相丘吉尔推广了这个手势，表示“Victory”即胜利的意思。但在英国，使用“V”形手势，只有在手掌心向外时，才表示胜利的意思。如果手掌心向内，就有贬低和侮辱人的意思。而在希腊，做这一手势，即使手掌心向外，如果双臂伸直，也有对人不恭的意思。另外，“V”形手势，在世界大部分国家和地区都表示数字“二”的意思。

（2）“OK”形手势。“OK”形手势在 19 世纪流行于美国，在英语国家代表赞同和了不起的意思，但在法语国家表示零或没有的意思。在韩国、日本以及一些东南亚国家表示金钱，在突尼斯表示傻瓜，在巴西表示侮辱男人、引诱女人的意思。

（3）跷大拇指的手势。在美国、澳大利亚、新西兰等国，跷大拇指代表搭车，但如果大拇指向下，则是侮辱人的信号。在中国，跷大拇指是积极的信号，表示高度的赞扬。在德国，跷大拇指代表数字“一”的意思。

四、表情礼仪

人与人在交往的时候，内心情感在面部上的表现，即为表情。表情是人体语言中最为丰富的部分，是内心情绪的反映。人们通过喜、怒、哀、乐等表情来表达内心的情感。在人际沟通中，表情起着重要的作用。美国心理学家艾伯特·梅拉比安将人的感情表达效果总结出了一个公式：感情的表达=7%语言+38%声音+55%表情。而构成表情的主要因素：一是眼神，二是笑容。

（一）目光礼仪

眼睛是心灵的窗户，是人体传递信息最有效的器官。英国诗人泰戈尔说："一旦学会了眼睛的语言，表情的变化将是无穷无尽的。"这说明了，眼睛语言的表现力是极强的，是其他身体语言无法比拟的。因此，在商务活动中，眼神的运用要符合一定的礼仪规范，即目光礼仪。眼神使用不当，往往会被人视为无礼，给人留下坏的印象。就眼神的使用来说，需要注意以下四个问题：

1. 注视的时间

注视时间主要是指注视对方时间的长短。一般来说，注视时间较长表示较重视，反之表示不太重视。

通常情况下，和对方目光接触的时间占和对方相处的总时间的三分之一比较好，每次眼神交流的时间在三秒钟左右，这样会让人感觉自然舒服。在向对方表示关注和重视的时候，注视时间可以加长，约占相处总时间的三分之二。如果目光时常游离于对方，注视对方的时间不到全部时间的三分之一，则被视为轻视，会令人不安。

在和对方交谈时，注视对方时间的长短，也是十分重要的。双方交谈时，听的一方通常应该多注视说的一方。要经常保持双方目光的接触，长时间回避对方目光或者左顾右盼，是"心不在焉"或"不感兴趣"的表现。但也不能把目光始终盯在对方身上或者反复打量对方，这样有可能被视为敌意或者挑衅。当要表示对对方比较感兴趣时，也可以加长注视时间，但需要注意的是，目光不能直勾勾地一直盯着对方，眼神需要偶尔离开一下。

当双方都沉默不语时，应将目光移开，以免因为一时没有话题而感到尴尬或不安。当对方说错话或者拘谨的时候，不要正视对方，以免对方误以为是对他的讽刺和嘲笑。

2. 注视的角度

注视对方时，目光的角度，即目光从眼睛里发出的方向，能表示出与交往对象的亲疏远近。

在普通场合，与身份、地位平等的人进行交流，一般采用平视，即视线呈水平状态。抬头注视他人，即仰视，是表示尊重或者敬畏对方。长辈对晚辈多采用俯视，即向下注视他人，但俯视也有对他人轻慢、歧视的意思。

3. 注视的部位

注视的部位是指目光凝视的区域。在不同的商务活动中，注视对方的部位应该不同。

在商务谈判、洽谈、磋商业务等正式场合，注视的位置在对方双眼或双眼与额头之间的"上三角"区域。这样会显得严肃认真，对方也会感到你的诚意，同时更容易控制谈话的主动权。

如果是在一般社交场合，比如酒会、舞会等，注视的区域是以双眼为上线，以唇为下线所形成的“中三角”区域。这个区域的注视，能给人一种平等、轻松的感觉，从而创造一种和谐的气氛。

而与亲人、恋人可采用亲密注视，即注视的位置在对方双眼到胸部之间的“下三角”区域。特别需要注意的是，在注视初次相识的异性时，切勿将目光集中于对方脸上或身体的某个部位。

4. 注视的方式

在日常交往中，我们不能死盯着对方，也不要躲躲闪闪、飘忽不定或眉来眼去；同时，要避免瞪眼、斜视、白眼等不礼貌的眼神。

在社交场合中，采用直视或者凝视的方式比较好。直视表示认真、大方、坦诚和尊重。凝视一般适用于演讲、授课或者比较熟悉的人群之间，表示专注和恭敬。

盯视或虚视是不被推荐的注视方式。盯视是指目不转睛地长时间凝视，往往表示挑衅。虚视是指眼神不集中，目光不聚焦于某处，表示胆怯、焦虑或走神。

当同时与多人打交道时，可以采用环视的方式，即有节奏地注视不同的人或事物，表示对所有人都抱着认真、重视、一视同仁的态度。

在掌握并正确运用目光礼仪的同时，还应当学会“阅读”对方的目光语言。从对方的目光变化中，分析他的内心活动和意向。目光语言虽然是千变万化的，但都是一个人内心情感的流露，学会阅读和分析目光语言，对于正确开展社交活动有着重要的意义。

综上所述，目光礼仪的注意事项是：

（1）与人交流时，忌不看对方，忌一直盯着对方看或上下打量。需要控制好与对方眼神交流的时间，一般在谈话时间的三分之一到三分之二之间比较恰当。

（2）与人交流时，需注意眼睛转动幅度不能过快或过慢。

（3）在与女性交流时，注意注视的部位。

（4）忌用眯视、斜视、瞟视、瞥视等方式。

（5）当对方说了错误的话正在拘谨害羞时，不要马上转移自己的视线。

（6）与人交往时，冷漠、呆滞、疲倦、轻视、左顾右盼的眼光都是不礼貌的。

（7）忌反复上下打量人，更不可以对人挤眉弄眼或用白眼看人。

（二）微笑礼仪

笑容，即人们在笑的时候的面部表情。利用笑容，可以消除彼此间陌生的感觉，打破交际障碍，为更好地沟通与交往创造有利的氛围。

笑有很多种，包括含笑、微笑、浅笑、轻笑、大笑、狂笑、冷笑、嘲笑、苦笑等，不同的笑容表达了不同的感情，其中微笑是最受欢迎的。

在工作中，微笑是礼貌待人的基础要求，可以使人自然放松，缓解紧张，消除误会、焦虑和不安。

微笑时，面部应平和自然，下颚向后收，嘴角微微上扬，牙齿不露或微露，发自内心，亲切和蔼，自然大方。具体如图 1.31 所示。

图 1.31　不露齿微笑

微笑是有规范的，一般要注意四个结合：

（1）微笑与眼睛的结合。眼睛有传神送情的特殊功能。微笑时，要学会用眼睛去“微笑”。可以自己对着镜子练习，先对着镜子找到自己最美丽的笑容，然后将嘴巴部分遮起来，只看镜子中的眼睛，这时眼睛应该是带着“笑意”的，也就是要用眼睛来表现笑容。

（2）微笑与神、情、气质相结合。这里讲的“神”，就是要笑得有情入神，笑出自己的神情、神色、神态，做到情绪饱满。“情”，就是要笑出感情，笑得亲切、甜美，反映美好的心灵。“气质”就是要笑出谦逊、稳重、大方、得体的感觉。

（3）微笑与语言的结合。微笑和语言都是传播信息的重要符号，只有注意微笑与美好语言相结合，声情并茂，微笑才能发挥出它应有的特殊功能。在练习时，可以把微笑和问候语、敬语结合起来，这样对方会感到你的话语是发自内心的。

（4）微笑与形体的结合，以笑助姿、以笑促姿，形成完整、统一、和谐的美。在练习时，可以把微笑和点头、握手、鞠躬等礼仪结合起来，从而增加肢体语言中的情感色彩。

微笑的训练方法有很多种，其中最简易的训练方法就是“咬筷子微笑训练法”，如图 1.32 所示。

基本做法是：放松嘴唇周围的肌肉，用门牙轻轻地咬住筷子，把嘴角对准筷子，两边都要翘起，并观察连接嘴唇两端的线是否与筷子在同一水平线上，保持这个状态十秒钟后，轻轻地拔出筷子，练习维持这种状态。

除此之外，还有几种其他的训练微笑的方法：

（1）他人诱导法。同桌、同学之间互相通过一些有趣的笑料、动作引发对方发笑。

（2）情绪回忆法。通过回忆自己曾经的往事，幻想自己将要经历的美事引发微笑。

（3）口型对照法。通过一些相似性的发音口型，找到适合自己的最美的微笑状态，如，“一”“七”“茄子”“钱”“肥”等。

图 1.32 咬筷子微笑训练法

（4）习惯性微笑。强迫自己忘却烦恼、忧虑，假装微笑。时间久了，次数多了，就会改变心灵的状态，展现出自然的微笑。

（5）露齿法。笑不露齿是微笑，露上排牙齿是轻笑，露上下八颗牙齿是中笑，牙齿张开看到舌头是大笑。

职业的微笑是不露牙齿或者露出六到八颗牙齿，在商务活动中要求工作人员展现职业的微笑。但是日常生活中并非所有人都适合这种职业微笑。建议每个人对着镜子寻找自己认为最满意的、最甜美的微笑，长期地保持下去，固化下来，形成自己独有的、特别的灿烂微笑。

微笑时，需要注意以下事项：

（1）微笑时，两边的嘴角应该同时提起。只有一面提起会给对方留下不好的印象。

（2）微笑时，不要露出很多牙龈。露出很多牙龈，往往会笑得没有自信，不是遮嘴，就是腼腆地笑。

（3）微笑时，要注意与眼睛和面部表情的结合。如果只有微笑，而面部表情不当，同样达不到微笑的效果。

（4）忌用假笑、冷笑、怪笑、媚笑、窃笑、狞笑等方式。

微笑是人际交往中的润滑剂，是广交朋友、化解矛盾的有效手段。微笑是社交场合中最富吸引力、最令人愉悦的，也最有价值的面部表情。因此，无论是个人还是组织，都应充分重视微笑礼仪。

【实训设计】

实训技能一 站姿

一、实训内容

正确站姿训练。

二、实训步骤

（1）准备一间多媒体实训室，教师讲解礼仪站姿的理论知识，播放优雅站姿的相关视频，使学生对正确站姿有一定的基础性的了解。

（2）准备一间形体实训室，要求至少有一面墙设置大镜子。同时教师准备音乐播放器材、音乐歌曲 CD 等。

（3）学生以 6~10 人为一个单位，进行分组，选出组长，在组长的带领下，学生按照之前讲解的站姿知识，展示自己的站姿。

（4）教师纠正错误的站姿，并示范和讲解标准的站姿。

（5）学生进行站姿练习。

（6）教师考核。

三、实训（练习）方法

（1）按照站姿的基本要求练习，进行自我调整，尽量用心去领悟动作要领。训练时可放些优雅、欢快的音乐，调整心境，微笑要自然。每次训练 20 分钟左右，休息 5 分钟左右。

（2）贴墙站立。要求后脚跟、小腿、臀、双肩、后脑勺都紧贴墙。这种训练是让学生感受到身体上下处于一个平面。每次训练 20 分钟左右，休息 5 分钟左右。

（3）背对背站立。要求两人一组，背对背站立，两人的小腿、臀部、双肩、后脑勺都贴紧。两人的小腿之间夹一张小纸片，不能让其掉下。每次训练 20 分钟左右，休息 5 分钟左右。

（4）在头顶放一本书，使其保持水平，促使人把颈部挺直，下巴向内收，上身挺直。每次训练 20 分钟左右，休息 5 分钟左右。

（5）以小组为单位，进行标准站姿评选活动，每个小组选出一位站姿最出色的同学，与其他小组的同学进行比赛，最终选出全班站姿比较标准的三位同学。

（6）站姿训练可以结合微笑进行，强调微笑的自然、始终如一，可配上悠扬、欢快的音乐以调整学生的心境。

（7）站姿训练时要强调学生的眼睛应平视前方。

实训技能二　坐姿

一、实训内容

正确坐姿训练。

二、实训步骤

（1）准备一间多媒体实训室，教师讲解礼仪坐姿的理论知识，播放正确坐姿的相关视频，使学生对正确坐姿有一定的基础性的了解。

（2）准备一间形体实训室，要求至少有一面墙设置大镜子，形体教室中须有椅子、沙发等练习坐姿需要的物品。同时教师准备音乐播放器材、音乐歌曲 CD 等。

（3）学生以 6~10 人为一个单位，进行分组，选出组长，在组长的带领下，学生按照之前讲解的坐姿知识，展示自己的坐姿。

（4）教师纠正错误的坐姿，并示范和讲解标准坐姿。

（5）学生进行坐姿练习。

（6）教师考核。

三、实训（练习）方法

（1）练习入座和离座。入座时，教师说“请坐”，学生说“谢谢”。女生入座时，双手必须捋一下裙子。入座和离座时，需按规范流程进行，速度适中，既轻又稳，注意“左入左出”。

（2）练习坐姿。按照规范的坐姿坐下，放上音乐。练习在高低不同的椅子、沙发上的坐姿，练习不同交谈气氛下的各种坐姿。训练时，重点强调上身的挺直。女士双膝不能分开，用一张小纸片夹在双膝间，从始至终不能掉下来。每次训练 20 分钟左右，休息 5 分钟左右。

（3）以小组为单位，进行标准坐姿评选活动，每个小组选出一位坐姿最出色的同学，与其他小组的同学进行比赛，最终选出全班坐姿比较标准的三位同学。

（4）坐姿训练可结合微笑进行。

（5）坐姿训练可结合目光礼仪进行。

实训技能三 行姿

一、实训内容

正确行姿训练。

二、实训步骤

（1）准备一间多媒体实训室，教师讲解礼仪行姿的理论知识，播放正确行姿的相关视频，使学生对正确行姿有一定的基础性的了解。

（2）准备一间形体实训室，要求至少有一面墙设置大镜子。同时教师准备音乐播放器材、音乐歌曲 CD 等。

（3）学生以 6~10 人为一个单位，进行分组，选出组长，在组长的带领下，学生按照之前讲解的行姿知识，展示自己的行姿。

（4）教师纠正错误的行姿，并示范和讲解标准的行姿。

（5）学生进行行姿练习。

（6）教师考核。

三、实训（练习）方法

（1）走直线。在地上画一条直线，行走时手部叉腰，上身正直，行走时双脚内侧稍稍碰到这条线，即证明走路时两只脚几乎是平行的。配上节奏明快的音乐，训练行走时的节奏感。强调眼睛平视，不能往地上看，收腹、挺胸、面带微笑，充满自信和友善。每次训练 20 分钟左右，休息 5 分钟左右。

（2）顶书而行。这是为了纠正走路时摆头晃脑的毛病，而保持在行走时头正、颈直的训练。每次训练 20 分钟左右，休息 5 分钟左右。

（3）进行原地摆臂训练。站立，两脚不动，原地晃动双臂，前后自然摆动，手腕进行配合，掌心要朝内，以肩带臂，以臂带腕，以腕带手，纠正双臂横摆、同向摆动、单臂摆动、双臂摆幅不等的现象。每次训练 20 分钟左右，休息 5 分钟左右。

（4）练习背小包，拿文件夹、公文包，穿旗袍、裙装、休闲装时的行走。每次训练 20 分钟左右，休息 5 分钟左右。

（5）模拟不同的特殊场合，练习不同特殊场合下的行姿。每次训练 20 分钟左右，休息 5 分钟左右。

（6）以小组为单位，进行标准行姿评选活动，每个小组选出一位行姿最出色的同学，与其他小组的同学进行比赛，最终选出全班行姿比较标准的三位同学。

（7）训练可结合微笑进行，配上悠扬、欢快的音乐，以调整学生的心境，减少疲劳感。女生可穿 3~5 厘米的高跟鞋进行训练，以强化训练效果。

（8）行姿训练时要强调学生的眼睛应平视前方，不能低头。

实训技能四　蹲姿

一、实训内容

正确蹲姿训练。

二、实训步骤

（1）准备一间多媒体实训室，教师讲解礼仪蹲姿的理论知识，播放正确蹲姿的相关视频，使学生对正确蹲姿有一定的基础性的了解。

（2）准备一间形体实训室，要求至少有一面墙设置大镜子。同时教师准备音乐播放器材、音乐歌曲 CD 等。

（3）学生以 6~10 人为一个单位，进行分组，选出组长，在组长的带领下，学生按照之前讲解的蹲姿知识，展示自己的蹲姿。

（4）教师纠正错误的蹲姿，并示范和讲解标准的蹲姿。

（5）学生进行蹲姿练习。

（6）教师考核。

三、实训（练习）方法

（1）练习不同的蹲姿。按规范的蹲姿下蹲，放上音乐。训练时，重点强调上身挺直。女士双腿不能分开，可以用一张小纸片夹在双腿间，从始至终不能掉下来。每次训练 20 分钟左右，休息 5 分钟左右。

（2）女士练习穿旗袍和裙装时的蹲姿。男士练习穿职业装和休闲装时的蹲姿。每次训练 20 分钟左右，休息 5 分钟左右。

（3）练习行走时，下蹲捡物品，例如捡书、捡钥匙、捡笔等。每次训练 20 分钟左右，休息 5 分钟左右。

（4）以小组为单位，进行标准蹲姿评选活动，每个小组选出一位蹲姿最出色的同学，与其他小组的同学进行比赛，最终选出全班蹲姿比较标准的三位同学。

（5）训练可结合微笑进行，女生可穿 3~5 厘米的高跟鞋进行训练，以强化训练效果。

（6）蹲姿训练时要结合目光礼仪。

实训技能五　鞠躬礼

一、实训内容

正确使用鞠躬礼。

二、实训步骤

（1）准备一间多媒体实训室，教师讲解鞠躬礼的理论知识，播放鞠躬礼的相关视频，使学生对正确鞠躬有一定的基础性的了解。

（2）准备一间形体实训室，要求至少有一面墙设置大镜子。同时教师准备音乐播放器材、音乐歌曲 CD 等。

（3）学生以 6~10 人为一个单位，进行分组，选出组长，在组长的带领下，学生按照之前讲解的鞠躬礼知识，展示自己的鞠躬礼。

（4）教师纠正错误的鞠躬礼，并示范和讲解标准的鞠躬礼。

（5）学生进行鞠躬礼练习。

（6）教师考核。

三、实训（练习）方法

（1）练习不同角度的鞠躬礼。伴随音乐，分别练习 15°、30°、45°、60°和 90°鞠躬礼。训练时，重点强调上身挺直，面带微笑，眼神随着鞠躬的角度自然下垂。每次训练 20 分钟左右，休息 5 分钟左右。

（2）练习鞠躬礼时，加入问候语或告别语，例如“您好！”“早上好！”“您辛苦了！”“欢迎光临！”“见到您很高兴！”“欢迎下次再来！”等。每次训练 20 分钟左右，休息 5 分钟左右。

（3）两个人一组，重点练习 15°、30°和 45°鞠躬礼。在练习时，思考一下，在什么时间、场合或者情况下，会使用到 15°、30°和 45°鞠躬礼。每次训练 20 分钟左右，休息 5 分钟左右。

（4）以小组为单位，进行鞠躬礼评选活动，每个小组选出一位鞠躬最出色的同学，与其他小组的同学进行比赛，最终选出全班鞠躬礼最标准的三位同学。

实训技能六 “请”的手势

一、实训内容

正确使用“请”的手势。

二、实训步骤

（1）准备一间多媒体实训室，教师讲解手势的理论知识，播放正确“请”的手势的相关视频，使学生对“请”的手势的使用有一定的基础性的了解。

（2）准备一间形体实训室，要求至少有一面墙设置大镜子。同时教师准备音乐播放器材、音乐歌曲 CD 等。

（3）学生以 6~10 人为一个单位，进行分组，选出组长，在组长的带领下，学生按照之前讲解的“请”的手势的要点，展示自己的手势礼。

（4）教师纠正错误的“请”的手势，并示范和讲解标准的“请”的手势。

（5）学生进行“请”的手势的练习。

（6）教师考核。

三、实训（练习）方法

（1）练习不同类型的“请”的手势礼。伴随音乐，分别练习 小“请”、中“请”、大“请”、高位手势、中位手势和低位手势。训练时，注意头部和上身都要向伸出手的一侧微微倾斜，注视宾客。每次训练20分钟左右，休息5分钟左右。

（2）练习“请”的手势时，加入礼貌用语，例如“先生，里面请”“请走这边”“女士，请进”“请坐”等。每次训练20分钟左右，休息5分钟左右。

（3）两个人一组，相互练习不同的“请”的手势。在练习时，思考一下，在什么时间、场合或者情况下，会使用不用的“请”的手势。每次训练20分钟左右，休息5分钟左右。

（4）以小组为单位，进行标准手势礼评选活动。每个小组选出一位“请”的手势表现最出色的同学，与其他小组的同学进行比赛，最终选出全班“请”的手势礼仪表现比较标准的三位同学。

实训技能七　目光礼仪

一、实训内容

正确使用目光礼仪。

二、实训步骤

（1）准备一间多媒体实训室，教师讲解目光礼仪的理论知识，播放正确使用目光礼仪的相关视频，使学生对目光礼仪的使用有一定的基础性的了解。

（2）准备一间形体实训室，要求至少有一面墙设置大镜子。

（3）学生以6~10人为一个单位，进行分组，选出组长，在组长的带领下，学生按照之前讲解的目光礼仪的要点，展示自己的目光礼仪。

（4）教师纠正错误的目光礼仪，并示范和讲解标准的目光礼仪。

（5）学生进行目光礼仪练习。

（6）教师考核。

三、实训（练习）方法

（1）练习不同注视时间的目光礼仪。分别练习三分之一和三分之二注视时间的目光礼仪，并认真思考一下，不同注视时间的使用场景。每次训练20分钟左右，休息5分钟左右。

（2）练习不同注视角度的目光礼仪。分别练习平视、仰视和俯视，并认真思考一下在什么情况下使用。重点练习平视，目光需亲切自然。每次训练20分钟左右，休息5分钟左右。

（3）练习不同注视部位的目光礼仪。分别练习注视“上三角”区域、“中三角”区域和“下三角”区域，并认真思考一下在什么情况下使用。每次训练20分钟左右，休息5分钟左右。

（4）练习不同注视方式的目光礼仪。分别练习直视、凝视和环视。每次训练20分钟左右，休息5分钟左右。

（5）两个人一组，自定场景，相互练习目光礼仪。需要注意的是，训练时需配合眉毛和面部表情，并结合微笑。每次训练20分钟左右，休息5分钟左右。

实训技能八　微笑礼仪

一、实训内容

正确掌握微笑礼仪。

二、实训步骤

（1）准备一间多媒体实训室，教师讲解微笑礼仪的理论知识，播放微笑礼仪的相关视频，使学生对微笑礼仪的使用有一定的基础性的了解。

（2）准备一间形体实训室，要求至少有一面墙设置大镜子。

（3）学生以 6~10 人为一个单位，进行分组，选出组长，在组长的带领下，学生按照之前讲解的微笑礼仪的要点，展示自己的微笑礼仪。

（4）教师纠正错误的微笑礼仪，并示范和讲解标准的微笑礼仪。

（5）学生进行微笑礼仪练习。

（6）教师考核。

三、实训（练习）方法

（1）练习咬筷子微笑训练法。每次训练 20 分钟左右，休息 5 分钟左右。

（2）练习其他的微笑训练方法。分别练习他人诱导法、情绪回忆法、口型对照法、习惯性佯笑和露齿法。每次训练 20 分钟左右，休息 5 分钟左右。

（3）练习微笑的四个结合：微笑与眼睛的结合；微笑与神、情、气质的结合；微笑与语言的结合；微笑与形体的结合。每次训练 20 分钟左右，休息 5 分钟左右。

（4）两个人一组，自定场景，相互练习微笑礼仪。需要注意的是，在微笑时，面部应平和自然，牙齿不露或微露（6~8 颗），发自内心，自然大方。每次训练 20 分钟左右，休息 5 分钟左右。

（5）以小组为单位，进行标准商务微笑评选活动，每个小组选出一位微笑最出色的同学，与其他小组的同学进行比赛，最终选出三位商务微笑比较标准的同学。

情景模拟与角色扮演

一、实训内容

综合仪态礼仪展示，其中包括正确的站姿、坐姿、行姿、蹲姿、鞠躬礼、“请”的手势、目光礼仪和微笑礼仪。

二、实训步骤

1. 教师介绍本次实训的内容。

2. 教师示范讲解仪态礼仪及注意事项。

3. 把全班同学分成 6 人一组，给同学观看一些仪态礼仪展示的视频。

5. 团队成员结合需要展示的仪态礼仪内容，自编一套仪态礼仪进行展示，展示时间为 2 分钟。

4. 全组讨论礼仪展示时应该注意的事项，并寻找礼仪展示时搭配的音乐。

6. 仪态礼仪展示：

（1）抽签排序，一组一组进行。（组数过多时可随机抽签确定）

（2）一组模拟时，其他组观摩并指出问题。

7. 教师考核。

8. 师生点评。

三、任务考核

教师负责考核。考核评分标准如表 1.1 所示。

表 1.1　　仪态礼仪考核评分标准

组别________　姓名________　时间________

评价项目与内容		应得分	扣分	实得分
准备工作	物品准备齐全，模拟出场迅速	5		
	全组协调与合作良好	5		
	背景音乐适合	5		
体态礼仪	站姿	10		
	坐姿	10		
	行姿	10		
	蹲姿	10		
动作礼仪	鞠躬	5		
	“请”的手势	5		
表情礼仪	目光得体、大方	5		
	面带微笑	5		
观摩讨论	观摩认真	5		
实训笔记	按规定时间上交	5		
	字迹清楚、填写规范、内容详尽完整	5		
	实训分析总结正确	5		
	能提出合理化建议及创新见解	5		
合计		100		

考评教师（签名）：

任务 2　仪表礼仪

【案例导入】

丹妮是 B 公司的总经理。有一次，他熟悉的一家德国企业的董事长要来本市进行访问，并有寻求合作伙伴的意向。于是，他与对方进行了联系，并得知这家德国企业也有兴趣与他的企业合作，因此顺利地安排了双方会面的时间。在会见当天，丹妮刻意对自己的形象进行了一番修饰。他按照自己对时尚的理解，上穿夹克，下穿牛仔裤，头戴棒球帽，足蹬旅游鞋。他希望能给对方留下精明强干、时尚新潮的印象。然而事与愿违，丹妮经理自我感觉良好的时尚“行头”，却被对方理解为此人着装随意，个人形象不合常规，过于时尚，欠缺沉稳。最终未能达成合作。

思考：丹妮经理错在哪里？谈谈你的看法。

【任务目标】

通过实训，学生应掌握服饰礼仪的基本要求，掌握男士西装、女士套裙的穿着规范以及服饰搭配的技巧。

【理论知识】

一、仪表的概述

仪表通常指人的外表，是人外在美的组成部分，主要指人的服饰。服饰是一种文化，也是一种“语言”，反映一个人的道德修养、文化素质和审美情趣。服饰是一个人给其他人“第一印象”的重要组成部分，服饰的雅致和整洁有一种无形的魅力，也是尊重他人的具体表现。

二、服饰礼仪的基本原则

服饰礼仪的首要原则是保持服装的整洁，要根据自身的特点和气质选择合适的服装，既要突出个性，又要顾及共性。

1. 整洁原则

在任何情况下，服装首先应该是干净整齐的。衣领和袖口尤其要注意不能污渍斑斑。衣服应该平整，勤换洗，扣子应齐全，不能有开线，更不能有破洞。尤其是西服衬衫，应洁净。皮鞋应保持鞋面光亮。

2. 协调原则

正如世间没有两片树叶是完全相同的，每个人也都有自己的特点，人人都希望在社交场合中树立自己独特的个人形象。不同的人由于身材、年龄、性格、职业、文化等不同，会有不同的个性特点。服装的选择首先应考虑自身特点，“量体裁衣”，扬长避短。只有当服装与个性协调时，才能更好地发挥其效应，塑造出自身的良好形象。着装要和年龄、体形、职业、角色和环境相协调。

3. 交际原则

在社会交往中，应正确理解并充分利用服装的社会功能，在与他人交际过程中，选择合适的服装有助于缩短彼此间的距离，协调彼此间的关系，从而使对方接受自己，达到交际的目的。

4. TPO 原则

TPO 是英文中的时间（Time）、场合（Place）、目的（Objective）三个单词的缩写，是指人们在选择着装搭配时，应当注重时间、场合、目的这三个客观因素。

（1）时间原则。时间原则不仅是指每天的早、中、晚，也包括每年春、夏、秋、冬四季，以及不同的时期、时代。比如冬季要保暖，夏季要凉爽，这是基本的常识，夏季的裙装再美如果在冬天穿也会让人感到不合时宜。通常早间人们在家中活动居多，不管是早起锻炼还是在家洗漱用餐，着装都应以方便、随意、舒适为主。日间工作时，着装要根据自己的工作性质选择，总体上以庄重大方为准则。宴会、舞会、音乐会等正式社交活动，则大多安排在晚间，着装则应讲究一些。

（2）场合原则。场合原则是指服饰应与特定的场合相适应，以获得视觉与心理上的和谐感。无论穿戴多么艳丽，如果不考虑场合，也会被人耻笑。当大家都穿正装，穿便装就欠妥当。试想穿着花色艳丽的海南岛岛服出现在沙滩或旅游景点，会让人感觉眼前一亮，但一旦出现在谈判的会场上，则会让人感到诧异。在正式的场合以及参加仪式时，还要顾及传统和习惯，顺应各国或地方的风俗。

（3）目的原则。目的原则是指服装穿着要适合自己，要根据自己的工作性质、社会活动的要求、年龄和气质等来选择服装，从而塑造出与自己身份、个性相协调的外表形象。同时，着装的目的原则也是要通过自己的穿着打扮，给别人留下不同的印象。是严谨可信，还是随意自然，不同的着装可以突出不同的印象。例如：女士穿西式套裙去办公事，主要是为了使自己显得成熟稳重；穿着旗袍去赴宴，意在展示自己所独具的女性魅力；穿上一身牛仔装与友人郊游踏青，则是为了使同行者感到轻松愉快、平易近人。这就是服饰的应时、应事、应境的原则。

最后，着装还要注意色彩的搭配。不同颜色的服饰会产生不同的穿着效果。例如：浅色服装有扩张作用，瘦人穿着可产生丰满的效果；深色服装给人以收缩感，适合胖人等穿着。一般来说，黑、白、灰是配色中的几种“安全”色，因为他们比较容易与其他各种色彩搭配，而且效果也比较好。

三、男士西装着装礼仪

西装是一种国际性语言，对男士来说，西装是最理想的职业服饰，是正式场合着装的优先选择。一套合体的西装，可以使人显得潇洒、精神、风度翩翩。按照国际惯例，参加正式、隆重的商务活动及宴会，欣赏高雅的文艺演出时，都应该穿着西装。在正式场合中所穿的西装，必须是西装套装。西装套装一般是由外套、衬衫、长裤、领带和马甲组成。穿着马甲被称为三件套西装（如图 1.33 所示）；反之则为两件套西装（如图 1.34 所示）。按照传统观念，三件套西装显得更正式，穿着更为讲究，一般参加高层次的对外活动时，可以这么穿。

1. 西装的面料和颜色

西装一般要求在正式场合穿着，因此对面料的要求也比较高。高档西装应选择纯毛料或含毛量高的毛涤织物，面料一般宜选择无图案面料或隐形细竖条纹面料。在款式上，应样式简洁，同时，注重服装的剪裁和做工，因为质量决定了穿着者的层次。在色彩选择上，以单色为宜，男性职业装的颜色最好是深蓝、灰色、咖啡色、深藏青色和黑色。建议至少要有一套深蓝色的西装。深蓝色显示出高雅、理性、稳重；灰色比较中庸、平和，显得庄重、得体而气度不凡；咖啡色是一种自然而朴素的色彩，显得亲切而别具一格；深藏青色比较大方、稳重，也是较为常见的一种色调，比较适合

图 1.33　三件套西装

图 1.34　两件套西装

黄皮肤的东方人；黑色适合在各种仪式上穿。西装穿得好不好，决定了穿着者是不是专业、敬业。

2. 西装的外套

新买的西装外套在穿着之前，要把袖子上的商标剪掉。西装的外套要求挺拔、合体，不能有褶皱。西装要不卷不挽，西装口袋内应不装或少装东西，同时要注意纽扣的扣法。

（1）西装的长度。西装上衣的长度包括衣长和袖长。衣长宜与垂下臂时衣服下沿与手指的虎口处相齐，袖长应在距手腕处 1~2 厘米为宜。西装穿上身后，其前襟和后背下面不能吊起，应与地面平行，长度以刚好遮住臀部为宜。具体如图 1.35 所示。

图 1.35　西装上衣长度

（2）西装的扣子。穿西装，扣子的扣法很讲究。一般而言，站立时，特别是在大庭广众之前起身而立，西装上衣的纽扣应当系上，以示郑重。就座之后，西装上衣的纽扣则要解开，以防其“扭曲”走样。在扣西装外套时，单排扣西装与双排扣西装、两粒扣西装和三粒扣西装都有很大的区别。

在正式场合中：

- 单排两粒扣西装（如图 1.36 所示），扣上不扣下。
- 单排三粒扣西装（如图 1.37 所示），只扣中间那粒或上面两粒。
- 双排扣西装（如图 1.38 所示），则应全扣上。

在非正式场合中，无论是单排扣，还是双排扣，都可以不扣，以显示自然潇洒。

图 1.36 单排两粒扣

图 1.37 单排三粒扣

图 1.38 双排扣

（3）西装的口袋。无论哪种西装，其口袋应不装或少装东西。西装上衣胸部的口袋是放折叠好的装饰手帕的（如图 1.39 所示），其他东西不宜装。两侧衣袋只作装饰用，不宜乱装物品，以防西装变形。物品可以装在上衣内侧的衣袋里，例如钢笔、钱包或名片夹，但不宜放过厚的东西，以保持胸部的平挺。

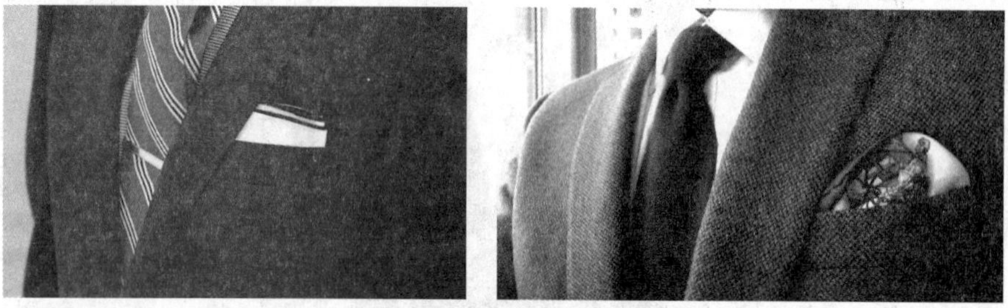
图 1.39 西装上衣口袋装饰帕

3. 西装的衬衫

衬衫是与西装搭配的重点，选择衬衫要注意其颜色、衣领、衣袖、腰身、长度是否与西装搭配。在正式场合，西装里面应该穿单色衬衫。通常西装外套是深色的，因此衬衫应选择浅色，最常用的是白色衬衫，浅蓝色也可以，不宜穿淡紫色、桃色、格子、圆点或宽条纹的衬衫。从衣领上讲，正装衬衫的领型多为方领。立领、翼领和异色领的衬衫，都不大适合与正装西装相配。衬衫的领头要挺括、洁净，不能有折痕，而且要比外套的领子高出 1.5 厘米左右（如图 1.40 所示），并贴紧，衬衫的下摆要掖在裤子里。从衣袖上讲，正装衬衫必须为长袖衬衫，短袖衬衫则具有休闲性质。衬衫的衣袖要露出西装外套袖口 1~2 厘米左右（如图 1.41 所示），以显出层次。衬衫领口的扣子要扣好，如不戴领带时应不扣衬衫领口的扣子。白色的衬衫配深色的西装，花衬衫配单色的西装，单色衬衫配条纹或带格西装都比较合适。方格衬衫不应配条纹西装，条纹衬衫同样不要配方格西装。衬衫的面料最好以纯棉为主，以单薄为宜。衬衫内不宜再穿其他衣物，天冷时，可以在衬衫外面再穿一件西装背心或羊绒衫，以不显臃肿为度。

因此，穿着正装衬衫与西装相配套，要注意五点事项：一是衣扣要系上；二是袖长要适度；三是下摆要放好；四是大小要合身；五是领口和袖口要干净。

图 1.40 西装衬衣领子高度

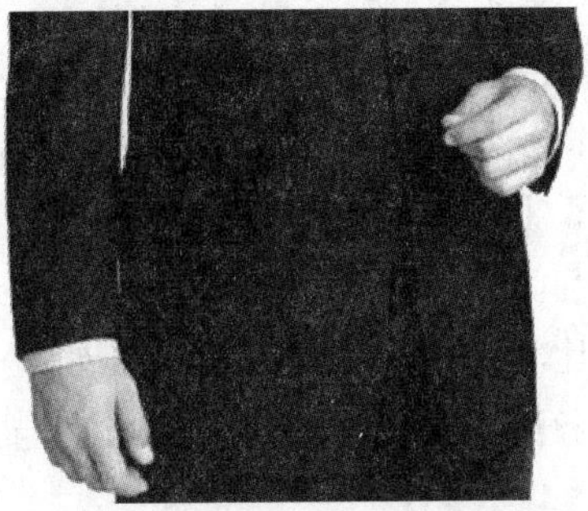

图 1.41 西装衬衣衣袖长度

4. 西装的领带

领带是男士衣着品味和绅士风度的象征，凡在比较正式的场合，男士穿西装都须系领带。领带可以说是商界男士穿西装时最重要的饰物。因此人们才说："男人的领带，总是不可缺少的一条。"在欧美各国，领带则与手表和装饰性袖扣并列，被称为"成年男子的三大饰品"。作为西装的灵魂，领带的选择讲究甚多。

男士在挑选和使用领带时，至少要注意以下几点：

(1) 面料。以真丝面料为最优。

(2) 长度。领带上片的长度以系领带者呈标准姿势站立时，领带尖正好垂至裤带带扣中央下沿为最佳，一般在 130~150 厘米。不能太短，更不能比下片还短；也不能太长，太长很不雅观。如果配有西装背心，领带须置于它的里面，且下端不能露出领带头。所以每个人所需领带的长度是由自己的身高决定的。

(3) 色彩。领带有单色与多色之分。在商务活动中，蓝色、灰色、棕色、黑色、紫红色等单色领带都是十分理想的选择。商界男士在正式场合中，切勿佩戴多于三种颜色的领带；同时，也尽量少打浅色或艳色领带。浅色领带与由三种以上的色彩所制成的领带一样，仅适用于社交或休闲活动之中。

(4) 图案。适用于商务活动中佩戴的领带，主要是单色无图案的领带，或者是以条纹、圆点、方格等规则的几何形状为主要图案的领带（如图 1.42 所示）。以人物、动物、植物、景观、徽记、文字或计算机绘画为主要图案的领带，则主要适用于社交或休闲活动。除此之外，如果是带企业标志的图案领带，在商务活动中是可以出现的。

图 1.42　领带图案

（5）款式。领带的款式往往受到时尚的左右。在这个问题上，商界人士主要应注意以下四点：一是领带有箭头与平头之分。一般认为，下端为箭头的领带，显得比较传统、正规；下端为平头的领带，则显得时髦、随意一些。二是领带有着宽窄之别。除了要尽量与流行保持同步以外，根据常规，领带的宽窄最好与本人胸围和西装上衣的衣领成正比。三是简易式的领带，如“一拉得”领带、“一挂得”领带，均不适合在正式的商务活动中使用。四是领结宜与礼服、翼领衬衫搭配，并且主要适用于社交场所。

（6）领带的系法。领带打得漂亮与否，取决于领带结打得好与坏。打领带结的基本要求是要领带挺括、端正，并且在外观上呈倒三角形。领带结的具体大小，最好与衬衫衣领的大小成正比。常见的领带系法有以下几种：

- 平结。平结为较多男士选用的领带结打法之一，几乎适用于各种材质的领带。要诀：领结下方所形成的小酒窝需让两边均匀且对称，如图 1.43 所示。

- 交叉结。这是单色素雅质料且较薄领带适合选用的领结，对于喜欢展现流行感的男士不妨多加使用“交叉结”，如图 1.44 所示。

- 双环结。一条质地细致的领带再搭配上双环结颇能营造时尚感，适合年轻的上班族选用。该领结完成的特色就是第一圈会稍露出于第二圈之外，可别刻意给盖住了，如图 1.45 所示。

- 温莎结。温莎结适合于宽领型的衬衫，该领结应多往横向发展。应避免材质过厚的领带，领结也勿打得过大，如图 1.46 所示。

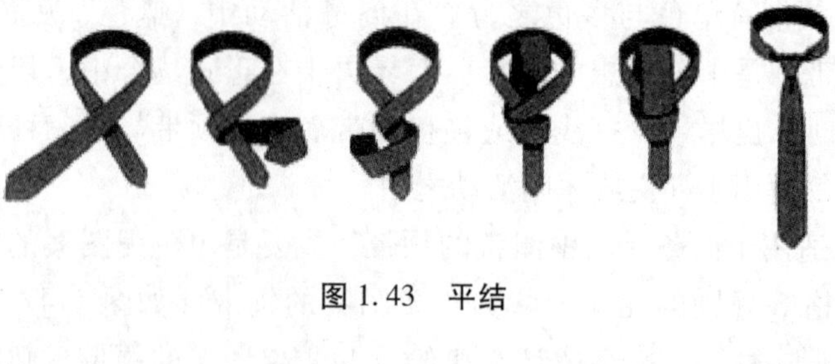

图 1.43　平结

图 1.44　交叉结

图 1.45　双环结

图 1.46　温莎结

领带系好后，应认真整理，使之规范、定型。

（7）领带佩饰。领带佩饰包括领带棒、领带夹、领带针等，有各种型号，主要功能是固定领带。除了经常做大幅度的动作，或领带夹作为企业标志使用外，其他情况下最好不用领带夹。佩戴时应注意，领带夹的位置不能太靠上，以从上往下数衬衫的第四粒和第五粒纽扣之间，或者从上往下领带三分之二的位置为宜（如图 1.47 所示）。西装上衣系好扣子后，领带夹不应被看见。

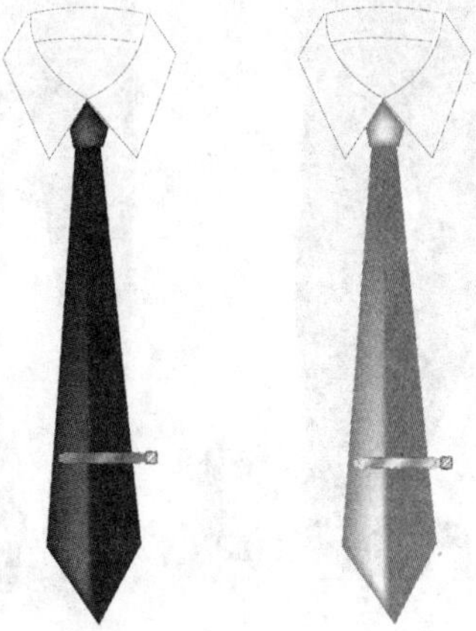

图 1.47　领带夹位置

在选择领带时，还需要注意领带与衬衫、西装之间要和谐、调和。西装、衬衣和领带的花纹不能重复。如果衬衫上有条纹或格子，领带上就不要有条纹或格子，或仅有含蓄的条纹与格子。如果衬衫是白色，西装是深色的，那么，领带应该选比较明快的颜色；如果衬衫是白色，西装的颜色朴实淡雅，领带就应该选华丽、明快一些的。当然，除了衬衫、领带、西装的色彩协调应充分考虑外，这三者的色彩关系还应顾及穿着者的肤色、年龄、职业、性格特征等。

领带的保养应注意以下几点：

- 使用过后，请立即解开领结，并轻轻从结口解下，因为用力拉扯表布及内衬，极易使得纤维断裂，并造成永久性的褶皱。
- 每次解开结口后，应将领带对折平放或用领带架吊起来，并留意置放处是否平滑，以避免刮伤领带。
- 开车系上安全带时，勿将领带绑于安全带内，以避免产生褶皱。
- 同一条领带戴完一次，应隔几天再戴，并先将领带置于潮湿温暖的场所或喷少许水，使其褶皱处恢复原状后，再收至干燥处平放或吊立。
- 沾染污垢时，应立即干洗。
- 处理结口皱纹，应以蒸汽熨斗低温烫平，水洗及高温熨烫容易造成领带变形而受损。

5. 西装的长裤

西裤作为西装整体的另一个主体部分，要求与上装互相协调，以构成和谐的整体。西裤立档的长度以裤带的鼻子正好通过胯骨上边为宜，裤腰大小以系上扣子后伸入一手掌为标准，西裤的长度以裤角接触脚背为宜，一般达到皮鞋后帮的一半为佳。西裤穿着时，裤扣要扣，拉链要全部拉严。裤子两边的口袋不宜装东西，以求臀围合适，裤型美观。具体如图 1.48 所示。

图 1.48　西装的长裤

6. 配套的鞋袜和腰带

穿西装对鞋子、袜子和腰带也特别讲究。袜子的颜色以深色为主，一般与裤子或鞋子的颜色相同，忌穿白色袜子。袜子要干净，不应有异味和破洞。购买时，应选择纯棉质品。皮鞋的选择以黑色为主，并要保持皮鞋的洁净和光亮。参加重大社交活动，特别是涉外活动前，一定要擦皮鞋，这是对宾客的尊重。布鞋、旅游鞋或者长筒靴等不宜在正式场合穿。腰带要选择正装皮质腰带，颜色和皮鞋颜色相同。腰带一般在 2.5 ~3 厘米的宽度较为美观，裤带系好后留有皮带头的长度一般为 12 厘米左右，过长或过短都不符合美学要求。

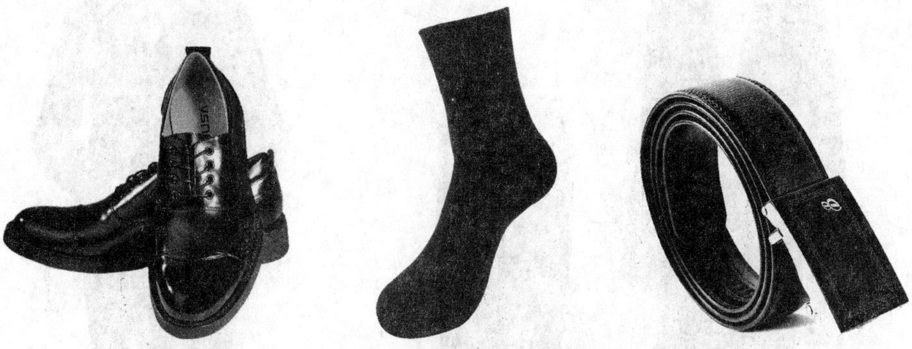

图 1.49　西装的鞋袜和腰带

7. 西装的“三三”原则

西装的“三三”原则包括：三色原则、三一定律和三大禁忌。

（1）三色原则。三色原则规定，穿西装正装时，全身上下的颜色不能多于三种。当然休闲西装没有这个问题，穿休闲西装比较随意，没必要打领带，也不受这一原则限制。正装西装的基本特点是单色的或深色的，一般是蓝色、灰色居多，有时候也有咖啡色和黑色，但是黑色西装一般是当作礼服穿着。

（2）三一定律。三一定律是指男士在重要场合穿着套装，身上有三个要件，鞋子、腰带、公文包（或钱包），应该是同一个颜色，并且首选黑色。如果同时佩戴手表、眼镜，那么手表表带、眼镜镜框和皮带扣的颜色应该一样，这才协调。

（3）三大禁忌。其一，袖子上的商标不能不拆。其二，非常重要的涉外商务交往中，忌穿夹克打领带。大体上来讲，穿夹克打领带，有两种情况是允许的：一是穿制服式夹克。所谓制服，就是制式服装，统一色彩、统一面料、统一设计、统一款式的服装，是企业形象的标志。这时可以穿夹克打领带。还有一种是行业领导或者单位领导。他们在自己行业之内参加内部活动时可以如此穿着。其三，忌袜子出现问题。穿西装时有两种袜子是不可以穿的。一是白袜子。商务穿着的袜子最好和皮鞋或裤子是同一个颜色，浑然一体。二是尼龙丝袜。尼龙丝袜最大的问题是不吸湿、不透气，容易产生异味，会妨碍交际。

男士西装穿着具有一定的程序，可以先梳理头发→更换衬衫→更换西裤→穿上皮鞋→系上领带→穿上外套，或者在前三个步骤不变的基础上，系上领带→穿上皮鞋→穿上外套。这种穿西装的程序是一种规范，也是一种礼仪。

穿着西装时，还有下面五点注意事项：一是西装要干净、熨烫平整；二是衣扣要系上；三是袖长要适度；四是下摆要放好；五是大小要合身。

四、女士套裙着装礼仪

套裙，是指上装穿西装，下装为开衩直筒裙的组合搭配方式，是女士在正式场合常穿的服装之一。通常，在办公场合，女士也可以选择西服套裤，套裤的着装礼仪与男士西装礼仪相似，因此，这里着重介绍一下女士套裙的着装礼仪。女士套裙要求合体，突出女性体型的曲线美，如图 1. 50 所示。

图 1. 50　女士套裙

1. 套裙的面料

女士套裙尽量选择纯天然、质地上乘的面料。上衣和裙子要采用同种面料，要求不起皱、不起毛、不起球、匀称平整、柔软丰厚、悬垂挺括。衬衣要求轻薄而柔软，故真丝、麻纱、府绸、罗布都可以用作其面料。衬裙可以考虑各种面料，但是以透气、吸湿、单薄、柔软者为佳，过于厚重或过于硬实的面料，通常不宜用来制作衬裙。

2. 套裙的色彩

女士套裙的色彩选择应当以冷色调为主，借以体现出着装者的典雅、端庄与稳重；还须使之与风行一时的各种“流行色”保持一定距离，以示自己的传统与稳重。一套套裙的全部色彩不要超过两种，不然就会显得杂乱无章。

3. 套裙的尺寸

套裙在整体造型上的变化，主要表现在它的长短与宽窄两个方面。商界女士的套裙曾被要求上衣不宜过长，下裙不宜过短。通常套裙之中的上衣最短可以齐腰，而裙子最长则可以达到小腿的中部。裙子下摆恰好抵达着装者小腿肚子上的最丰满处，乃是最为标准、最为理想的裙长。必须注意的是，穿着套裙时不能露腰、露腹。

4. 穿着到位

女士在正式场合穿套裙时，上衣的扣子一定要全部系上，这样才能显出女性的端庄、典雅。裙子要穿得端端正正，上下对齐。当穿丝、麻、棉、薄型面料套裙时，里面一定要穿一条与外裙相协调的衬裙，以免内衣外观，有失雅观。衬衣的下摆应掖入衬裙裙腰与套裙裙腰之间。衬衣的纽扣除最上面一粒可以不系上，其他纽扣均应系上。穿西装套裙，鞋子的搭配一般是高跟或半高跟皮鞋，以黑色牛皮鞋为上品。袜子应选择肉色高筒或连裤丝袜，以尼龙丝或羊毛袜为佳。国际上通常认为袜子是内衣的一部分，因此，裙摆下面绝不可露出袜边，以免破坏腿部的美感。

穿着套裙时，应该注意鞋子、袜子和套裙之间的颜色是否协调。

5. 妆饰

通常穿着打扮，讲究的是着装、化妆和配饰风格统一，相辅相成。穿套裙时，必须要维护好个人的形象，所以不能不化妆，但也不能化浓妆。选配饰要少，要合乎身份，不允许佩戴有可能过度张扬自己的耳环、手镯、脚链等首饰。在工作岗位上，不佩戴任何首饰也是可以的。套裙上不宜添加过多的点缀。一般而言，以贴布、绣花、花边、金线、彩条、扣链、亮片、珍珠、皮革等加以点缀或装饰的套裙，不宜在正式场合穿着。

6. 举止优雅

套裙最能够体现女性的柔美曲线，这就要求职场女性举止优雅，注意个人的礼仪。

当穿上套裙后，要站得又稳又正，不可以双腿叉开，站得东倒西歪。就座以后务必注意姿态，不要两腿分开，或是跷起一条腿来，抖动脚尖；更不可以脚尖挑鞋直晃，甚至当众脱下鞋来。走路时，不能大步地奔跑，只能小步走，步子要轻要稳。拿自己够不着的东西，可以请他人帮忙，千万不要逞强，尤其是不要踮起脚尖、伸直胳膊费力去够，或是俯身、探头去拿。

综上所述，套裙的穿法：

（1）套裙的上衣可以短至腰部，裙子可长达小腿的中部。

（2）穿着到位，除最上面一粒外，其他上衣衣扣必须扣上。

（3）考虑场合，协调妆饰，不可不化妆，也不可化浓妆。

（4）佩饰物以少为宜，不超过三件。

（5）就座时，不可将双腿分开或跷二郎腿。

（6）内衣忌露，鞋袜得体。

（7）不穿黑色皮裙。

女性职业着装禁忌：一忌穿着暴露；二忌“内衣”外穿；三忌裙、鞋、袜不搭配；四忌光脚。

现代社交中，女士不仅仅要选对衣服，更要穿着得体、搭配和谐，只有这样才能真正体现出职场女性落落大方的优雅气质，给人留下好印象。

五、服饰搭配礼仪

服饰搭配通常指着装与饰品的搭配。饰品，亦称首饰、饰物，是人们在穿着打扮时所使用的装饰物，它可以在着装中起到画龙点睛的作用。因此，饰品的选择应和着装者的身份和所处的场合相协调，这样才能与合体的衣服相得益彰。饰品包括两大类，第一类是实用性为主的附件，比如鞋子、袜子、帽子等；第二类是属于以装饰性为主的饰物，有戒指、项链、耳环、胸饰等。

1. 饰品佩戴遵循的原则

（1）以少为佳，恰到好处。佩戴饰品时讲究以少为佳，首饰不要超过三件，同一种类的饰物佩戴不应超过两件。浑身上下珠光宝气，挂满饰物，除了让别人感觉你的炫耀和庸俗外，没有丝毫美感。

（2）搭配合理，尽显风采。首先装饰物应注意与服装色彩、款式的搭配。头饰最好与上衣颜色一致，这样从色彩上达到了协调，避免了杂乱感。腰带、提包、围巾、项链、耳环等与服装色彩的搭配，或采用对比色彩的配合，或采用同类色彩的配合，但原则是佩戴的饰品讲究颜色一致或接近。其次，佩戴的饰品要讲究质地或质料相同，不能同时佩戴纯金项链、珍珠耳环和玉镯。最后，装饰物还应注意与脸型的搭配。比如：圆形脸的人适合佩戴长吊坠的耳环或长坠的项链；方形脸的人适合佩戴直向长于横向的弧形设计的耳环；鹅蛋脸的人不管佩戴何种款式的钻石都很亮丽迷人。

（3）扬长避短，显优藏拙。装饰物是起点缀作用的，要通过佩戴装饰物突出自己的优点，掩盖缺点。比如：脖子短而粗的人，不宜戴紧贴着脖子的项链，而应戴细长的项链，这样从视觉上把脖子拉长了；个子矮的人，不宜戴长围巾，否则会显得更加矮小。

（4）突出个性，不盲目模仿。佩戴饰品要突出自己的个性，不要别人戴什么，自己也跟着戴什么，别人戴着好看的东西，不一定适合自己。比如，西方女性嘴大、鼻子高、眼窝深，戴一副大耳环显得漂亮；而东方女性适合戴小耳环，以突出东方女性含蓄、温文尔雅的特点。

2. 鞋、袜、帽、腰带的穿戴礼仪

（1）鞋袜。鞋子和袜子被西方国家称作“脚部时装”和“腿部时装”。鞋子在整体着装中具有重要地位。一双得体的鞋子，能为全身的服装添色增辉，不仅能映衬出服装的整体美，更重要的是能增加人体本身的挺拔俊美。

在正式或非正式场合，男性一般着没有花纹的黑色平跟皮鞋，女性一般着黑色半高跟皮鞋，鞋跟在3~5厘米为最佳（如图1.51所示）。露脚趾的皮凉鞋是绝对禁止在礼仪场合穿着的。旅游鞋、布鞋、各式时装鞋与西装都是不相配的。皮鞋的颜色、款式应与衣服、手包相配套。一般来说，鞋的颜色应与衣服的下摆一致或更深一些。衣服从下摆开始到鞋的颜色保持一致，可以使大多数人显得高一些。

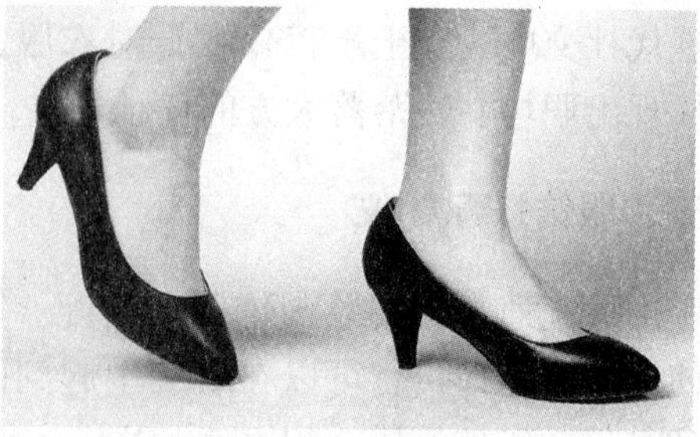

图1.51　女士高跟鞋

袜子的穿着也是重要一环。在礼仪场合，决不能赤足穿鞋。女性应穿长筒丝袜或裤袜，白天可穿肉色或浅色的，晚间活动可穿略深的。不宜穿短袜，更不宜露出腿部肌肤。正式或半正式场合，男性应着颜色素净的中长筒袜子，这样可避免坐下谈话时露出皮肤或浓重的腿毛。袜子的颜色应以单色、深色最好，图案可以选择带条纹或方格图案，但以隐形或不显眼为佳。袜子的色调应选择比裤子深一些，可以使它在裤子和鞋子之间作为一种过渡。女性着肉色长筒丝袜，配长裙、旗袍最为得体。长筒袜的长度一定要高于裙子下部边缘，且留有较大余地；否则，一走动就露出一截腿来，极为不雅。因此，在礼仪场合，穿短袜配短裙是不适宜的。

(2) 帽子。选择帽子既要照顾款式，也应注意色彩、大小、高低与自己肤色、体型、身材的关系，尽量让帽子帮助自己达到扬长避短的效果。

长脸形不宜戴高帽子，而圆脸型的人，戴顶端微凸的帽子就比较顺眼。个矮的人戴稍凸的帽子会显高，而小个子戴顶大帽子又会产生“小蘑菇”的滑稽感。帽子的色彩要与肤色结合考虑。肤色白的人，选择余地大些；肤色较深的人则不宜戴深色帽子；肤色发黄的人，最好是戴深红色、咖啡色的帽子，这样可以衬托出一些健康色，戴白、绿、浅蓝的帽子，都有加重病态的感觉。帽子既可正戴，也可歪戴，不同的戴法会产生不同的视觉效果和礼仪效应。正戴显得庄重、严肃，歪戴则显得活泼、妩媚。正戴可使脸型更加丰满、端庄，歪戴则会使之显出清瘦、俏皮。

从礼仪的角度讲，男士在室内场合不允许戴帽子，女士则可以将帽子及其他用品作为礼服的一部分在室内场合穿戴。女士戴帽子不仅是礼节上的要求，也是身份上的象征。而且女士帽子不像男士帽子那样千篇一律，可以配合五光十色的衣服，不断变换着花样。

(3) 腰带。腰带佩戴时也应和自己的身材协调。个子娇小的人系细腰带，而且颜色最好与衣服相符合。粗腰的人，绝不能系鲜艳和宽粗的腰带。上身长的人，可系稍宽的腰带；上身短的人，应把腰带系在低腰处。

3. 装饰性饰物的佩戴礼仪

(1) 戒指。戒指不仅是一种重要的饰品，还是特定信息的传递物。尽管它有钻石、珍珠、金银等不同质地，有浑圆、方形、雕花和刻字等不同造型，但其佩戴的方法是一致的，表达的含义也是特定的。戒指通常戴在左手上。一般来说，戴在食指上，表示尚未恋爱，正在求偶；戴在中指上，表示已有意中人，正在恋爱；戴在无名指上，表示已正式订婚或已结婚；而戴在小指上，则表示誓不婚恋，笃信独身主义。在不少西方国家，未婚女子的戒指戴在右手而不是左手上。修女的戒指总是戴在右手无名指上，这意味着她已经把爱献给了上帝。一般情况下，一只手上只戴一枚戒指，戴两枚或两枚以上的戒指是不适宜的。

(2) 项链。项链是女性最常用的饰品之一，既可装饰人的颈项、胸部，使女性更具魅力和性感，又能使佩戴者的服饰更显富丽。但假如对项链的色彩、质地、造型的各种功能没有一个正确的认识，效果就可能适得其反。一般来讲，金项链以“足赤”而给人一种华贵富丽的感觉；珍珠项链则以白润光洁而给人以高雅的美感。它们可以与各色服装相配，给人以华美的总体印象。但假如与衣装颜色过于接近则会因混于一色，而不易分辨，就会失去装饰的功能。从项链的造型看，细小的金项链只有与无领的连衣裙相配才会显得清秀，而挂在厚实的高领衣装外，会给人清贫寒酸的印象。矮胖圆脸的人，挂上一串下垂到胸部的项链，会使人感到似乎增加了身高，拉长了脸型；而脖子细长的人，以贴颈的短项链，尤以大珍珠项链最为合宜。另外，衣着的质料、颜色、样式及场合也常常影响着各种质地、造型的项链的佩戴。

（3）耳环。耳环虽小，却是戴在一个明显而重要的位置上，直接刺激他人的注意力。因此，美观大方的耳环对人的风度气质的影响很大。耳环的种类很多，常见的有钻石、金银、珍珠等。耳环的形状各异，有圆形、方形、三角形、菱形以及各种异形。一般来讲，纯白色的耳环和金银耳环可配任何衣服；而具鲜艳色彩的耳环则需与衣装相一致或接近。从质地方面看，佩戴钻石耳环或洁白晶莹的大珍珠耳环，必须配以深色高级天鹅绒旗袍或高档礼服，否则会相形见绌；而人们一般习惯佩戴的金银耳环对服装则没有过多的限制。选择耳环主要应当考虑自己的脸型、头型、发式、服饰等方面。例如，长脸形，特别是下颌较尖的脸型，应佩带面积较大的扣式耳环，以便使脸部显得圆润丰满；而脸型较宽的方脸型，宜选择面积较小的耳环。服饰色彩比较艳丽，耳环的色彩也应艳丽。

（4）胸饰。胸饰包括胸花和胸针。胸花一般指戴在左胸部位的花饰，多用于参加宴会、招待会及各种大型的庆典活动和具有特色纪念意义的活动。参加这些活动，佩戴胸花可显出自己的身份、地位，并给人以正规、隆重之感。选佩胸花时，要重视胸花的样式及衣服颜色的搭配。服饰漂亮，胸花宜朴实；反之，宜选择色彩鲜艳的胸花。胸针也佩戴在胸部，它大小不一，多为金属制作，适合各种场合佩戴，但选择时应同服饰及环境相协调，如穿西装套裙上班，所选胸针的图案和花色应当庄重、文雅。

总而言之，佩戴饰品要少而精，以体现自己的个性为主，绝不能认为项链选得越粗越好，戒指戴得越多越好，结果反而会弄巧成拙，显得自己俗不可耐。男性首饰的佩戴要力求舒适、大方，给人一种稳重、潇洒的感觉。

【实训设计】

情景模拟与角色扮演

一、实训内容

假设你是A公司的业务经理，你要代表公司去面见一位重要客户，请选择合适的服饰及搭配。

二、实训步骤

（1）教师介绍本次实训的内容及模拟情景。

（2）教师讲解仪表礼仪规范。

（3）学生以6人为一个单位，进行分组，选出组长，在组长的带领下，学生按照之前讲解的仪表礼仪的要点互相评议当天的着装是否规范，服饰搭配是否协调。

（4）要求

①要求有条件的男生穿西装、系领带；女生穿职业裙装。

②没有条件的同学要求穿一套自认为搭配最协调的服装。

③同学之间可调配服装。

④熟练掌握几种领带的打法。

⑤熟练掌握服饰搭配技巧。

⑥掌握在不同场合选择合适的服饰的技巧。

（5）教师考核。

（6）师生点评。

三、任务考核

教师负责考核。考核评分标准如表 1.2（男）和表 1.3（女）所示。

表 1.2　　男士西装礼仪考核评分标准

组别＿＿＿＿＿　　姓名＿＿＿＿＿　　时间＿＿＿＿＿＿

评价项目与内容		应得分	扣分	实得分
准备工作	出场迅速	5		
	实训过程全组协调良好	5		
基本知识掌握	熟悉男士西装的穿着规范及搭配	10		
男士西装	西装干净、整洁，西裤烫出裤线	10		
	衬衣清洁，穿着符合要求	5		
	西装的扣子系法符合要求	5		
	西装口袋不装物品，衣袖、裤边不卷	5		
	领带形状规整、长度适中、打法正确	10		
	鞋袜干净、颜色搭配恰当	5		
	西装合适，整体颜色搭配协调	10		
观摩讨论	观摩认真	5		
	积极讨论	5		
实训笔记	按规定时间上交	5		
	字迹清楚、填写规范、内容详尽完整	5		
	实训分析总结正确	5		
	能提出合理化建议及创新见解	5		
合计		100		

考评教师（签名）：

表 1.3　　女士职业装礼仪考核评分标准

组别＿＿＿＿＿　　姓名＿＿＿＿＿　　时间＿＿＿＿＿＿

评价项目与内容		应得分	扣分	实得分
准备工作	出场迅速	5		
	实训过程全组协调良好	5		

表1.3(续)

评价项目与内容		应得分	扣分	实得分
基本知识掌握	熟悉女士职业装的穿着规范及搭配	10		
女士职业装	职业装款式、面料选择合理	10		
	衬衣以白色为主	5		
	内衣应柔软合理	5		
	衬裙选择合适	5		
	职业裙长度适合	5		
	丝袜颜色合理，无破洞	5		
	鞋子颜色合理，与套装相配	5		
	职业装颜色整体搭配协调	5		
饰品	饰品搭配合理	5		
观摩讨论	观摩认真	5		
	积极讨论	5		
实训笔记	按规定时间上交	5		
	字迹清楚、填写规范、内容详尽完整	5		
	实训分析总结正确	5		
	能提出合理化建议及创新见解	5		
合计		100		

考评教师（签名）：

任务3　仪容礼仪

【案例导入】

某国际豪华游轮公司面向学校招聘一批毕业生，前来报名的同学络绎不绝。其中有几位女同学认为，在豪华游轮工作是一件非常时髦的事，因此特别到美发店做了一个非常时髦的发型。她们高高兴兴地来到报名地点，结果招聘经理连她们的简历都没有收，就让她们离开了。

思考：

1. 你认为，招聘经理不收她们的简历的原因是什么？
2. 作为商务人士，应该注意哪些仪容礼仪？

【任务目标】

通过实训，学生应了解商务人员的仪容必须遵循干净、整洁的基本原则，培养良好的仪容礼仪和观念，掌握面部修饰、发型选择、手脚修饰及其他仪容修饰的方法。

【理论知识】

一、仪容的概述

仪容是指人体不需要着装的部位，主要是指面容及其他暴露在外的肢体部分，广义上还包括头发、手部以及穿着某些服装露出的腿部。在人际交往中，每个人的仪容都会引起交往对象的特别关注，并将影响到对方对自己的整体评价。

仪容美的基本要素是貌美、发美、肌肤美，主要要求整洁、干净、自然。美好的仪容一定能让人感觉到其五官构成彼此和谐并富于表情；发质、发型使其英俊潇洒、容光焕发；肌肤健美使其充满生命活力，给人以健康自然、鲜明和谐、富有个性的深刻印象。但每个人的容貌是父母给予的，相对定型，但通过保养、修饰和装扮可以使人焕然一新，充分发挥自己的优势，有效地弥补自身的缺陷和不足。

当然除了仪容的修饰美外，培养仪容的自然美和内在美同样很重要。自然美可以通过保持良好的心态、充足的睡眠、健康的饮食和适当的锻炼来提升。内在美可以通过学习，提高个人的文化素养，培养出高雅的气质与美好的心灵来提升。心理研究表明，一个人心理健康、为人豁达、性格直爽、胸襟开阔，就能使容颜在相当长时期保留一种年轻的活力美。

二、面部修饰

商务人员仪容的修饰是为了给交往对象以美感，留下良好的印象。修饰面部不是要求人们去变更自己先天的容貌，而是要求人们“秀于外”与“慧于中”并举，使自己显得端庄大方。商务人员在出席公共场合时，对面部可以进行适当修饰。商务人员修饰自己的面部，首先是要通过护肤让面部保持干净和水嫩，其次才是通过化妆来修饰面容。因此护肤是美容的基础。做好护肤也是化妆的先行条件。

（一）护肤技巧

皮肤在社交场合中也是塑造良好形象的一个重要组成部分，特别是面部。

1. 认识皮肤

一般来说，人的皮肤是由表皮、真皮和皮下组织构成。从皮肤的性质看，可以将人的皮肤分为中性、干性、油性和混合性皮肤。

（1）中性皮肤。中性（正常）皮肤油脂分泌适中，皮肤表面柔滑滋润，富有光泽，是理想的皮肤。其特点是健康，组织致密，皮脂和汗腺分泌通畅，光滑细腻，但受季节影响较大，夏天趋向油性，冬天趋向干性。

（2）干性皮肤。干性皮肤分为缺油性干性皮肤和缺水性干性皮肤。缺油性干性皮肤油脂分泌少，毛孔不明显，不易长粉刺，外观洁白细嫩，但脸无光泽，易起小皱纹。缺水性干性皮肤的特点是皮肤组织欠紧凑坚实，毛孔不明显，皮肤较厚，水分不易蒸发。这种皮肤很敏感，经不起环境和情绪变化的影响，容易过早衰老，应选保湿性化妆品。

（3）油性皮肤。油性皮肤油脂分泌过多，面部油亮光泽，毛孔明显、粗大，皮脂腺分泌旺盛，易长粉刺，但不易起皱纹。脸上常像涂了一层油，特别是额头、鼻梁、下巴等处。皮肤色泽较深，为淡褐色或褐色，甚至为红铜色。此类皮肤的酸碱度不平均、不稳定，当碱性过强时，皮肤容易出现斑点。

（4）混合性皮肤。混合性皮肤为干性和油性皮肤的混合。油性部分呈“T”字型，包括前额、鼻梁及面颊两侧，而眼周及颈部则为干性。据统计，女性大约有80%属于混合性皮肤。

无论你属于哪类皮肤，都要以科学的方法加以保护。只有这样，皮肤才会柔嫩洁白、滋润光泽、充满活力。

2. 皮肤护理的方法

皮肤护理的方法很多，根据每个人的条件不同，可以采用不同的皮肤护理方法。这里介绍几种既简单又经济的方法。

（1）正确洁面。洗脸用的水温非常重要。有的人图省事，直接用冷水洗脸；有的人认为自己是油性皮肤，要用很热的水才能把脸上的油垢洗净。其实这些都是错误的观点，正确的方法是用温水。这样既能保证毛孔充分张开，又不会使皮肤的天然保湿油分过分丢失。

无论用什么样的洁面乳，量都不宜过多，面积有五分硬币大小即可。在向脸上涂抹之前，一定要先把洁面乳在手心充分打起泡沫，忘记这一步的人最多，而这一步也是最重要的一步。因为，如果洁面乳不充分起沫，不但达不到清洁效果，还会残留在毛孔内引起青春痘。泡沫当然是越多越好，还可以借助一些容易让洁面乳起沫的工具。

把泡沫涂在脸上以后要轻轻打圈按摩，不要太用力，以免产生皱纹。大概按摩15下左右，让泡沫遍及整个面部。

用洁面乳按摩完后，就可以清洗了。有一些女性，担心洗不干净脸，会用毛巾用力地擦洗，这样做对娇嫩的皮肤非常不好。应该用湿润的毛巾轻轻在脸上按，反复几次后就能清除掉洁面乳，又不伤害皮肤。

清洗完毕后，很多人认为洗脸的过程已经全部完成了，其实并非如此。还应照镜子检查一下发髻周围是否有残留的洁面乳，这个步骤也经常被人们忽略。有些女性发际周围总是容易长痘痘，其实就是因为忽略了这一步。

化妆后的洁面，一定要用专业的卸妆产品，因为一般的洁面乳或洗面奶不能把脸上的化妆品完全清洗干净。因此，洗脸时，如果之前有化妆，就应该先卸妆，然后再用洗面奶洗脸。这样才能把皮肤里面的脏东西清理得更彻底、更干净。

（2）保持良好的心态。心态决定一切，良好的心态是身体健康的基础。微笑是保持良好心态最好的“润滑剂”。人在微笑时，面部肌肉在做运动，会使皮肤保持健康的状态。另外，人在生气时，会在体内产生毒素。所以人要经常面带微笑，笑看人生，还要经常和快乐的人接触，相互感染，提高自信。

（3）养成良好的睡眠习惯。医学研究表明，人表皮细胞的新陈代谢最活跃的时间是从午夜到清晨两点，熬夜是最毁容的，因为不眠会影响细胞再生的速度，导致肌肤老化，这种恐怖的后果会直接反映在女士们的脸庞上。人类有1/4到1/3的时间是在睡眠中度过的，因此，保持良好的睡眠习惯，对人的皮肤和身体健康都大有益处。

- 睡觉前要洗脸，不要让污垢在脸上过夜。因为人在睡觉时细菌是最容易侵蚀的。
- 注意卧室的湿度，不要在特别干燥的房间里睡觉，以防皮肤干燥。
- 注意睡觉的姿势，不要让不对称的小皱纹挂在脸上。一个理想的睡眠体位应该是使头颈部保持自然仰伸位，胸部及腰部保持自然曲度，双膝略呈屈曲状，如此可使全身肌肉、韧带及关节获得最大限度的放松与休息。
- 保证足够的睡眠。通常情况下，要保证 7~8 小时的睡眠，特别是晚上 10 点到凌晨 2 点，因为专家认为这是美丽皮肤形成的最佳时间。

（4）养成多喝水的习惯。一般来说，人要保持皮肤的健康，需要每天保证喝适量的水。人一天所需的水分，包括食物中的水分，为 1.5~2 升。对于皮肤健康来说，喝水比买护肤品更便宜也更重要。水还可以帮助身体排除有害物质，润滑关节和肌肉，防止便秘，保持正常体温，燃烧更多脂肪，生病时还有助于恢复健康等。

（5）注意科学合理的饮食。要想皮肤健康，还要注意合理的饮食结构。一般来说，从皮肤护理的角度看，合理摄取各种维生素，可以使皮肤自然健康。因此应该多吃新鲜水果蔬菜，不酗酒，不抽烟。同时，蜂蜜也是理想的天然美容剂。研究表明，蜂蜜可以改善营养状况，促进皮肤新陈代谢，增强皮肤的活力和抗菌力，减少色素沉淀，防止皮肤干燥，使肌肤柔软、洁白、细腻，并可减少皱纹，防止粉刺，起到理想的养颜美容的作用。在使用蜂蜜时，需用温开水冲服。

（6）注意防晒。强紫外线照射可使皮下的纤维组织断裂，使皮肤粗糙，因此要防止长时间在强光下暴晒。当夏天里需要到外面去的时候，可采取一些防范措施，如带遮阳伞，涂防晒霜等。防晒霜根据 SPF 指数分成不同的档次，指数越大，保护时间越长。通常，防晒霜的保护时间，是 SPF 指数乘以 15 分钟，如 SPF8 号的防晒时间是 120 分钟。日常防晒一般选择在 SPF15 左右。如果去海边或海拔比较高的地方，由于紫外线更强，可以选择 SPF30 及以上的防晒霜。由于防晒霜的指数是指防晒的时间长短，而非防晒的效果，防晒指数越高的产品，油腻感越重，容易堵塞毛孔，不利于排汗，所以针对不同的场合，采用间隔性的涂抹防晒霜比一次性涂抹高指数的防晒霜效果更好。

（7）加强体育锻炼和户外运动。现在社会工作节奏加快，工作压力也很大，心理长时间处于紧张状态，容易导致身心疲惫，也会加速容颜衰老。加强体育锻炼和户外运动是缓解压力最好的方法，每天坚持适当的体育锻炼也可以增强身体新陈代谢功能，使女人更健康、更美丽。

（二）化妆技巧

商务人员化妆总的原则是少而精，强调和突出自身的自然美，做到妆而不露、化而不觉。因此，商务装一般宜化淡妆。

1. 化妆的功能

对商界人士来说，化妆最重要的功能有两个：

第一，要求职员化妆上岗，有助于体现企业的统一性和纪律性，有助于使其企业形象更为鲜明、更具特色。一句话，这样做可以塑造良好的企业形象。

第二，要求职员化妆上岗，意在向商界的交往对象表示尊重。也就是说，在商务交往中，化妆与否，绝非个人私事，而是衡量其对商务交往对象是否尊重的一个尺度。

2. 化妆的原则

商务人员化妆应遵循与时间、季节、场合相适应的原则。

（1）时间原则。化妆应根据一天的时间变化而有所区别。白天自然光强烈，化妆不宜过浓，应着重在眼周、脸颊、唇部化妆，粉底应淡薄透明，妆色明朗。夜晚光线暗淡，不易显露化妆痕迹，各色灯光也会使妆色发生一些变化，因此化妆应考虑灯光下的效果，化妆的色彩也可以稍浓一些。

（2）季节原则。化妆应根据季节的转变而有所区别。一年四季的转变，自然界的色彩也会随之变化，化妆应与自然界的色彩相协调。夏季出汗多，多穿着淡色服装，宜淡妆。冬季万物凋零，人们通常着深色服装，化妆色彩可选择稍深一些。

（3）场合原则。化妆还应根据不同场合、环境而有所区别。商务人员在工作岗位上应该化淡妆，妆容要求清丽、素雅、简约，要有鲜明的立体感，既要给人以深刻的印象，又不允许脂粉气十足。浓妆只有在夜晚参加晚宴等一些社交性活动时才可以化，夜色朦胧，光线幽暗，晚宴妆要亮丽。在外出旅游或参加户外运动时，女士不要化浓妆，这时的妆面应明朗自然。

3. 化妆的要点

（1）化妆要考虑自己的肤色。商务人员的美容化妆要以统一、和谐、自然为准则，化妆给人文明、整洁、优雅的印象。化妆后一般不要明显改变自己的肤色，尽量与原有肤色恰当结合，才能显得自然协调。

（2）化妆要考虑自己的脸形。脸宽者，描眉、画眼、涂口红、抹腮红都尽量集中在中间，以收拢缩小面部；脸窄者，可适当放宽。

（3）化妆要考虑粉底、眼影、腮红、口红的颜色要和皮肤、服饰的颜色协调。

4. 化妆的程序

化妆的一般程序如下：

（1）清洁面部。用适合自己的洗面奶去除油污、汗水和灰尘，使面部保持清洁。一般用含有营养成分的洗面奶比较好，尽量避免用一些质量差的香皂，因为其碱性大，会伤害皮肤。

（2）润肤。拍上适量的化妆水或紧肤水，均匀涂抹一层护肤霜或营养霜，以防止皮肤干燥起皮。

（3）隔离。使用隔离霜使皮肤与外界之间形成保护屏障，防止皮肤受伤或老化，保护皮肤免受其他化妆品的刺激。

（4）打底。打底的目的是调整皮肤的颜色，要根据不同的肤色选择粉底，粉底颜色越接近肤色看上去越自然，最好还要多准备一支深色的粉底，作为下颚、鼻梁、额头上打阴影用，以修饰脸型，突出五官，使妆面产生立体感。

（5）定妆。使用少许定妆粉或蜜粉来固定粉底，这样可以使妆色更加柔和、稳定，不易花妆，同时可以减少皮肤上的油光感。

（6）修饰眼部。先画眼影，根据不同的服饰、场合，确定眼影的颜色；再画眼线，可以使眼部轮廓清晰，增强眼睛的黑白对比度；修饰睫毛，可以增强睫毛的浓密感，并使睫毛变长；最后根据脸型修剪眉形，注意眉弓的位置。

（7）涂腮红。工作淡妆要选择接近肤色的腮红，呈现完美自然、若有若无的妆效。涂腮红可以使人显得健康精神，并可以弥补脸型的不足。长脸宜左右涂，宽脸宜上下涂，瓜子脸则以面颊中偏上处为重点，然后向四周散开。腮红颜色的选择也要考虑时间因素。一般情况下，白天宜选择玫瑰红或粉色，晚上宜选用朱红。

（8）修饰唇部。先用唇线笔描出合适的唇形，先描上唇，后描下唇；然后填入色彩适宜的口红，使其红唇生色，更加美丽。口红一般宜选用接近嘴唇的颜色，如淡紫红色，可增加活力和美感。如果唇色比较重，也可以只涂一点润唇膏。

（9）补妆。为了避免妆容残缺，化妆后要检查，特别是在出汗、用餐、休息之后。如果发现妆面残缺，要马上补妆。补妆的时候，要回避别人，在没有人的角落或洗手间进行。由于补妆只是局部性的修补，应该以补为主，只需要在妆容残缺的地方稍作弥补，不用抹掉旧妆重新化妆。

无论什么人，准备在什么场合展现自己，其化妆的步骤，大致都是在上述范例的基础上增减变化而已。故此，可以称之为商务人员化妆的一般程序。

5. 化妆的禁忌

（1）不要当众化妆或补妆。商务人员对自己的化妆应当认真对待、一丝不苟，但不允许商务人员当众进行化妆或补妆。

（2）不要非议他人的化妆。有不少商务人士，尤其是女性，对化妆颇有兴趣，但在工作岗位上，不允许随便切磋化妆术。特别是不允许谈论、评价他人的化妆得失。每个人的审美未必一样，没有必要为他人的妆容“忧心忡忡”。

（3）不要使自己的妆面出现残缺。在工作岗位上，假如自己适当地化了彩妆，那么就要做到有始有终，努力维护妆面的完整性。如果一旦出现妆面的残缺，则要及时进行补妆或重新化妆。

（4）不要借用他人的化妆品。化妆品是与人体皮肤直接接触的物品，可能成为疾病传染的媒介，因此，不能乱用他人的化妆品，也不要把自己的化妆品借给他人使用。

三、发型选择

商务人员发型、发式统一的标准就是干净整洁，并且要经常注意修饰、修理，头发不宜过长。在当今社会，发型不仅表现个人的性别，更能体现一个人的道德修养、审美水平及行为规范。人们可以通过一个人的发型判断出其职业、身份、受教育程度、生活状况及卫生习惯，也可以感受出其对生活、工作的态度。因此商务人士必须注意根据自己的体形、气质选择适合自己的发型。

一般认为，男士前部的头发不要遮住自己的眉毛，侧部的头发不要盖住自己的耳朵，同时不要留过厚或者过长的鬓角，后部的头发，应该不要长过自己西装衬衫领子的上部，这是对男士发型的统一要求。

女士在发型和发式的选择上，应以简约、美观、大方为原则。需要特别注意的是，在选择发卡、发带时，样式应该庄重大方。

1. 发型选择技巧

任何一个人，在选定适合自己的发型时，基本上都要考虑自己的发质、脸形、年龄、性格、气质、身材、职业、季节、所在的场合等因素，经过一番“综合平衡”，然后做出抉择。具体来说，发型的选择要掌握以下技巧：

（1）选择发型要与脸形相符合。

① 鹅蛋脸：鹅蛋脸属标准脸型，可以做任何发型。

② 圆形脸：可将发型安排在头顶，用前刘海盖住双耳及一部分脸颊，即可减少脸的圆度。

③ 方形脸：类似于圆形脸，其发式应遮住额头，并将头发梳向两边及下方，也可以烫一下，造成脸部窄而柔顺的效果。

④ 梨形脸：要保持头发丰满且高耸，分出一些带波浪的头发遮住额头，搭配卷发设计，造成宽额头的效果。

⑤ 长形脸：可适当用刘海掩盖前额，一定不可将发帘上梳，头缝不可中分，尽量加重脸形横向感，使脸形看上去圆一些。

（2）选择发型要与性别相符合。商务男士应尽可能避免留长发或者某些时髦的奇特发型，最好也不要留光头，不要把头发染成过分鲜艳扎眼的颜色。女士的发型虽然并不拘泥于短发和直发，但也应注意要相对保守一些，不能过分张扬和花哨。

（3）选择发型要与年龄相符合。年长者要求简朴、端庄、成熟、稳重，因此，比较适宜大花型的短发或盘发，给人以温和可亲的感觉。而年轻人则要注重整洁健康、美丽大方、新颖别致，比较适宜扎辫子、短发、长发等。

（4）选择发型要与性格和气质相符合。

① 性格内向、羞于言谈的人，适宜选择自然翻式的发型。

② 性格开朗、潇洒的人，则要选择长发波浪式的发型。

③ 性格活泼、天真的人，适宜选择长发童花式的发型。

④ 性格温柔、文静的人，适宜选择曲直长发。

⑤ 性格豪爽、具有男子气概的女性，适宜选择短发。

（5）选择发型要与身材相符合。

总的原则是简洁、明快、线条流畅。

① 个子矮小的人发型应以秀气、精致为主，避免粗犷、蓬松，可利用盘发增加身体高度。

② 高瘦身材的人发型要求生动饱满，避免将头发梳得紧贴头皮，或将头发搞得过分蓬松，造成头重脚轻。一般来说，高瘦身材的人比较适宜留长发、直发。

③ 身体矮胖的人整体发式要向上，譬如选择运动式发型，此外可选择有层次的短发、前额翻翘式等发型。

④ 高大身材的人发型一般以留简单的直短发为好，或者是大波浪卷发，对直长发、长波浪、束发、盘发、中短发式也可酌情运用。切忌发型花样繁复、造作，头发不要太蓬松。

（6）选择发型要与职业相符合。

① 戴工作帽的职业者的发型既要简洁，又要美观，一般以中长发或短发为宜，戴帽时头发不外露，脱帽后又能保持优美的发型。

② 文艺工作者的发型要求新颖多样，突出个性，富有艺术气息。

③ 教师、机关人员的发型要求线条简单，波纹平淡自然，发型优美大方、朴实端庄。

④ 商务人员的发型应以整洁美观为主，富有时代气息，给人以健康明朗、文明礼貌的良好印象。

对于商务人士来说，发型选择总的原则就是：男员工不留长发，即发不过颈；女员工不梳披肩发，前发不遮眼，后发不过肩，头发过肩者必须扎起。

2. 头发护理技巧

发型选定后，头发还要加强日常护理。一是注意经常清洗头发；二是经常修剪头发；三是经常梳头以促进头部的血液循环；四是审谨进行烫发、染发，把握好分寸，否则会损害头发，影响自己的形象。

总之，要保持自己美好的形象，应先从头部开始，做到正确护发，适当染发，慎重烫发。

四、手部修饰

手可以说是商务人员的“第二张名片”。不论是握手寒暄、名片交换、文件递送、献茶敬酒，还是垂手而立、置于桌上，手部都处于醒目之处。一双保养良好、干干净净的手，会给人以美感；而一双“年久失修”、肮脏不堪的手，则会使人反感，甚至会影响到其主人所获得的总体评价。

商务人士的双手应当以干净、卫生、雅观为其“要旨”。具体要求是：

（1）双手要勤洗。与洗脸相比，双手洗得要更勤快些。

（2）双手要保洁。手部不只是需要勤洗，而且需要精心照料，别让手部红肿、粗糙、长疮、生癣或“积劳成疾”。

（3）不留长指甲。商务人士应养成平日坚持定期修剪指甲的良好习惯，一般要三天修剪一次。

（4）女士工作时指甲不宜涂抹彩色指甲油。若是十指涂满有色指甲油，甚至十指十色、一指多色，把手指搞得鲜艳夺目，反而会有失身份。可以适量地使用无色指甲油，这对保护指甲有益。

五、脚部修饰

中国人看人的习惯是“远看头，近看脚，不远不近看中腰”。脚部主要注意的是脚部保养和脚趾甲的修饰。脚部保养的重点是清除脚臭，处理脚部多余汗毛，治疗脚底茧。尤其是男士应养成良好的卫生习惯，每天勤换鞋袜，选择棉质袜子；清洁脚趾后，擦上爽身粉，注意饮食结构，可以消除脚臭。女士如果腿毛过重，夏季着裙装时须作处理，以免尴尬。

六、其他修饰

商务人员除了要做好以上修饰外，还要保持口腔卫生，坚持每天刷牙，防止产生异味。在与人交往应酬前，应禁食容易产生异味的食物，如葱、蒜、韭、腐乳及烈酒等，也不要吸烟。必要时可含茶叶、口香糖以清除口腔异味。

要注意清理身上的毛发。例如腋毛在正式场合不宜为外人所觉察。一般认为，女士在正式场合穿着衣衫应以不暴露腋窝为宜，至于背带裙、背心、无袖装及袖口宽松肥大的上衣等都不宜穿着，否则会影响美观。同时，要保持鼻腔的清洁，经常清理鼻腔，修剪鼻毛。

避免过量地使用芳香型化妆品，避免过量地使用香水。香水的正确使用位置有两处：一是离脉搏跳动比较近的地方，如手腕、耳根、颈侧、膝部、踝部等处；二是既不会污损衣物，又容易扩散出香味的服装上的某些部位，如内衣、衣领、口袋、裙摆的内侧，以及西装上所用的口袋装饰帕的下端。

同时，在商务交往过程中，不应在人前修指甲、剔牙齿、挖耳朵、抠眼屎、掏鼻孔、挠痒、脱鞋等。

【实训设计】

实训技能　面部修饰

一、实训内容

职业淡妆。

二、实训步骤

（1）准备一间多媒体实训室，教师讲解面部修饰，尤其是职业淡妆的理论知识。

（2）学生以6~10人为一个单位，进行分组，选出组长，在组长的带领下，学生按照之前讲解的要点，男生完成自己的面部修饰，女生完成自己的职业淡妆。

（3）教师观察，纠正不当的修饰，示范和讲解正确的面部修饰方法。

（4）学生进行修改。

（5）教师考核。

情景模拟与角色扮演

一、实训内容

假设你是B公司的业务经理，要代表公司去参加一次重要的商务谈判，请选择合适的发型，并进行仪容的修饰。

二、实训步骤

（1）教师介绍本次实训的内容及模拟情景。

（2）教师讲解仪容礼仪规范，并观看有关形象设计的视频。

（3）学生以6人为一个单位，进行分组，选出组长，在组长的带领下，学生进行个人仪容修饰和发型设计。

（4）仪容展示。

（5）教师考核。

（6）师生点评。

三、任务考核

教师负责考核。考核评分标准如表 1.4 所示。

表 1.4 仪容礼仪考核评分标准

组别__________ 姓名__________ 时间____________

评价项目与内容		应得分	扣分	实得分
整体修饰	整洁、干练、大方	10		
发型	头发清洁，长度适宜，颜色正常	10		
	适合自己，符合商务情景	10		
面部修饰	清洁干净，肤色健康	10		
	妆面自然，符合情景	10		
手部修饰	指甲长度合适、干净，颜色正常	10		
	手部不佩戴过多的饰品	10		
个人卫生	眼、耳、鼻、颈部清洁，口无异味，身无异味	10		
实训笔记	按规定时间上交	5		
	字迹清楚、填写规范、内容详尽完整	5		
	实训分析总结正确	5		
	能提出合理化建议及创新见解	5		
合计		100		

考评教师（签名）：

模块二　商务会面交往礼仪

会面交往礼仪是人们进入交际状态实施的第一个礼节，是情感交流的开始，关系到第一印象，是交际活动成功的起点。通常的会面交往礼仪包括称呼与问候、握手与介绍、鞠躬、招手、拥抱、注目礼、名片使用礼仪、电话礼仪、手机礼仪和传真礼仪等。本模块将重点介绍常用的称呼与问候、见面礼仪、介绍礼仪、名片使用礼仪和电话礼仪。

【礼仪谚语】

尊敬别人就是尊敬自己。

——高尔斯华绥

【模块教学目标】

1. 了解会面交往礼仪的基本内容；
2. 掌握称呼与问候礼仪的规范及要求；
3. 掌握见面礼仪的规范和要求；
4. 掌握介绍礼仪的规范和要求；
5. 掌握名片使用礼仪的规范和要求；
6. 掌握电话礼仪的规范和要求。

【知识目标】

1. 掌握不同场合的称呼与问候；
2. 掌握握手、拥抱、合十、拱手等会面礼仪要求；
3. 掌握自我介绍和介绍他人的礼仪技巧；
4. 掌握名片制作的方法、递接及索要名片的技巧；
5. 掌握接听电话、拨打电话的技巧以及手机使用的注意事项。

【技能目标】

1. 能够正确地称呼和问候他人；
2. 能够正确地介绍自己和他人；
3. 能够规范地递接和索要名片；
4. 能够掌握规范的接听和拨打电话流程；
5. 能够在仿真的工作环境中，综合地运用会面交往礼仪。

【素质目标】

1. 提高学生在待人接物、社会交往和商务工作中的礼仪修养；

2. 掌握基本礼貌用语，具备在不同场合与人交往的基本素质。

任务1 称呼与问候礼仪

【案例导入】

小王今年刚参加工作，年轻的她工作干劲十足，待人也很真诚，对每个同事前辈都很友善，在公司里总是“张姐”“马哥”等亲热地叫着。某一天，小王陪同客户经理张经理参加了公司同客户的见面会。期间，小王也向往常一样称呼张经理为“张姐”，忙前跑后，自认为圆满完成了任务。但会后张经理严肃地对小王提出了批评意见，指出她在客户面前表现欠妥，小王疑惑不解。

思考：

1. 小王被批评的原因是什么？

2. 在商务活动中，我们应该如何正确称呼与问候？

【任务目标】

通过实训，学生应了解称呼的种类、称呼的注意事项和问候的方式，并能够灵活、恰当地称呼及问候他人。

【理论知识】

一、称呼礼仪

所谓称呼，指的是人们在日常交往应酬中，所采用的彼此之间的称谓语。称呼是交际之始，交际之先。慎用、巧用、善用称呼，将会赢得他人的好感，为以后的交往打下良好的基础；否则，会令对方心里不悦，影响到彼此的关系。

（一）称呼的种类

称呼通常是根据场合标准来划分其类型，一般有生活中的称呼和工作中的称呼等。对每种场合的称呼应认真区别，细心把握。

在工作岗位上，人们彼此之间的称呼是有其特殊性的。它的总的要求是要庄重、正式、规范。

1. 职务性称呼

职务性称呼一般在较为正式的官方活动、政府活动、公司活动和学术性活动中使用。以交往对象的职务相称，以示身份有别、敬意有加，而且要就高不就低。具体来说分三种情况：

（1）仅称职务，如“董事长”“总经理”“主任”等。

（2）职务前加上姓氏，如“王委员”“张总理”“刘部长”等。

（3）职务前加上姓名（适用于非常正式的场合），如“王××主席”“张××处长”等。

2. 职称性称呼

对于具有职称者，尤其是具有高级、中级职称者，在工作中可直接以其职称相称，与职务性称呼一样，也有下列三种情况较为常见：

（1）仅称职称，如“经济师”“会计师”“教授”等。

（2）职称前加上姓氏，如“马工程师”“李研究员”等。

（3）职称前加上姓名（适用于十分正式的场合），如“王××高级营销师”“李××主任医师”等。

3. 行业（职业）性称呼

在工作中，有时可按行业进行称呼。可以直接以职业作为称呼，如老师、医生、律师、会计等。在一般情况下，此类称呼前，均可加上姓氏或者姓名，如彭会计、赵老师等。

4. 学衔性称呼

这种称呼有助于增加被称呼者的权威性，同时有助于加强现场的学术气氛。以学衔相称时，可以仅称学衔（如“博士”）、学衔前加姓氏（如“马博士”）、学衔前加姓名（如“马××博士”）。为了让称呼更正式，可以将学衔具体化，说明其所属学科，并在后面加上姓名，如“法学博士马××”。

5. 姓名性称呼

在工作岗位中，也可以直接称呼姓名。姓名称呼一般适用于年龄、职务相仿者，或是同学、好友之间。其具体有三种情况：

（1）直呼其名。

（2）只呼其姓，不称其名。通常会在姓前加上“老”“大”“小”等前缀，如“老王”“小刘”“大张”等。

（3）只称其名，不呼其姓。这种称呼方式比较亲切，有助于拉近人与人之间的距离。

6. 泛称呼

在社交场合，由于不熟悉交往对象的详细情况，或因其他原因，仅以性别区分，对男性一律称为“先生”，对女性一律称为“小姐”或“女士”。一般而言，对未婚女性称“小姐”，对已婚女性称“女士”，对年长但不明婚姻状况的女子或职业女性称“女士”。这些称呼均可冠以姓名、职称、衔称等，如“彭先生”“李小姐”“马夫人”等。

（二）称呼的注意事项

在使用称呼时，一定要回避以下几种错误的做法，否则就会失敬于人。

1. 使用错误的称呼

使用错误的称呼，主要由于粗心大意，用心不专。常见的错误称呼有以下两种：

（1）误读。误读也就是念错姓名。如“查（Zha）”不能读“Cha”，“盖（Ge）”不能读“Gai”等。姓氏来自祖先，在中国人的心中有崇高的地位，一定不要搞错。为了避免这种情况的发生，对于不认识的字，事先要有所准备。如果是临时遇到，就要谦虚请教。

（2）误会。这主要指对被称呼者的年纪、辈分、婚否以及与其他人的关系作出了错误的判断。比如，将未婚妇女称为“夫人”，就属于误会。

2. 使用过时的称呼

有些称呼具有一定的时效性，一旦时过境迁，若再采用，难免贻笑大方。在我国古代，对官员称为“老爷”“大人”。若在现代生活中使用这些称呼，就会显得滑稽可笑、不伦不类。

3. 使用不通行的称呼

有些称呼具有一定的地域性，比如，天津人爱称人为“师傅”，山东人爱称人为“伙计”，中国人把配偶、孩子经常称为“爱人”。但是，在南方人听来，“师傅”等于“出家人”，“伙计”等于“打工仔”。而外国人则将“爱人”理解为进行“婚外恋”的“第三者”。可见使用这些称呼应注意其地域性，以免造成误会。

4. 使用庸俗低级的称呼

在人际交往中，有些称呼在正式场合切勿使用。如“哥们儿”“姐们儿”“死党”“铁哥们儿”等一类的称呼，就显得庸俗低级。逢人便称“老板”，也显得不伦不类。

5. 用绰号作为称呼

对于关系一般者，切勿自作主张给对方起绰号，更不能随意以道听途说来的绰号去称呼对方。还要注意，不要随便拿别人的身体特征或姓名乱开玩笑。尊重他人，必须首先学会去尊重他的姓名。对此，在人际交往中，一定要牢记。

6. 社交称呼的语音禁忌

应注意上司的姓氏与职务的语音搭配。如姓符的总经理，被称为“符总”，可能就会不高兴。最好的方法是直称职务“总经理”或者在正式的场合称呼为“符××总经理”。

（三）国际称呼习惯

在国际交往中，因为国情、民族、宗教、文化背景的不同，称呼会千差万别。一是要掌握一般性规律，二是要注意国别差异。

一般对男外宾称“先生”，这样的称呼前均可冠以职称、姓名，如“ ××先生”；对已婚女外宾称“夫人”；对未婚女外宾可称“小姐”；如不知道女宾婚否，可称“女士”或“小姐”，切勿称“夫人”；对有学位的可称“博士先生”或“ ××博士”；对有军衔的可称其姓名、军衔加先生，如“ ××上校先生”。

（四）称呼的技巧

在商务交往中，尤其是新员工刚进入企业时，对于难以把握的称呼，可以多留意其他人的称呼方式或者直接询问对方，比如“请问该如何称呼您?”不知者不怪，一般对方都会告知合适的称呼。在很多外国企业或有外国人的企业，一般习惯直称其名，比如“Tom”，即使是对上级也是如此，在这种情况下，商务人士要懂得“入乡随俗”。在职场中，过分亲密或者过分生疏的称呼都是不提倡的，要根据不同的对象、不同的场合，灵活恰当地称呼对方，以文明礼貌为原则，做一位讲究礼仪的员工。

二、问候礼仪

（一）问候的规范及方式

所谓问候，也就是问好、打招呼，就是在和别人相见时，以语言或动作向对方致意的一种方式。在问候的时候，要注意问候的次序、态度、方式三个方面。

1. 问候的次序

在正式场合，问候要讲究一定的次序。常见的有如下两种情形：

（1）一个人问候另一个人。两个人之间的问候，通常是位低者先问候，即身份较低者或年轻者首先问候身份较高者或年长者；男性先向女性问候；未婚者先向已婚者问候；主人先向客人问候。

（2）一个人问候多人。这时候既可以笼统地加以问候，比如说“大家好”；也可以逐个加以问候。当一个人逐一问候许多人时，既可以由“尊”而“卑”、由“长”而“幼”依次进行，也可以由近而远依次进行。

2. 问候的态度

问候是敬意的一种表现，态度上需要注意以下几个方面：

（1）要主动。问候别人，要积极、主动。当别人首先问候自己之后，要立即予以回应，不要不理不睬地摆架子。

（2）要热情。问候别人的时候，通常要表现得主动、热情、友好，不能毫无表情或者表情冷漠。

（3）要自然。问候别人的时候，应自然而大方。矫揉造作、神态夸张或者扭扭捏捏，反而会给他人留下虚情假意的不好印象。

（4）要专注。问候的时候，要面含笑意，双目注视对方的两眼，以示口到、眼到、意到，专心致志。不要在问候对方的时候，眼睛看在别处，让对方不知所措。

3. 问候的方式

常见的问候方式一般包括：口头问候、书信问候、电话问候、贺卡问候等。在商务会面中，一般有语言问候和动作问候两种。

（1）语言问候。一般熟人相见，使用频率最高的问候语是“你好”或“您好”，另加“好久没见，近来可好（怎么样）?”等。问候语应根据不同场合、不同对象而灵活使用，总的原则是越简单越好。随着社会的发展进步，人们越来越喜欢用“你好”或“您好”来表达见面时的喜悦和礼貌。

（2）动作问候。动作问候有点头、微笑、举手、握手、拥抱、吻礼、鞠躬等。与外国人见面时，视对象、场合的不同，礼节也有所不同。对日本等多数东方国家来说，鞠躬是最常见的；欧美人则更喜欢握手或拥抱的礼节；东南亚地区很多使用合十礼。在某些特定的场合，采用点头或微笑的问候方式是非常适合的，比如和正在接待顾客的同事打招呼时。

（二）问候的形式

问候的形式有两种，各有不同的适用范围。

1. 直接式

直接式问候就是直截了当地以问好作为问候的主要内容。它适用于正式的公务交往，尤其是宾主双方初次相见时，例如“您好！”

2. 间接式

间接式问候就是以某些约定俗成的问候语，或者以当下比较热门的话题进行开场问候，主要适用于非正式和熟人之间的交往。比如“忙什么呢？”“您去哪里呀？”“你听说了吗？”等，来替代直接式问好。交谈者可根据不同的场合、环境、对象进行不同的问候，常见的问候语有：

（1）表现礼貌的问候语。根据问候对象的不同，如从年龄上考虑，对少年儿童要问，“几岁了？”或者问，“上几年级了？”对成年人问，“工作忙吗？”从职业上考虑，对老师可以问，“今天有课吗？”对作家问，“又有大作问世了吧！”对朋友、邻居和同事的问候就更为丰富了，如果用得好能贴近关系，增进友谊。

（2）表现思念之情的问候语，如“好久不见，你近来怎样？”“多日不见，可把我想坏了！”等。

（3）表现对对方关心的问候语，如“最近身体好吗？”“来这里多长时间了，还住得惯吗？”“最近工作进展如何，还顺利吗？”等。

（4）表现友好态度的问候语，如“生意好吗？”“在忙什么呢？”等。这些貌似提问的话语，并不表明真想知道对方的状况，往往只表达说话人的友好态度。被问候者可以把它当成交谈的起始语予以回答，或把它当作招呼语不必详细作答。这样的问候语只不过是一种交际的媒介。

【实训设计】

实训技能一　称呼礼仪

一、实训内容

掌握称呼礼仪的基本规范，使用正确得体的称呼。

二、实训步骤

（1）准备一间多媒体实训室，教师讲解称呼礼仪的要点和注意事项。

（2）学生以 6~10 人为一个单位，进行分组，选出组长。

（3）小组组长设计不同的社交、工作情景场合（例如推销商品、服务顾客、签订合同、宴请、庆典、展销会、新闻发布会等），带领组员，练习称呼礼仪。要求各场合尽可能包含各种称呼的交往对象。

（4）在小组练习过程中，教师对有问题的称呼进行纠正，并示范和讲解正确的称呼方法。

（5）教师考核。

实训技能二　问候礼仪

一、实训内容

掌握问候礼仪的基本规范，正确使用问候礼仪。

二、实训步骤

（1）准备一间多媒体实训室，教师讲解问候礼仪的理论知识，播放相关视频，使学生对正确的问候礼仪有一定的基础性的了解。

（2）学生以 6~10 人为一个单位，进行分组，选出组长。

（3）教师设定不同的问候方式（包括语言问候和动作问候）以及问候情形（包括一人问候一人和一人问候多人）。小组组长设定不同的人物，带领组员，按照之前讲解的问候礼仪知识进行练习。

（4）在小组练习过程中，教师对有问题的问候礼仪进行纠正，并示范和讲解正确的问候礼仪。

（5）教师考核。

情景模拟与角色扮演

一、实训内容

刘先生是 A 公司新上任的营销经理，将去参加某一新产品的研讨会。在会面时，刘先生应该如何灵活、恰当地称呼他人，并与他人打招呼呢?

二、实训步骤

（1）教师介绍本次实训的内容和模拟实训的情景。

（2）教师示范讲解称呼礼仪、问候礼仪以及注意事项，特别要强调问候的次序。

（3）根据模拟活动情景分组，把全班同学分成 6 人一组。

（4）确定模拟活动情景角色。

① A 公司营销经理——刘先生。

② B 公司销售总监——年长的王先生。

③ C 公司的总经理——年长的周女士。

④ D 公司的经理助理——年轻的王小姐。

⑤ 会议主持人——中年的马先生。

⑥ 德国合作企业 F 公司总裁——汤姆。

（5）全组讨论本角色对其他角色的恰当称呼和问候的方法。

（6）模拟称呼及问候训练，同组同学互换角色训练。

① 抽签排序，一组一组进行。（组数过多时可随机抽签确定）

② 一组模拟时，其他组观摩并指出问题。

（7）教师考核。

（8）师生点评。

三、任务考核

教师负责考核。考核评分标准如表 2.1 所示。

表 2.1　　　　　　　　　　接待礼仪考核评分标准

组别＿＿＿＿＿　　姓名＿＿＿＿＿　　时间＿＿＿＿＿

评价项目与内容		应得分	扣分	实得分
准备工作	角色定位及时，模拟出场迅速	5		
	实训过程全组协调良好	5		
神态、举止	声音大小适中、语速适中	5		
	面带微笑、大方得体	5		
	仪容、仪表、仪态得体	5		
称呼	熟悉称呼的基本礼仪及要求	15		
问候	问候的次序正确、规范	15		
	问候形式恰当、自然	15		
观摩讨论	观摩认真	5		
	积极讨论	5		
实训笔记	按规定时间上交	5		
	字迹清楚、填写规范、内容详尽完整	5		
	实训分析总结正确	5		
	能提出合理化建议及创新见解	5		
合计		100		

考评教师（签名）：

任务 2　见面礼节

【案例导入】

小李是 A 公司的普通职员，在一次接待 B 公司考察团来访时，由于小李与考察团的团长熟识，被列为主要迎宾人员陪同部门领导前往机场迎接贵宾。当考察团团长率领其他工作人员到达后，小李面带微笑，热情地走向前，先于领导与考察团团长握手致意，表示欢迎。小李以为自己的热情行为可以让领导满意，结果他的举动却令其领导十分不满。

思考：

1. 小李的举动恰当吗？
2. 见面礼中的注意事项有哪些？

【任务目标】

通过实训，学生应掌握见面礼仪的基本要求，尤其是掌握握手、拥抱的规范和操作要求，并能灵活运用。

【理论知识】

人们在交往过程中往往需要必要的礼节，以表达自己对他人的敬意、友好和尊重。尤其是见面礼节，他给人第一印象，并获得“首因效应”。结合国内外的情况，商务交往中最常用的见面礼有握手礼、鞠躬礼、合十礼和拥抱礼等。

一、握手礼

所谓握手礼通常是用来表示欢迎、欢送、见面、相会、告辞，表示祝贺、感谢、慰问，表示和好、合作时使用的礼节。握手礼是交际中最常见的礼节之一，是一个并不复杂却十分微妙的礼节，应本着“礼貌待人，自然得体”的原则，灵活地掌握和运用行握手礼的时机，以显示自己的修养和对对方的尊重。

（一）握手的方法

1. 握手的姿势

握手的标准方式是行至距握手对象约 1 米至 75 厘米，双腿呈立正姿势，上身略向前倾 15°，伸出右手，四指并拢，虎口相交，拇指张开与对方相握，如图 2.1 所示。上下稍许晃动三四次，随后松开手，恢复原状。在商务场合中，无论与男士还是女士握手，建议握全掌，如图 2.2 所示。只有在个别社交场合，与女士握手可以握手指（半掌）。

图 2.1　握手的姿势

图 2.2　与女士握手

2. 握手的手位

在握手时，手的位置至关重要。常见的手位有两种：单手相握和双手相握。在单手相握中，最好采用“平等式握手”，即与人相握时，手掌垂直于地面，这种握手方式，是商务场合中最常用的，表示自己不卑不亢，如图 2.3 所示。双手相握，即用右手握住对方右手后，再以左手握住对方右手的手背。这种方式适用于亲朋故旧之间，可用以表达自己的深厚情谊。此种方式的握手，也称为“手套式握手”，一般而言，不适用于初识者和异性，因为它有可能被理解为讨好或失态。双手相握时，左手除握住对方右手手背外，还有些会握住对方右手手腕或对方右手手臂，这种做法一般是面对至交时使用，在正规的商务场合中不要滥用。

图 2.3 单手相握

3. 握手的时间

握手的时间长短因人、因地、因情而异。通常来说，与他人握手的时间不宜过短或过长，一般控制在 3 秒钟以内。尤其是在和异性握手时，应一握即可。如果是和老朋友或关系亲密者握手可以边握手边问候，时间控制在 20 秒以内。在多人聚会时，不宜只与某一人长时间握手，以免引起他人的误会。

4. 握手的力度

通常情况下，握手时力度要适当，不可用力过大，应当稍许用力，以不握痛对方的手为限，尤其当男士与女士握手时，更需要注意力度。在德国，握手的力度代表了对对方的尊重和重视程度，力度越大代表着越尊重、越重视对方，所以在与德国人握手时，可以适当加大握手力度。

5. 握手的其他礼仪

（1）神态专注。与人握手时，理当神态专注，面含笑意，目视对方双眼，如图 2.4 所示，并且口头问候。在握手时，切勿显得三心二意，敷衍了事，漫不经心，傲慢冷淡。如果迟迟不握他人早已伸出的手，或是一边握手一边东张西望，目中无人，甚至忙于跟其他人打招呼，都是极不礼貌的。

（2）姿势自然。向他人行握手礼时，正常情况下都应起身站立，坐着与人握手是不合适的。握手时最好的做法是双方站立，彼此将要相握的手各向侧下方伸出，伸直后相握。

图 2.4　握手时的目光、微笑礼仪

（二）伸手的次序

一般情况下，握手的“优先决定权”在尊者，也就是尊者先伸手。例如：长辈和晚辈握手，长辈先伸手；上级和下级握手，上级先伸手；男士和女士握手，女士先伸手；老师与学生握手，应由老师先伸手；已婚者与未婚者握手，应由已婚者先伸手；社交场合的先至者与后来者握手，应由先至者先伸出手来。

在一些特殊场合，握手时的伸手顺序应注意：

（1）在公务场合，握手时伸手的先后次序主要取决于职位、身份。而在社交或休闲场合，主要取决于年龄、性别和婚姻状况。

（2）如果需要和多人握手，握手时要讲究先后次序，由尊到卑。交际时，如果人数较多，可以只跟相近的几个人握手，向其他人点头示意或微微鞠躬即可。为了避免尴尬场面发生，在主动和人握手之前，应想一想自己是否受对方欢迎，如果已察觉对方没有要握手的意思，点头致意即可。

（3）在接待来访者时，应由主人首先伸出手来与客人相握。而在客人告辞时，则应由客人首先伸出手来与主人相握。前者是表示“欢迎”，后者则表示“再见”。

（三）握手的时机

1. 握手的场合

（1）迎送客人时。在办公室、家中以及其他一切以自己作为东道主的社交场合，迎接或送别外宾和来访者时，要握手以示欢迎或欢送。拜访他人、慰问同事、进行家访后，在辞行时，要握手以示“再会”。

（2）在重要的社交活动中表示敬意。如年终奖励、研讨会、宴会、舞会等开始前和结束时，要与来宾握手，以示欢迎与道别。

（3）表示感谢。他人给予自己一定的支持、鼓励、祝贺、馈赠、帮助或邀请参加活动时，要握手以表示衷心感激。

（4）向他人表示恭喜、祝贺时。如祝贺生日、晋升、获得荣誉、嘉奖时，要握手以表示贺喜之意。

（5）高兴与问候。遇到久未谋面的熟人时，要握手，以示久别重逢而万分欣喜。被介绍给不相识者时，要握手，以示自己乐于结识对方，并为此深感荣幸。在社交场合，偶然遇到同事、同学、朋友、邻居、长辈或上司时，要握手以示高兴与问候。

（6）对他人表示理解、支持、肯定时，要握手，以示真心实意；得知他人患病、遭受其他挫折或家人过世时，要握手以示慰问。

2. 不宜握手的情况

（1）对方手部有伤。

（2）对方手里拿着较重的东西。

（3）对方忙着别的事，如打电话、用餐、主持会议、与他人交谈等。

（4）对方与自己距离较远。

（5）对方所处环境不适合握手。

（6）当自己的手不干净时，应亮出手掌向对方示意声明，并表示歉意。

（四）握手的注意事项

（1）不要拒绝与别人握手。拒绝和别人握手，是有失身份的，是没有教养的。无论谁先向自己伸手，即便对方忽视了握手礼的先后顺序而已经伸出了手，都应看作友好、问候的表示，应马上伸手相握。当有手疾、汗湿或手比较脏的时候，也要和对方说一下“对不起，我的手现在不方便”，以免造成不必要的误会。

（2）不要用左手相握。尤其是和阿拉伯人、印度人打交道时要牢记，因为在他们看来左手是不干净的。

（3）不要在握手时戴着手套、墨镜、帽子。只有女士在社交场合戴着薄纱手套握手，是被允许的。与人握手，应把帽子摘掉，表示一种友善；戴太阳镜，有拒人于千里之外的感觉。

（4）不要在握手时另外一只手插在衣袋里。

（5）不要在握手时面无表情、点头哈腰，过分客套。

（6）不要在握手时仅仅握住对方的手指尖，好像有意与对方保持距离。正确的做法是握住整个手掌。

（7）不要在握手时把对方的手拉过来、推过去，或者上下左右不停地抖。

（8）忌讳与异性握手时用双手。

（9）不要在握手时用力过猛。尤其是当男性与女性握手时，用力一定要适度。

（10）在和基督教信徒交往时，要避免两人握手时与另外两人相握的手形成交叉状，这种形状类似十字架，在他们眼里是很不吉利的。握手、干杯、祝酒等也都是如此。

二、拥抱礼

拥抱礼是西方国家传统的礼仪。当人们见面、告辞、表示祝贺、慰问和欣喜时，常采用拥抱礼。随着国际贸易的发展和国际文化的交流，拥抱礼除了在政府的正式外交场合中使用，逐渐地在中国人的生活及商务活动中也开始普及。

正式的拥抱礼，应该是两个人正面对立站立，左脚在前，右脚在后，左手在下，右手在上，胸贴胸，手抱背，贴右颊。具体如图 2.5 所示。

图 2.5　拥抱礼

行拥抱礼时，需要注意以下问题：

（1）礼节性的拥抱，双方身体不用贴紧，控制拥抱时间，不能用嘴去亲吻对方的面额，同时也不能离得太远，不能翘臀。

（2）在正式外事接待场合，行拥抱礼都为男士，对女士不宜行此礼，而应改为行握手礼。

（3）在与外宾使用拥抱礼时，应事先了解对方是否喜欢此种礼节，不可贸然使用。对东南亚、日本和印度的外宾慎用此礼节。

（4）拥抱时，不能双手抱住对方的腰部或者搭在对方的肩上，这是不符合礼仪规范的。

（5）切记“左手在下，右手在上”和“贴右颊”，否则有碰头的危险。

三、拱手礼

拱手礼是中国古代常用的一种礼仪，主要用于见面或感谢。而在现代，拱手礼主要用于佳节团拜活动、元旦春节等节日的相互祝贺。

行拱手礼的时候，一般右手握拳在内，左手在外，因为按照中国传统文化，以左为敬，所以拱手时，左手在外，表示真诚与尊敬。女子行拱手礼时，则正好相反，因为男子以左为尊，女子以右为尊。具体如图 2.6 和 2.7 所示。

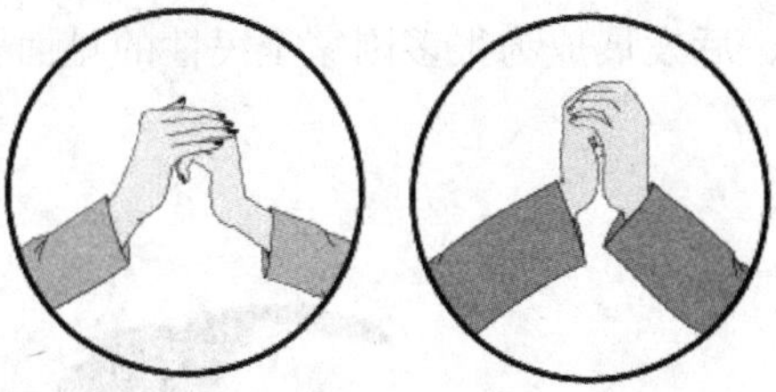

图 2.6　拱手礼（左女右男）

图 2.7　女子行拱手礼

与西方人不同，中国人讲究以人和人之间的距离来表现出“尊敬”，因此拱手礼是体现中国人文精神的一种见面礼节。

四、合十礼

合十礼，又称“合掌礼”，原是古印度的文化礼仪之一，后为各国佛教徒沿用为日常普通礼节，在南亚和东南亚地区较为流行。

一般行礼时，身体直立，面对受礼者，双目注视对方，面带微笑，双掌合于胸前，十指并拢向上，手掌稍向外向下倾斜，上身微微低头，指尖置于胸部或者口部，以示敬意。具体如图 2.8 所示。

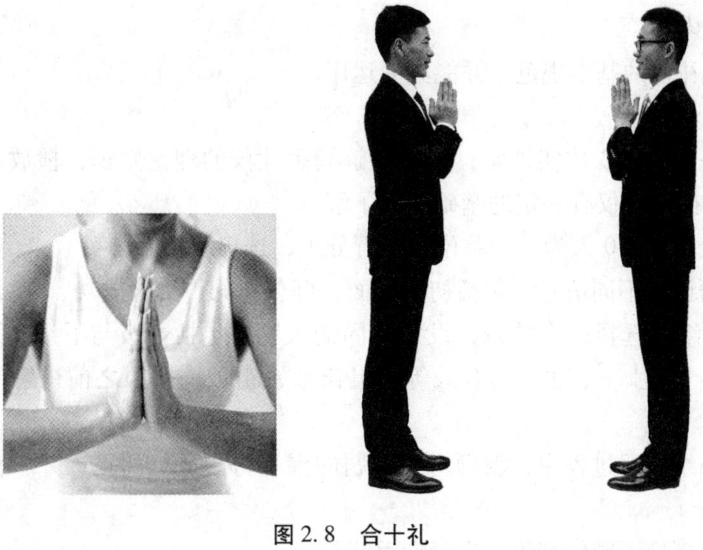

图 2.8　合十礼

在行合十礼时，遇到不同身份的人，行此礼的姿势也有所不同。双手举得越高，表示对对方的尊敬程度就越高。

晚辈向长辈行礼时，两掌相合后，两手需举至脸部，两拇指靠近鼻尖，指尖举至前额。男行礼人的头要微低，女行礼人除了头微低外，还需向前跨一步，身体略躬，如图 2.9 所示。长辈还礼时，只需双手合十放在胸前即可。

拜见僧人、国王或王室重要成员时，男女还均须跪下，双手合掌于两眉之间，头部俯下，以示恭敬虔诚，如图 2.10 所示。无论地位多高的人，遇见僧人时都要向僧人行礼，而僧人则不必还礼。国王等王室重要成员还礼时，只需点头即可。

合十礼最初仅为佛教徒之间拜礼时使用，后发展成为很多国家全民性的见面礼。

图 2.9　晚辈向长辈行合十礼

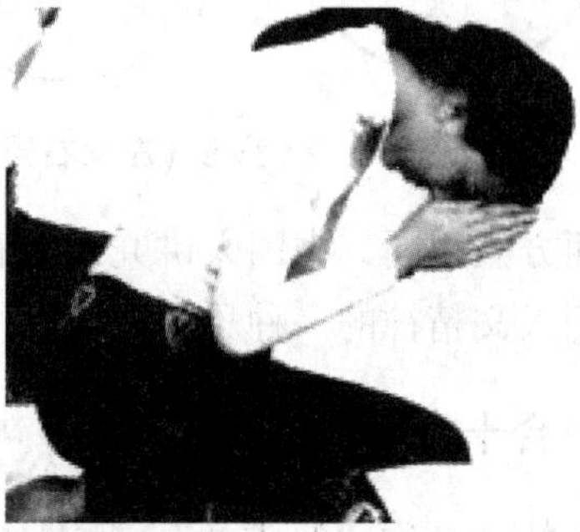

图 2.10　向僧人、国王行合十礼

【实训设计】

实训技能一　握手礼

一、实训内容

掌握握手礼仪的基本规范，并能灵活运用。

二、实训步骤

（1）准备一间多媒体实训室，教师讲解握手礼仪的理论知识，播放相关视频，使学生对正确的握手礼仪有一定的基础性的了解。

（2）学生以 6~10 人为一个单位，进行分组，选出组长。

（3）教师设定不同情景，包括初次见面、好久不见、洽谈成功、祝贺、表示感谢、再见等。小组组长选择一个情景，设定不同的人物，包括上级与下级、同级之间、长者与晚辈、男士与女士、主人与客人等，组长带领组员，按照之前讲解的握手礼仪知识进行练习。

（4）在小组练习过程中，教师对有问题的握手行为进行纠正，并示范和讲解正确的握手礼仪。

（5）小组更换不同的情景，进行握手练习。

（6）教师考核。

实训技能二　拥抱礼

一、实训内容

掌握拥抱礼仪的基本规范，并能灵活运用。

二、实训步骤

（1）准备一间多媒体实训室，教师讲解拥抱礼仪的理论知识，播放相关视频，使学生对正确的拥抱礼仪有一定的基础性的了解。

（2）学生以6~10人为一个单位，进行分组，选出组长。

（3）教师设定不同情景，包括初次见面、好久不见、洽谈成功、祝贺、表示感谢、再见等。小组组长选择一个情景，设定不同的人物，包括上级与下级、同级之间、长者与晚辈、男士与女士、主人与客人等，组长带领组员，按照之前讲解的拥抱礼仪知识进行练习。

（4）在小组练习过程中，教师对有问题的拥抱行为进行纠正，示范和讲解正确的拥抱礼仪。

（5）小组更换不同的情景，进行拥抱练习。

（6）教师考核。

情景模拟与角色扮演

一、实训内容

刘先生是A公司新上任的营销经理，将去参加某一新产品的研讨会，在会面时刘先生应该如何灵活、恰当地与他人握手或拥抱?

二、实训步骤

（1）教师介绍本次实训的内容和模拟实训的情景。

（2）教师示范讲解握手和拥抱的种类、方式、原则，特别要强调握手和拥抱时的次序和禁忌。

（3）根据模拟活动情景分组，把全班同学分成6人一组。

（4）确定模拟活动情景角色。

① A公司营销经理——刘先生。

② B公司销售总监——年长的王先生。

③ C公司的总经理——年长的周女士。

④ D公司的经理助理——年轻的王小姐。

⑤ 会议主持人——中年的马先生。

⑥ 德国合作企业F公司总裁——汤姆。

（5）全组讨论不同的角色，应选用的见面礼。

（6）分组训练，同组同学互换角色训练。

① 抽签排序，一组一组进行。（组数过多时可随机抽签确定）

② 一组模拟时，其他组观摩并指出问题。

（7）教师考核。

（8）师生点评。

三、任务考核

教师负责考核。考核评分标准如表 2.2 所示。

表 2.2　　　　见面礼仪考核评分标准

组别________　　姓名________　　时间________

评价项目与内容		应得分	扣分	实得分
准备工作	角色定位及时，模拟出场迅速	5		
	实训过程全组协调良好	5		
基本知识掌握	熟练掌握握手和拥抱的种类、顺序、原则和禁忌	10		
神态、举止	双目注视对方，神情专注	5		
	面带微笑、大方得体	5		
	仪容、仪表、仪态得体	5		
	先打招呼，说敬语或问候语	5		
握手	姿态自然，上身前倾，两足立正	5		
	伸出右手，四指并齐，拇指张开，握住对方的右手，上下微动	5		
	握手时间长短合适，3 秒左右	5		
	力度合适、自然	5		
拥抱	姿态自然，上身前倾，左脚在前，右脚在后	5		
	左手低右手高，自然拥抱拥抱时间合适，距离合适	5		
观摩讨论	观摩认真	5		
	积极讨论	5		
实训笔记	按规定时间上交	5		
	字迹清楚、填写规范、内容详尽完整	5		
	实训分析总结正确	5		
	能提出合理化建议及创新见解	5		
合计		100		

考评教师（签名）：

任务3 介绍礼仪

【案例导入】

小马是B公司的总经理秘书，在一次与A公司的商务洽谈中，小马负责A公司领导的接待工作。当A公司领导到达时，小马面带微笑向自己的领导介绍A公司的领导，接着又热情地向A公司领导介绍自己的部门领导。小马自以为此次接待任务完成得相当顺利，但领导却说小马的一些行为不符合礼仪规范，小马很迷惑。

思考：

1. 小马的哪些行为不符合礼仪规范？
2. 介绍礼仪中的注意事项有哪些？

【任务目标】

通过实训，学生应了解介绍的形式，掌握介绍礼仪的要求，并能够灵活运用介绍礼仪。

【理论知识】

介绍是日常交往和商务场合中相互了解的基础方式，是人际交往的桥梁。通过介绍，可以加深彼此的好感和印象，创造良好的沟通机会。介绍一般分为自我介绍和为他人作介绍。

一、自我介绍

从某种意义上说，自我介绍是进入社会交往的一把钥匙。运用得好，可为社会活动的顺利进行助一臂之力，反之则可能带来种种不利。在作自我介绍时，需要选用恰当的方法，把握好相应的时机和场合，注意顺序，掌握分寸。

（一）自我介绍的方法

（1）应酬式自我介绍。它适用于某些公共场合和一般性的社交场合，如旅行途中、宴会厅里、舞场之上、通电话时。它的对象主要是进行一般性接触的交往者。这种自我介绍最为简洁，往往只包括姓名一项即可，例如，“你好，我叫×××”。

（2）公务式（商务式）自我介绍。它主要适用于工作之中，是以工作为自我介绍的中心，因工作而交际，因工作而交友。内容应当包括本人姓名、工作单位及其部门、职务或从事的具体工作等事项。例如：“您好，我叫张××，是××电脑公司的业务经理。”

（3）社交式自我介绍。它主要适用于社交活动中，是一种刻意寻求与交往对象进一步交流和沟通，希望对方认识自己、了解自己、与自己建立联系的自我介绍方式，有时也叫沟通式自我介绍。内容大体应当包括介绍者的姓名、工作、籍贯、学历、兴趣以及与交往对象的某些熟人的关系等。例如："我的名字叫××，现在在×× 公司当财务总监，我和您先生是高中同学。""您好，我叫××，我在×× 公司上班。我是××的老乡，都是北京人。" "我叫××，是××的同事，也在北京大学中文系，我教中国古代汉语。"

（4）礼仪式自我介绍。它适用于讲座、报告、演出、庆典、仪式等一些正式而隆重的场合，意在表示对交往对象的友好和敬意。礼仪式自我介绍的内容包含姓名、单位、职务等项，但是还应多加入一些适宜的谦辞、敬语，以示自己礼待交往对象。如"各位来宾，大家好！我叫张强，是××电脑公司的销售经理。我代表本公司热烈欢迎大家光临我们的展览会，希望大家……"

（5）问答式自我介绍。它适用于应试、应聘和公务交往。问答式的自我介绍，应该是有问必答，问什么就答什么。例如："先生，您好！请问您怎么称呼？（请问您贵姓？）""先生您好！我叫 ××。"再如，主考官问："请介绍一下你的基本情况。"应聘者："各位好！我叫 ××，现年 26 岁，河北石家庄市人，汉族……"

（二）自我介绍的次序

自我介绍的次序，以"尊者有先知权"为原则。主要有以下五种：

（1）职位高者与职位低者相识，职位低者应该先作自我介绍。

（2）资深人士与资历浅者相识，资历浅者应该先作自我介绍。

（3）长辈与晚辈相识，晚辈应该先作自我介绍。

（4）男士与女士相识，男士应该先作自我介绍。

（5）已婚者与未婚者相识，未婚者应该先作自我介绍。

（三）自我介绍的时机

自我介绍的场合一般选择在正式场合，在没有干扰的情况下。具体如下：

（1）应聘求职、会议场合可以作自我介绍。

（2）初次前往他人居所、办公室拜访时要作自我介绍。

（3）本人希望结识他人时或希望他人了解自己时，可以作自我介绍。

（4）因为业务关系需要与相关人士接洽时需要作自我介绍。

（5）出差、办事、与别人不期而遇时，为了增加了解和信赖，可以作自我介绍。

（6）参加聚会时，主人不可能一一作细致的介绍，与会者可以与同席或身边的人相互作自我介绍。

（四）自我介绍的注意事项

（1）自我介绍时应把握好介绍的时间点，尤其在拜访陌生人时，应注意时间适当，先向主人问好，及时、简明、明确地作自我介绍。

（2）自我介绍时应把握好态度，要实事求是，真实可信；不可自吹自擂、夸大其词；也不要过分谦虚。

（3）自我介绍时要面带微笑，充满自信，大方、亲切、友善，要善于用眼神表达自己的诚意。介绍时要注意自己的语音、语速和语调，要吐字清楚，做到自然、适中、和谐，让对方产生好感。

（4）自我介绍时，应将自己的姓名和身份说清楚，不要只报姓不说名或只说名不报姓。

（5）自我介绍的时间长短也应根据具体场合、情况来调整。应酬式自我介绍一般比较简短；而礼仪式自我介绍可以相对较长，但一般也不会超过 3 分钟，注意适可而止。

二、为他人作介绍

所谓为他人作介绍，又叫第三方介绍，即第三方为彼此不相识的双方作互相介绍的方法。为他人作介绍需要注意谁充当介绍人、介绍人的姿势、介绍的次序、被介绍人的礼节和介绍的方法等几个问题。

（一）介绍人的礼节

在他人介绍中，谁为介绍人呢？一般而言，在社交场合，东道主、长者、家庭聚会中的女主人、专职人员（公关、礼宾、文秘、办公室接待者等）；在正式活动中，地位、身份较高者或主要负责人，熟悉双方情况者，都可以作为介绍人。

1. 介绍人的姿势

作为介绍人，无论介绍哪一方，都应手势动作文雅，手心朝上，四指并拢，拇指张开，胳膊略向外伸，指向被介绍的一方，并向另一方点头微笑，上体前倾 15°，手臂与身体成 50°~60°角。在介绍一方时，应微笑着用自己的视线把另一方的注意力引导过来。态度热情友好，语言清晰明快。

2. 介绍的次序

按照国际惯例，介绍的次序按照“尊者有先知权”的原则。

（1）将晚辈先介绍给长辈。例如：“李教授，让我来介绍一下，这是我的同学张芳。”

（2）将地位低者先介绍给地位高者。例如：“彭总，这位是××公司的总经理助理马女士。”

（3）如果双方年龄、职务相当，则把男士先介绍给女士。

（4）将未婚者先介绍给已婚者（当双方地位、年龄相当或性别相同时）。例如：“刘太太，让我来介绍一下，这位是郭小姐。”如果未婚者年龄比已婚者年龄大很多，可以这样介绍：“李女士，让我来介绍一下，这位是我的朋友郭小姐。”

（5）将家人先介绍给同事、朋友。例如：“马太太，我想请您认识一下我的儿子丁丁。”

（6）将后到场者介绍给先到场者。如大家的年龄、地位等差不多时，则采用这样的顺序。

在为他人作介绍时，如果被介绍者之间符合其中的两个以上的顺序，一般应按长者、职位高者、女士、已婚者、主人、先到场者的顺序。例如，一位年轻女士前来拜访一位比她年长许多的男士，此时应将女士介绍给年长的男性主人。

（性别）“赵先生，这位是我的朋友刘小姐。”

（年龄）“刘老师，这是我的表妹。”

（地位）“李经理，这是我们公司的彭女士。”

顺序绝不是可有可无的形式问题，而是涉及个人修养与组织形象，以及社交活动的目的能否如愿达成的问题。

（二）被介绍人的礼节

作为被介绍者，当介绍者询问自己是否有意认识某人时，一般不要扭扭捏捏，或加以拒绝，而应欣然表示接受，表现出非常愿意结识对方。被介绍时，应主动热情，正面面对对方，面带微笑，热情大方。等介绍完毕后，可以点头或握手并说“您好，很高兴认识您”或“久仰大名，幸会，幸会”等客气话，必要时还可以进一步作自我介绍。一般情况下被介绍时应起立，注意优美的站姿，女士、长者有时可不用站起。在宴会、谈判会上，只略欠身致意即可。在介绍的过程中，按礼仪规范微笑致意、握手或递送名片。

（三）介绍的方法

介绍的方法大体上可以分为以下几种：

（1）简单式。只介绍双方姓名一项，甚至只提到双方姓氏而已，适用于一般的社交场合。例如：“我来介绍一下，这位是王总，这位是张总。希望大家合作愉快。”

（2）公务式。公务式也称标准式，以介绍双方的姓名、单位、部门、职务等为主，适用于正式场合。例如：“请允许我为两位介绍一下。这位是××公司财务部主任××女士，这位是××化妆品公司副总××女士。”

（3）推荐式。介绍者经过精心准备再将某人举荐给另一个人，介绍时通常会对前者的优点加以重点介绍，通常适合比较正式的场合。例如：“这位是彭先生，这位是××公司马总经理。彭先生是工程学博士。马总，我想您一定有兴趣和他聊聊吧。”

（4）礼仪式。这是一种最为正规的介绍，适用于正式场合，其语气、表达、称呼都更为规范和谦恭。例如：“李小姐，您好！请允许我把××公司的公关部经理张强先生介绍给您。张先生，这位是××公司人力资源部经理李敏小姐。”

（四）介绍集体

介绍集体是指介绍的一方或者双方不止一个人。介绍集体时，可以分为两种基本形式：

（1）单项式。当被介绍的双方一方为一个人，另一方为多人的时候，往往可以只把个人介绍给集体，而不必再向个人介绍集体。

（2）双向式。当被介绍的双方都是多人组成的集体时，双方的全体成员都要被正式介绍。在商务交往中，这种情况比较多见。常规做法是：先由主方负责人首先出面，依照主方在场者具体职位的高低，自高而低地依次对其进行介绍；再由客方负责人出面，依次介绍。

【实训设计】

实训技能一 自我介绍

一、实训内容

掌握自我介绍的礼仪技巧，并能灵活运用。

二、实训步骤

（1）准备一间多媒体实训室，教师讲解自我介绍的技巧。

（2）学生以6~10人为一个单位，进行分组，选出组长。

（3）教师设定不同情景，包括初次会见客户时、商务谈判时、推销产品时、初次会见同事时、机场接机时、面试时等。小组组长选择一个情景，设定不同的人物，包括上级与下级、同级之间、长者与晚辈、男士与女士、主人与客人等，组长带领组员，按照之前讲解的自我介绍知识进行练习。在练习中，可以设定为一对一或者一对多练习。

（4）在小组练习过程中，教师对有问题的自我介绍进行纠正，示范和讲解正确的自我介绍礼仪。

（5）小组更换不同的情景，进行自我介绍练习。

（6）教师考核。

实训技能二 介绍他人

一、实训内容

掌握介绍他人的礼仪技巧，并能灵活运用。

二、实训步骤

（1）准备一间多媒体实训室，教师讲解介绍他人的技巧。

（2）学生以6~10人为一个单位，进行分组，选出组长。

（3）教师设定不同情景，包括初次见面、商务会谈、庆功宴、机场接机等。小组组长选择一个情景，设定不同的人物，包括上级与下级、同级之间、长者与晚辈、男士与女士、主人与客人等，组长带领组员，按照之前讲解的介绍他人的礼仪知识进行练习。在练习中，可以设定为一对一或者一对多练习。

（4）在小组练习过程中，教师对有问题的介绍他人进行纠正，并示范和讲解正确的介绍他人礼仪。

（5）小组更换不同的情景，进行介绍他人练习。

（6）教师考核。

情景模拟与角色扮演

一、实训内容

刘先生是A公司新上任的营销经理，将去参加某一新产品的研讨会，在会面时刘先生应该如何灵活、恰当地向他人介绍自己？

二、实训步骤

（1）教师介绍本次实训的内容和模拟实训的情景。

（2）教师示范讲解自我介绍的要领，介绍他人的礼仪、次序和禁忌。

（3）根据模拟活动情景分组，把全班同学分成 6 人一组。

（4）确定模拟活动情景角色。

① A 公司营销经理——刘先生。

② B 公司销售总监——年长的王先生。

③ C 公司的总经理——年长的周女士。

④ D 公司的经理助理——年轻的王小姐。

⑤ 会议主持人——中年的马先生。

⑥ 德国合作企业 F 公司总裁——汤姆。

（5）分组训练，同组中必须包含自我介绍和介绍他人两部分内容，同组同学互换角色训练。

① 抽签排序，一组一组进行。（组数过多时可随机抽签确定）

② 一组模拟时，其他组观摩并指出问题。

（6）教师考核。

（7）师生点评。

三、任务考核

教师负责考核。考核评分标准如表 2. 3 所示。

表 2. 3　　介绍礼仪考核评分标准

组别__________　姓名__________　时间__________

评价项目与内容		应得分	扣分	实得分
准备工作	角色定位及时，模拟出场迅速	5		
	实训过程全组协调良好	5		
基本知识掌握	基本了解介绍的方式及注意事项	10		
神态、举止	双目注视对方，神情专注	5		
	面带微笑、大方得体	5		
	仪容、仪表、仪态得体	5		
	先打招呼，说问候语，行见面礼	5		
介绍	自我介绍得体	10		
	介绍他人次序正确、得体	10		
	介绍时，符合当时的环境	5		
	语言表达流畅	5		
观摩讨论	观摩认真	5		
	积极讨论	5		
实训笔记	按规定时间上交	5		
	字迹清楚、填写规范、内容详尽完整	5		
	实训分析总结正确	5		
	能提出合理化建议及创新见解	5		
合计		100		

考评教师（签名）：

任务4 名片使用礼仪

【案例导入】

A公司和B公司的老总就一笔双赢的生意进行洽谈。在初次见面时，A公司的老总首先拿出名片，恭敬地递上。B公司的老总接过名片后，一眼没看就放在桌子上，急着与A公司的老总谈生意。在洽谈中，B公司的老总多次喝茶后，把茶杯压在A公司老总的名片上，名片上面留下了茶叶的痕迹。A公司老总看在眼里，最后决定不与B公司合作。

思考：

1. A公司老总不与B公司合作的原因是什么？
2. 使用名片时应该注意哪些礼仪？

【任务目标】

通过实训，学生应了解名片的用途和交换名片的时机，掌握交换名片的礼仪规范，并能够在不同场合灵活运用。

【理论知识】

名片是人与人初次见面的介绍卡，是人们用作交际、联系业务、结交朋友或送给他人作为纪念的一种介绍性媒介物。在现代社会，人们越来越重视名片的使用。然而在人际交往中，这些小小的卡片却往往会使人们不知所措。名片上面究竟印什么比较得体，什么时候出示名片，如何递送名片、接受名片，面对重要人物时该如何索要名片等一系列礼仪规范需要我们掌握。

一、商务名片的设计

名片的设计可以体现出一个人的审美情趣、品位和个性。雅秀、脱俗、活泼、平和、张扬等个性特征，都能通过方寸之间的字体、布局、颜色、材料和内容等展现出来。你的名片不仅旨在向未来的客户介绍你本人和你的公司，名片还代表着你的职位和职称，更代表着你的形象和企业形象。因此，一定要精心设计名片。

（一）名片的内容设计

名片直接承载着个人及企业的信息，担负着保持联系的重任，名片上一般包括以下信息：

（1）姓名。这是名片中最重要的部分，一般而言都使用本名。为了给人留下深刻印象，名字的设计上可以做一些特殊的处理。例如，利用手写签名后拍成照片再印上去就很有特色。对于生僻字或者多音字，最好能在下面印上拼音或英文名字，以免读错。

（2）职务。应标明最重要的和最主要的一至两项职务，对于很多的名誉或其他次要的职务，无须一一列出，不然会给人一种华而不实的感觉。如果持片人有多种头衔，如××理事、××委员、××顾问等，必要时可以为每一种职务分别制作名片，以便于不同场合使用。

（3）学位和职称。学位和职称一般都是学历与资历的象征和证明。高学位和高职称一般都可以在名片上标明。

（4）公司名称。公司名称也是名片的重要内容，名片上应注明公司或企业的全名，而不能只写简称或缩写代码。如果一个人从事两种以上的职业，可以都印在名片上。

（5）地址。一般而言，公司的地址是名片的必备内容，应该标注公司或企业的办公地址，有时还加印分公司的地址，以显示公司的庞大。另外，公司的网址也属于地址的一种，可印在名片上。

（6）联系方式。在名片中，应标注最主要的办公联系电话、传真号码和手机号码，电子邮件地址或者 QQ 也可以作为联系方式印到名片上。

（7）商标或服务标志。在名片中印上企业的商标或服务标志，有利于加深对方对所属企业的印象。有的企业还有自己的标志色，拥有标志色的名片，对宣传企业的意义较大。

（8）企业口号。将企业的口号印于名片上，并且与企业形象、企业名称或广告词相呼应，加深客户印象，提高企业的知名度。

（9）照片、祝福语或格言。在名片上印上个人的照片，通常在服务业或保险业中比较常见，以便让客户有深刻的印象。另外，制作一些比较前卫的个性名片时，也可将个人的写真照片印到名片上，以体现自我。祝福语或格言多用于个人名片，具有加深对方印象的作用，和企业口号有着异曲同工的妙用。

（二）名片的形式设计

名片的内容设计固然重要，但名片纸张的质地、尺寸、色彩、字体等的选用也需要充分讲究，精心设计，才能给人留下深刻的印象。

（1）名片的规格设计。目前国内最通用的名片规格为长 9 厘米，宽 5.5 厘米，这是制作名片时应当首选的规格。此外，名片还有两种常见的规格：10 厘米×6 厘米和 8 厘米×4.5 厘米。前者多为境外人士使用，后者则为女士所专用。

（2）名片的材质设计。印制名片，最好选用耐折、耐磨、美观、大方的白卡纸、再生纸、合成纸、布纹纸、麻点纸、香片纸。至于高贵典雅、纸质挺括的皮纹纸，则可量力而行，酌情选用。必要时，名片还可覆膜。

（3）名片的色彩设计。印制名片的纸张颜色，宜选庄重朴素的白色、米色、淡蓝色、淡黄色、淡灰色，并且以一张名片一色为好。

（4）名片的图案设计。在名片上，允许出现的图案除了纸张自身的纹路，还可以有企业标识、企业蓝图和企业主导产品等，但以少为佳。

（5）名片的文字设计。目前，在国内使用的名片，宜用简体汉字，不要故弄玄虚使用繁体汉字。

二、名片使用的时机

在商务交往中，若想通过发放名片达到最好的效果，一定要把握好出示名片的时机。通常情况下，名片发送的时机有下列几种情形：希望认识对方、被介绍给对方、对方向自己索要名片、对方提议交换名片、打算获得对方的名片、初次登门拜访对方。

在实际操作过程中，还必须注意下列事项：

（1）对于陌生人或巧遇的人，不要在谈话中过早发送名片。因为这种热情一方面会打扰别人，另一方面有推销自己之嫌。

（2）不要在一群陌生人中到处传发自己的名片，这会让人误以为你想推销什么物品，反而不受重视。在商业社交活动中，要有选择地发放名片，才不会使别人以为你在替公司搞宣传、拉业务。

（3）处在一群彼此不认识的人当中，最好让别人先发送名片。名片的发送可选在刚见面或告别时。但如果自己即将发言，可在发言之前发送名片，帮助他人更好地认识你。

（4）出席重大的社交活动，一定要记住带名片。

（5）无论参加私人或商业餐宴，名片皆不可在用餐时发送，因为此时只宜从事社交而非商业性的活动。

三、名片使用的礼仪

名片使用的礼仪涉及递送、接受和索要三个环节，是递接双方都应注意的礼仪规范。

1. 递送名片的礼仪

（1）递送名片前的准备。递送名片前，应事先准备好名片，名片一般放在上衣内侧的口袋或提包的专用名片夹里。切勿把名片放在钱包中，以免漏财，给对方留下不好的印象；也不能乱放名片，以免左翻右找，既显得不礼貌，也给对方一种忙乱、不专业的感觉。

（2）递送名片时。递送名片时，应起身站立，上身呈15°角鞠躬状，面带微笑，走近对方，名片正面朝向客人，用双手的拇指和食指分别握住名片上端的两角（如图2.11所示）恭敬地送到对方胸前。递送时可以口头表示“我叫××，这是我的名片，请多多关照”等。

（3）递送名片的次序。递送名片应遵循“尊卑有序”的原则，即地位低的人首先把名片递给地位高的人。比如，晚辈先递给长辈，下级先递给上级，男士先递给女士，主人先递给客人。当对方不止一人时，应先将名片递给职位较高或年龄较大者。如果分不清职位高低或年龄大小时，可以依照由近而远、不跳跃的方式递送，也可采用沿顺时针方向依次递送的方法。

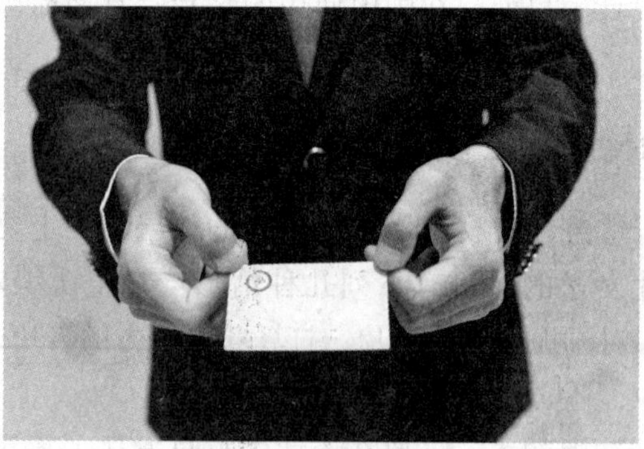

图 2.11　递送名片

2. 接收名片的礼仪

（1）接收名片时。接收他人名片时应起身或欠身迎接，面带微笑，恭敬地用双手的拇指和食指接住名片的下方两角（如图 2.12 所示）并轻声说“谢谢”等话语。接过名片后，用 30 秒以上的时间认真地把名片上的内容看一遍，根据需要可以将名片上重要的信息读出来，一般需要重读的是对方的职务、头衔、职称，以示仰慕，不认识的字应主动向对方请教。

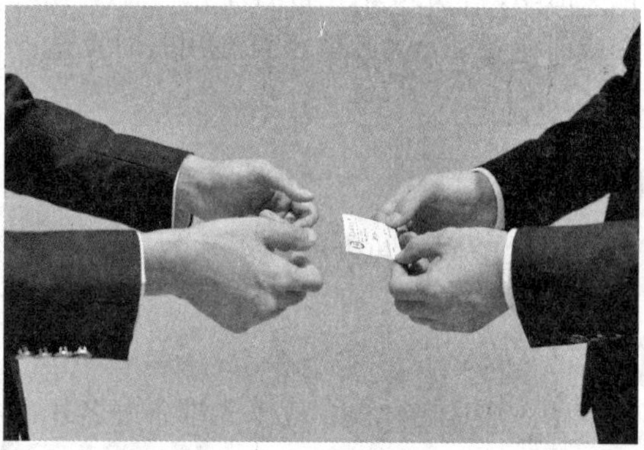

图 2.12　接收名片

（2）存放名片时。看完名片后，应郑重地将名片放入名片夹中或上衣内侧的口袋之内，并表示谢意。如果是暂时放在会谈的桌子上以便之后使用，则忌在名片上放其他物品，以示尊重。接收的名片千万不能随便乱放，不要弄脏或弄皱，也不应反复把玩。如果名片放在桌子上，记得离开时带好名片，否则会让对方感觉不被重视，引起反感。

（3）回赠名片时。接受名片的一方如有名片也应回赠，回赠的礼仪和递送名片的礼仪相同。如没有或没带名片，应恭敬地说“我没带名片，下次带给您”或说“很抱歉，我的名片刚刚用完”，而不能说“我没名片”或“我没有职务”等贬低自己或有损企业形象的话。

3. 国际递接名片礼仪

在国内，交换名片一般是双手递、双手接。但在与外国人打交道时，不同国家递接名片的方式是有差别的。最好的方法就是多观察，先观察对方如何递接名片，然后再模仿。西方人一般习惯用一只手（右手）递接名片；日本人喜欢用一只手接过名片的同时，再用另外一只手递上自己的名片。无论属于哪种情况，都应将名片正面朝向对方。

4. 索要名片的礼仪

（1）向陌生人或初次见面的人索要名片。当你想要索取对方名片时，可以先递上自己的名片。正常情况下，对方都会回以名片。如果担心对方没有回，也可在递名片时，加上“能否有幸与您交换一下名片？”之类的话语。

（2）向长者或地位高的人索要名片。向这类人索要名片时，语气要谦逊、含蓄些。可以说：“认识您很高兴，以后怎么和您保持联系？”或者“以后能不能向您请教？”言下之意是向对方索要名片，这是一种委婉的说法。

5. 名片使用的注意事项

（1）名片不要任意涂改。名片就是一个人的脸面，不能在上面乱涂改。尤其和外商打交道时，宁肯不给名片，也不要给他一张涂改过的名片，否则会破坏自己的形象。有些人更换电话号码后，为了省事或“节省”，喜欢在旧的名片上划旧填新，其实这样会破坏自己在对方心里的形象，让对方觉得你非常不专业。

（2）商务交往不提供私宅电话。商务交往中，提供的名片一般是办公室电话，不提供私宅电话。

（3）不印两个以上的头衔。如果头衔比较多，应该印一两个最重要的。如果印得多的话，会给人一种炫耀、不真实之感，从而影响自己在对方心目中的形象。

【实训设计】

实训技能一 递接名片

一、实训内容

掌握递接名片的礼仪技巧，并能灵活运用。

二、实训步骤

（1）准备一间多媒体实训室，教师讲解递接名片的技巧。

（2）学生以6~10人为一个单位，进行分组，选出组长。

（3）教师设定不同情景，包括拜见新客户、商务会谈、商务谈判、推销企业及产品、拜见国际客户等。小组组长选择一个情景，设定不同的人物，包括上级与下级、同级之间、长者与晚辈、男士与女士、主人与客人等，组长带领组员，按照之前讲解的递接名片的礼仪知识进行练习。在练习中，可以设定为一对一或一对多练习。

（4）在小组练习过程中，教师对有问题的递接名片礼仪进行纠正，并示范和讲解正确的递接名片礼仪。

（5）小组更换不同的情景，进行递接名片练习。

（6）教师考核。

实训技能二　索要名片

一、实训内容

掌握索要名片的礼仪技巧，并能灵活运用。

二、实训步骤

（1）准备一间多媒体实训室，教师讲解索要名片的技巧。

（2）学生以6~10人为一个单位，进行分组，选出组长。

（3）教师设定不同情景，包括商务会议、商务洽谈、寻找客户、大型博览会等。模拟两种可能性：对方愿意给予名片和对方不愿意给予名片。小组组长选择一个情景，设定不同的人物，包括上级与下级、同级之间、长者与晚辈、男士与女士、主人与客人等，模拟向陌生人或初次见面的人索要名片和向长者或地位高的人索要名片的场景。组长带领组员，按照之前讲解的索要名片的礼仪知识进行练习。在练习中，可以设定为一对一或者一对多练习。

（4）在小组练习过程中，教师对有问题的索要名片礼仪进行纠正，并示范和讲解正确的索要名片礼仪。

（5）小组更换不同的情景，进行索要名片练习。

（6）教师考核。

情景模拟与角色扮演

一、实训内容

刘先生是A公司新上任的营销经理，将去参加某一新产品的研讨会，在会面时刘先生应该如何灵活恰当地与他人交换名片？

二、实训步骤

1. 教师介绍本次实训的内容和模拟实训的情景。

2. 教师示范讲解递接名片的相关知识。

3. 根据模拟活动情景分组，把全班同学分成6人一组。

4. 确定模拟活动情景角色。

（1）A公司营销经理——刘先生。

（2）B公司销售总监——年长的王先生。

（3）C公司的总经理——年长的周女士。

（4）D公司的经理助理——年轻的王小姐。

（5）会议主持人——中年的马先生。

（6）德国合作企业F公司总裁——汤姆。

5. 分组训练，同组同学互换角色训练。

（1）抽签排序，一组一组进行。（组数过多时可随机抽签确定）

（2）一组模拟时，其他组观摩并指出问题。

6. 教师考核。

7. 师生点评。

三、任务考核

教师负责考核。考核评分标准如表 2.4 所示。

表 2.4　　名片礼仪考核评分标准

组别＿＿＿＿　　姓名＿＿＿＿　　时间＿＿＿＿

评价项目与内容		应得分	扣分	实得分
准备工作	角色定位及时，模拟出场迅速	5		
	实训过程全组协调良好	5		
基本知识掌握	熟练掌握名片的用途，递接名片的规范礼仪	10		
神态、举止	双目注视对方，神情专注	5		
	面带微笑、大方得体	5		
	仪容、仪表、仪态得体	5		
	说问候语，行见面礼	5		
名片礼仪	拿、放名片的位置正确	10		
	递接名片的姿势正确	10		
	手拿名片的位置和方向正确	10		
	递接名片时的语言表达流利	5		
观摩讨论	观摩认真	5		
实训笔记	按规定时间上交	5		
	字迹清楚、填写规范、内容详尽完整	5		
	实训分析总结正确	5		
	能提出合理化建议及创新见解	5		
合计		100		

考评教师（签名）：

任务 5　电话礼仪

【案例导入】

小张是 B 公司人力资源部经理秘书，在电话通知面试人员时，语速极快，没等对方问问题，就挂了电话，而且没有使用礼貌用语，这让人力资源部经理非常不满意。

思考：

商务人员需要掌握和注意哪些电话礼仪？

【任务目标】

通过实训，学生应掌握基本的电话礼仪及应注意的问题。

【理论知识】

随着科学技术的发展和人们生活水平的提高，电话已成为商务活动中最重要、使用最频繁的沟通渠道。电话礼仪是人们在商务交往运用电话沟通中应当遵守的礼貌礼节规范。运用电话不但可以及时准确地向外界传递信息，而且还能够与交往对象沟通感情，保持联络。

一、接听电话礼仪

（1）及时接听。接电话时，首先应做到及时，一般要求在铃响三声内接听，最好不要让铃声响过三遍。如果因特殊原因在电话铃声响起三声后才接起电话，应首先说："对不起，让您久等了！"如果电话在第一声响就接听，也会略显仓促，精神上准备不足，会影响话音质量。因此，在接听电话时，最好在第二声后提起话筒。

（2）自报家门。接听电话时，首先要问好和自报家门。如"您好，这里是 A 公司，我是××部门的××，请问有什么可以帮助您吗？"严禁以"喂"字开头。如果对方首先问好，应该立即热情和亲切地问候对方。

（3）确认对方，听取对方来电用意，并做好记录。确认对方时，可使用"××先生，您好！"在倾听时，可以使用"是""好的""清楚""明白""我一定会转达"等词语。在记录后，最好向对方复述一遍，以免遗漏或错记。电话记录还应包括对方的姓名、单位、联系方式、致电时间、是否需要回电等内容。之后还应注意向相关人员及时传达电话内容，不可延误。

（4）礼貌结束。要结束电话交谈时，一般应当由打电话的一方提出，然后彼此客气地道别，说一声"再见"，再挂电话，不可以只管自己讲完就挂断电话。通话结束后，应等对方放下话筒后再轻轻放下电话，以示尊重。

二、拨打电话礼仪

（1）准备工作周全。打电话应该是有目的的。在拨打电话前，应该先整理好思路，确定好对方的姓名、电话号码，准备好要讲的内容、说话的顺序、所需要的资料和文件等。同时，准备好备忘纸和笔，以便做好电话记录。

（2）选好拨打时间，控制通话时间。打电话给他人，首先要选择好恰当的时间。通常情况下，商务电话应该避开临近下班或者用餐的时间。如果知道对方上下班时间，应避免对方刚上班半小时或者下班前半小时通话，除非发生万不得已的特殊情况。打公务电话时，应控制通话时间，尽量长话短说。忌节假日、用餐时间、休息时间给对方打工作电话。

（3）礼节运用得体。接通电话后，应主动问好，自报公司名及姓名。找人时，可以使用“请问××先生在吗?”“麻烦您，我找××先生”等话语。与所找的人接通电话后，应重新问候。电话掉线时，拨打者要主动再打过去说明情况。打错电话时，要向对方道歉“对不起，打错了”，不可一言不发，挂断了事。通话中，态度要热忱，吐字要清晰，语气要亲切。通话结束时，要说“再见”“打扰您了”等礼貌性用语。

三、手机使用礼仪

手机作为一种移动通信工具，有一些特殊的礼仪规范。

（1）在开会时，手机应该调为静音或震动。在重要或者特殊场合时，手机需要关机。

（2）及时接听和回电。手机应该放在容易拿到的地方，以便及时接听。如果不能及时接听，也应及时回电并说明原因，致以歉意。

（3）选择合适的手机铃声，并控制音量。过于个性的手机铃声并不适合商务人士，铃声的选择，同样可以看出一个人的职业修养。手机铃声不宜调得过大，否则对身边的人是一种干扰。

（4）在公共场合尽量少打商务电话，因为环境嘈杂，会影响到沟通的效果。如果是他人打进来，也可告知对方环境不便或者之后打回去。如果在公共场合接打电话，还要注意压低音量，尤其是在图书馆、音乐厅等场合，不要影响到其他人。

【实训设计】

实训技能一　接听电话礼仪

一、实训内容

掌握接听电话的礼仪技巧，并能灵活运用。

二、实训步骤

（1）准备一间多媒体实训室，教师讲解接听电话的技巧和注意事项。

（2）学生以6~10人为一个单位，进行分组，选出组长。

（3）教师设定不同情景，包括及时接听电话、未及时接听电话、代接电话、对方打错电话、对方预约会面、领导来电等。小组组长选择一个情景，设定不同的人物，带领组员，按照之前讲解的接听电话礼仪知识进行练习。

（4）在小组练习过程中，教师对有问题的礼仪进行纠正，并示范和讲解正确的接听电话礼仪。

（5）小组更换不同的情景，进行接听电话礼仪练习。

（6）教师考核。

实训技能二　拨打电话礼仪

一、实训内容

掌握拨打电话的礼仪技巧，并能灵活运用。

二、实训步骤

（1）准备一间多媒体实训室，教师讲解拨打电话的技巧和注意事项。

（2）学生以6~10人为一个单位，进行分组，选出组长。

（3）教师设定不同情景，包括电话询问、电话预约、电话转接、打错电话、上级向下级打电话、下级向上级打电话、同级间拨打电话等。小组组长选择一个情景，设定不同的人物，带领组员，按照之前讲解的拨打电话的礼仪知识进行练习。

（4）在小组练习过程中，教师对有问题的拨打电话礼仪进行纠正，并示范和讲解正确的拨打电话礼仪。

（5）小组更换不同的情景，进行拨打电话礼仪练习。

（6）教师考核。

情景模拟与角色扮演

一、实训内容

小王是A公司的业务员，要跟B公司客户刘先生通话商量某一业务事宜。小王该如何正确地拨打电话？刘先生又该如何正确地接听电话？他们在各自接打电话时，应该注意哪些礼仪？

二、实训步骤

（1）教师介绍本次实训的内容及可以模拟的情景。

（2）教师讲解电话礼仪的规范及注意事项，并观看相关视频。

（3）根据模拟活动情景分组，把全班同学分成2人一组。

（4）确定模拟活动情景角色。

① A公司的业务员——小王。

② B公司客户——刘先生。

（5）全组讨论接打电话时的正确礼仪及应该注意的问题。

（6）模拟接打电话训练，同组同学互换角色训练。

（7）教师考核。

（8）师生点评。

三、任务考核

教师负责考核。考核评分标准如表2.5所示。

表 2.5　　电话礼仪考核评分标准

组别＿＿＿＿＿　姓名＿＿＿＿＿　时间＿＿＿＿＿

评价项目与内容		应得分	扣分	实得分
准备工作	角色定位及时，模拟出场迅速	5		
	实训过程全组协调良好	5		
基本知识掌握	熟悉接打电话的技巧和礼仪及应注意的问题	10		
电话礼仪	声音大小适中、语速适中	5		
	语言表达流利	5		
	礼貌用语使用恰当	10		
拨打电话礼仪	拨打电话时间选择恰当	5		
	时间控制恰当	5		
	主题突出明确	5		
接听电话礼仪	接听电话及时	5		
	接听电话热情友好	5		
	接听电话认真，并做好记录	5		
观摩讨论	观摩认真	5		
	积极讨论	5		
实训笔记	按规定时间上交	5		
	字迹清楚、填写规范、内容详尽完整	5		
	实训分析总结正确	5		
	能提出合理化建议及创新见解	5		
合计		100		

考评教师（签名）：

模块三　商务接待拜访礼仪

中国有句老话叫“礼尚往来”，来是接待，往是拜访。迎来送往，拜访会晤，是商务活动中最常见的情景。随着经济的发展和业务的需要，企业接待和拜访活动越来越频繁，正确地运用礼仪，对企业间建立联系、洽谈业务起着重要的作用。

【礼仪谚语】

真诚才是人生最高的美德。

——乔叟

【模块教学目标】

1. 了解商务接待拜访礼仪的基本内容；
2. 掌握商务接待礼仪的规范、要求及注意事项；
3. 掌握商务拜访礼仪的规范、要求及注意事项；
4. 掌握馈赠礼仪的规范、要求及注意事项。

【知识目标】

1. 掌握迎客、待客、送客和乘车礼仪；
2. 掌握商务拜访的准备内容、正式拜访礼仪和告辞过程中的礼仪；
3. 掌握礼品选择的技巧、赠送、接受、谢绝和回赠的礼仪。

【技能目标】

1. 掌握引领宾客的技能；
2. 掌握日常接待中奉茶的技能；
3. 掌握接待中陪车服务的技能；
4. 掌握馈赠礼品的技能；
5. 能够按要求独立完成商务接待工作；
6. 能够按要求独立完成商务拜访工作。

【素质目标】

1. 提高学生在商务接待和商务拜访中的礼仪修养；
2. 培养学生的专业能力与职业核心能力，提高学生的职业素养。

任务 1　接待礼仪

【案例导入】

小王是 A 公司新进的员工，在与 B 公司的商务洽谈中，小王负责接待工作。在客人到达会客厅后，小王由于临时有其他的工作，就让 B 公司的领导在会客厅等了 15 分钟。当 A 公司的领导发现后，急忙让小王给客人倒茶。小王先给自己的领导倒了茶，然后再给 B 公司的领导倒茶，而且在端茶时，小王没有使用托盘，由于水太烫，又倒得很满，小王差点把茶水洒到 B 公司领导的身上。最终这次洽谈以失败告终，小王的领导非常不高兴，对小王的接待工作非常不满意。

思考：

1. 这件事对小王有什么深刻的教训？

2. 在接待过程中需要掌握和注意哪些接待礼仪？

【任务目标】

通过实训，学生应掌握迎送接待的礼仪规范及注意事项，并能灵活运用。

【理论知识】

商务接待是指商务活动中迎来送往的一系列招待活动。热情有礼的接待工作，能够给客人留下良好的第一印象，并为进一步的信息沟通、感情联络和行为互动奠定良好的基础。

一、迎客礼仪

迎客首先是迎接客人的到来。当看到客人到来的时候，应以笑脸，起身相迎，问候客人，主动伸手握手，同时说，“您好，我是×××”，然后请对方到会谈的地点落座后，再交换名片。

对于重要的客人，如果事先知道对方到达的具体时间，也可以提前到门口迎接。如果接待外国或外地客人，应首先了解对方到达的车次、航班，安排与客人身份、职务相当的人员前去迎接。如因某些原因，相应身份的主人不能前往，前去迎接的主人应向客人做出礼貌的解释。

接待过程中，见到客人后要迅速告知对方所去之地，然后再引领客人前往。在引领客人时需要注意以下礼仪：

（1）经过走廊时，要让客人走在道路或走廊的中间，自己位于客人左斜前方，距离客人 2~3 步。

（2）通过楼梯时，让客人走在扶手一侧。上楼梯时，应让客人走在前面，引导人员走在后面，距离相隔 1~2 个台阶；下楼时，引导人员走在前面，客人走在后面，相隔 1~2 个台阶。具体如图 3.1 所示。

图 3.1　楼梯引领

（3）进入无人控制的电梯时，引导人员需要先行一步进入电梯，站在操作键旁边，按住电梯内“开门”按钮，等客人全部进入后再关闭电梯门；到达相应楼层后，引导人员按“开门”按钮，让客人先走出电梯。如果进入有人控制的电梯时，需让客人先进入，引导人员按住电梯门侧面或电梯外的“开门”按钮；到达相应楼层后，请客人先出，自己后出。在电梯里一般让客人站在里面，引导人员站在外面。

（4）进入会客厅时，无论是开门还是关门，动作都应优雅得体，一般应采用倾侧身姿态，以 45°斜侧角度面对客人，不可以背对客人。打开门后，应说，“请进”，然后轻轻把门关上。让客人进入后，引导客人至上座，说“请坐”。客人坐下后，告诉客人“领导马上就到，请您稍等片刻”，随后离开。

引导人员离开后，应在第一时间内通知相关领导，以免客人久等。

二、待客礼仪

一般的来访，特别是有言在先的来访，敬茶是最起码的礼节，如果有选择余地，应告诉客人都有哪些茶，征询对方的意见。

端茶和递茶时，要用双手。对有杯耳的杯子，通常是右手抓住杯耳，另一只手托住杯底，从客人的右后方送上茶水。站在客人后方时，应面带微笑并说：“对不起，打扰一下”，放下茶后说“请用茶”。如果待客地点是在受限制的办公室，需要正面递茶，递茶时，需要把有杯耳的一面放在客人的右手边，方便客人端茶，如图 3.2 所示。

倒茶时，要掌握好水的位置，一般茶水倒入杯中七八分满就可以了。水温不宜太烫，防止烫伤客人。倒茶的顺序坚持客人优先、尊者优先的原则。

续水时，如果是带盖的杯子，则要用左手拿着杯盖，右手倒茶。如果要将盖子放在桌面上，盖口必须朝上。

当然，在现代社交场合中，用咖啡和其他饮品招待客人也很常见。如果以咖啡待客，注意要将杯耳和茶匙的握柄朝着客人的右边。附带招待点心时，应先将点心放在托盘中端出，然后再敬茶或上其他饮品。

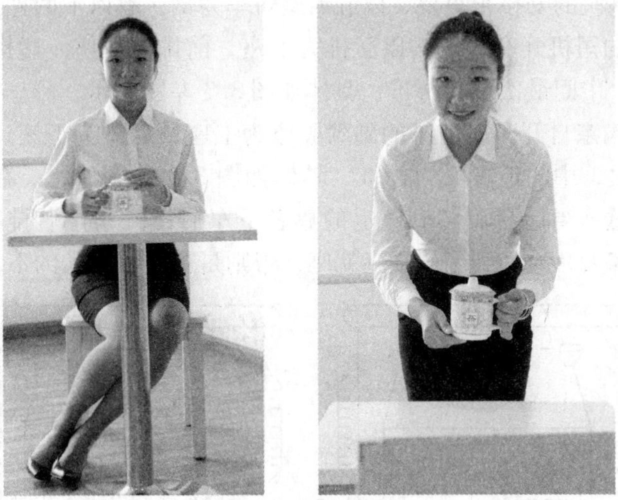

图 3.2　正面递茶礼仪

三、送客礼仪

送客是接待工作的最后一个环节，也是非常重要的一个环节。俗话说："迎人迎三步，送人送七步。"作为商务人士，必须认识到送客比接待更重要。送客做不好，可能会使整个接待工作功亏一篑。在送客时，需要注意以下礼仪：

（1）除非有紧急事务需要马上处理，主人一般不宜主动暗示结束接待工作，如果要结束接待，需婉言提出。例如："对不起，我要参加一个会议，今天只能到这里了。"

（2）当客人提出告辞时，一般应婉言相留。客人要走，务必要等客人起身后再站起来相送，切忌没等客人起身，自己先于客人起立相送。客人起身后，要和客人握手致敬。

（3）根据与客人的关系，可以将客人送到门口、电梯口或车上。

当送客人至门外时，要向对方表示感谢，说："我就不远送了，谢谢您的来访。"要等客人离开后再关门，切忌客人还没有离开就"砰"的一声关上门。

当送客人至电梯口时，要等电梯门完全关上后再离开。在电梯门关闭时，应微微鞠躬，表示道别。

当送客人至车上时，客人上车前，应再次寒暄鞠躬。客人离去时，可以礼貌地挥手告别，并要目送对方直至远去，才能离开。

四、乘车礼仪

乘车是在商务接待过程中经常会安排的，尤其是接待重要客人。乘车的时候，接待人员先打开车门，用手示意，请客人先上车。客人上车时，应用手护住车顶，等客人坐稳后自己再上。客人入座后，切忌从同一车门随后而入，而应该替客人关好门后从车尾绕到另一侧车门入座。下车的时候，接待人员先下，再为客人和领导打开车门，请他们下车。

在乘车时，座次的安排很重要，以五人座轿车为例，有以下两种情况：

（1）有专门的司机开车，座次以后排为上座，前排为下座。后排座位又以“右侧为上，左侧为次，中间最次”为标准。具体如图 3.3 左图所示。

（2）如果主人亲自开车，前排的副驾驶座为上座，后排为下座。后排同样以“右侧为上，左侧为次，中间最次”为标准。具体如图 3.3 右图所示。在这种情况下，客人也需要特别注意：当前排副驾驶座上的尊者下车后，就座于后排身份地位较高者，或剩下的唯一的客人，应换到副驾驶座就座，否则是对主人极大的不友好和不尊重。

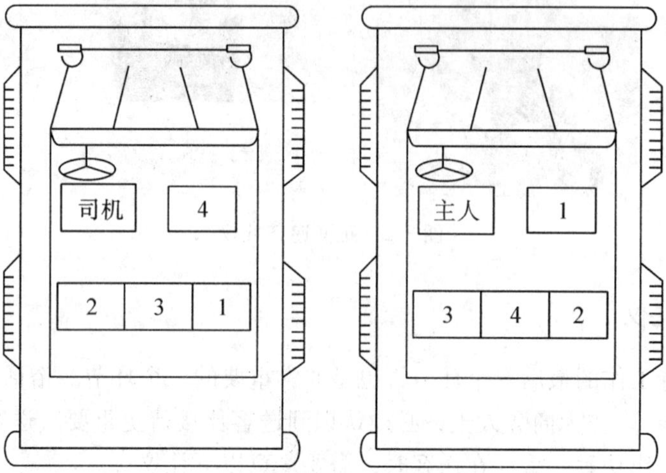

图 3.3　三排五座轿车座次图

如果乘坐的是商务七座轿车，在有专门司机的情况下，座次以中间一排为上座，最后排为次座，前排为下座。座位同样以“右侧为上，左侧为次，中间最次”为标准。具体如图 3.4 左图所示。如果主人亲自开车，前排的副驾驶座为上座，中间一排为次座，后排为下座。具体如图 3.4 右图所示。

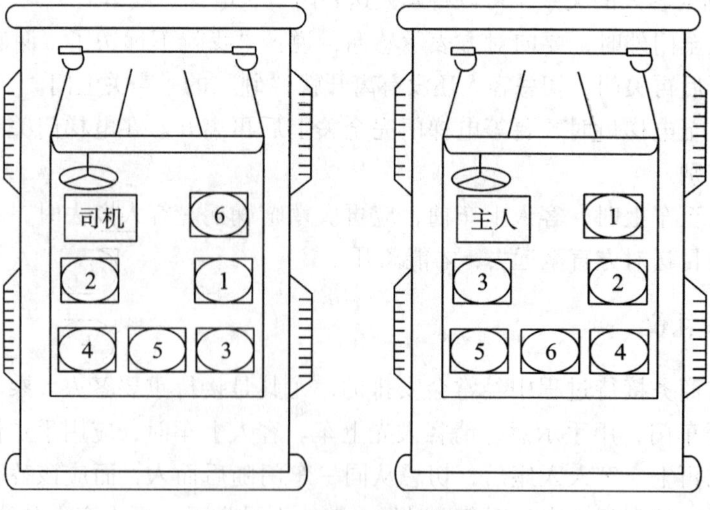

图 3.4　三排七座轿车座次图

如果乘坐的是大中型客车，无论司机是谁，座次都是由前向后、由右向左，按距离车门远近来排定。具体如图 3.5 所示。

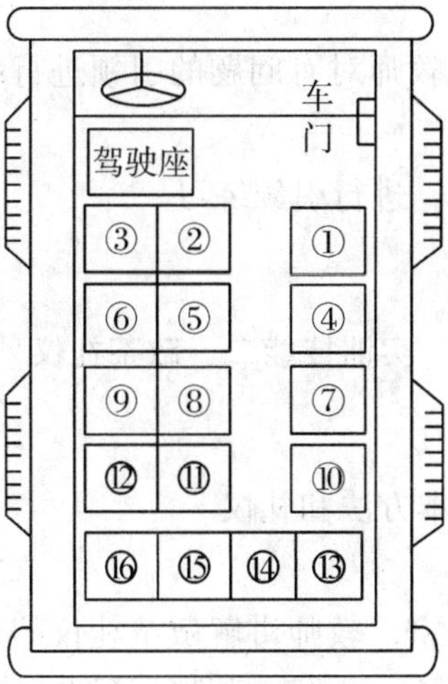

图 3.5 大中型客车座次图

五、接待礼仪的注意事项

（1）一般的客人在办公室接待。谈话时应少说多听，切忌隔着办公桌与来访者交谈。

（2）重要客人或大型接待，需要做好接待前的准备工作，了解来访者的情况，布置好接待环境，准备好接待物品，并安排好各部门的接待人员。

（3）切忌让客人坐冷板凳。如果有事不能接待，要安排有关人员接待来客。

（4）敬茶时，切忌捧着滚烫的茶具，匆匆放在客人面前。

（5）切忌茶具不干净。

（6）客人提出告辞后，主人切忌先于客人起身；同时，忌硬拉客人，不让客人离开。

（7）无论是将客人送到门口、电梯口还是车里，切忌在客人离开前离开。

（8）在整个接待过程中，切忌频频看表，以免使客人理解为“催他离开”。

【实训设计】

实训技能一 引领礼仪

一、实训内容

掌握接待服务中的引领礼仪。

二、实训步骤

（1）准备一间多媒体实训室，教师讲解引领礼仪的理论知识，播放相关视频，使学生对正确的引领礼仪有一定的基础性的了解。

（2）学生以 6~10 人为一个单位，进行分组，选出组长。

（3）教师设定不同的引领场地，包括办公楼门口、走廊、楼梯口、电梯口、办公室等。小组组长选择一个场地，设定不同的人物，带领组员，按照之前讲解的引领礼仪知识进行练习。

（4）在小组练习过程中，教师对有问题的引领进行纠正，并示范和讲解正确的引领礼仪。

（5）小组更换不同的场地，进行引领练习。

（6）教师考核。

实训技能二　敬茶礼仪

一、实训内容

掌握接待服务中敬茶的基本方法和礼仪。

二、实训步骤

（1）准备一间多媒体实训室，教师讲解敬茶礼仪的理论知识，播放相关视频，使学生对正确的敬茶方法和礼仪有一定的基础性的了解。

（2）准备敬茶所需的托盘、有杯耳的杯子和茶壶等。

（3）学生以 6~10 人为一个单位，进行分组，选出组长。

（4）教师设定不同的敬茶场地，包括办公室、会议室、会客厅等。小组组长选择一个场地，设定不同的人物，带领组员，按照之前讲解的敬茶礼仪知识进行练习。

（4）在小组练习过程中，教师对不规范的动作进行纠正，并示范和讲解正确的敬茶礼仪。

（5）小组更换不同的场地，进行敬茶练习。

（6）教师考核。

实训技能三　送客礼仪

一、实训内容

掌握接待服务中的送客礼仪。

二、实训步骤

（1）准备一间多媒体实训室，教师讲解送客礼仪的理论知识，播放相关视频，使学生对正确的送客礼仪有一定的基础性的了解。

（2）学生以 6~10 人为一个单位，进行分组，选出组长。

（3）教师设定不同的送客场地，包括办公室门口、电梯门口、车门口等。小组组长选择一个场地，设定不同的人物，带领组员，按照之前讲解的送客礼仪知识进行练习。

（4）在小组练习过程中，教师对不规范的礼仪进行纠正，并示范和讲解正确的送客礼仪。

（5）小组更换不同的场地，进行送客礼仪练习。

（6）教师考核。

实训技能四　陪车礼仪

一、实训内容

掌握接待服务中的陪车礼仪。

二、实训步骤

（1）准备一间多媒体实训室，教师讲解陪车礼仪的理论知识，播放相关视频，使学生对正确的陪车礼仪有一定的基础性的了解。

（2）学生以 6~10 人为一个单位，进行分组，选出组长。

（3）教师用椅子设定不同的车型，包括五人座、七人座、九人座、大客车等。小组组长选择一种车型，设定不同的人物，带领组员，按照之前讲解的礼仪知识，按照有司机开车和主人自行开车两种情况进行练习。

（4）在小组练习过程中，教师对不规范的礼仪进行纠正，并示范和讲解正确的陪车礼仪。

（5）小组更换不同的车型，进行陪车礼仪练习。

（6）教师考核。

情景模拟与角色扮演

一、实训内容

小马是 A 公司的秘书，其经理李先生告知其一周后 B 公司的周先生和其助理王小姐将来公司洽谈业务，让小马负责接待工作。小马该如何做好此次接待工作？在接待过程中需要遵循哪些礼仪规范？应该注意哪些问题？

二、实训步骤

（1）教师介绍本次实训的内容和模拟实训的情景。

（2）教师示范讲解接待礼仪及注意事项。

（3）根据模拟活动情景分组，把全班同学分成 4 人一组。

（4）确定模拟活动情景角色。

① A 公司的秘书——小马。

② A 公司的经理——李先生。

③ B 公司的经理——周先生。

④ B 公司的经理助理——王小姐。

（5）全组讨论接待客户时的正确礼仪及应该注意的问题。

（6）模拟客户接待训练，同组同学互换角色训练。

① 抽签排序，一组一组进行。（组数过多时可随机抽签确定）

② 一组模拟时，其他组观摩并指出问题。

（7）教师考核。

（8）师生点评。

三、任务考核

教师负责考核。考核评分标准如表 3.1 所示。

表 3.1　　接待礼仪考核评分标准

组别__________　姓名__________　时间___________

评价项目与内容		应得分	扣分	实得分
准备工作	角色定位及时，模拟出场迅速	5		
	实训过程全组协调良好	5		
基本知识掌握	熟悉接待的基本礼仪及应注意的问题	10		
神态、举止	声音大小适中、语速适中	5		
	热情、大方、得体	5		
	面带微笑	5		
	仪容、仪表得体	5		
	仪态得体	5		
客户接待	语言表达恰当	5		
	迎客礼仪准确、恰当	5		
	待客礼仪准确、恰当	10		
	送客礼仪准确、恰当	5		
观摩讨论	观摩认真	5		
	积极讨论	5		
实训笔记	按规定时间上交	5		
	字迹清楚、填写规范、内容详尽完整	5		
	实训分析总结正确	5		
	能提出合理化建议及创新见解	5		
合计		100		

考评教师（签名）：

任务 2　拜访礼仪

【案例导入】

A 公司新建的办公大楼需要添置一系列的办公家具，价值数百万元。公司总经理已决定向 B 公司购买。在会面当天，B 公司销售人员比预定的时间提前了 2 个小时到达。原来 B 公司听说 A 公司的员工宿舍也要在近期内落成，希望 A 公司员工宿舍需要的家具也能在 B 公司购买。为了谈这件事，B 公司的销售人员还带来了一大堆的资料，摆满了 A 公司台面。A 公司的总经理没料到对方会提前到访，刚好手边又有其他事情，便请秘书让对方等一会。B 公司的销售人员等了不到半个小时，就开始不耐烦了。B 公司销售人员一边收拾资料一边说："我还是改天再来拜访吧。"这时，A 公司总经理发现对方在收拾资料准备离开时，将自己刚才递上的名片不小心掉在了地上，却并没发觉，走时还无意从名片上踩了过去。但这个不小心的失误，却令A公司的总经理改变了初衷，B公司不仅没有机会与A公司商谈员工宿舍家具的采购问题，连几乎到手的数百万元办公家具的生意也告吹了。

思考：

1. B公司这次业务失败的原因是什么？

2. 在整个案例中，哪些不当礼仪需要修正，才能使B公司成功获得这次业务？

【任务目标】

通过实训，学生应掌握拜访的礼仪规范及注意事项，并能灵活运用。

【理论知识】

商务拜访是指亲自或派人到有商务往来的客户单位或相应的场所去拜见、访问某人或某单位的活动。在现代社交活动中，拜访和接待一样，都要遵循一定的礼仪规范，礼貌地对他人进行访问，拜访才能取得良好的效果。一般来说，商务拜访的流程如图3.6所示。

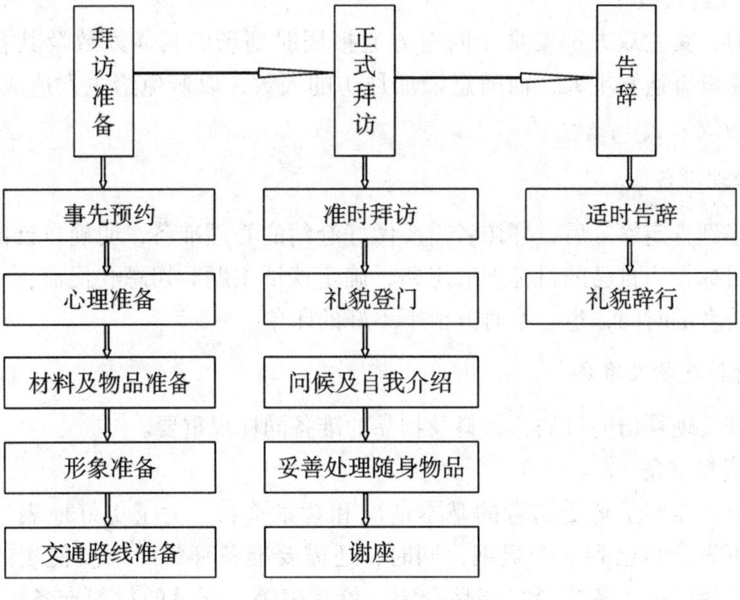

图3.6　商务拜访流程

一、拜访准备

（一）预约

拜访客人，不管是熟悉的还是不熟悉的，提前预约是最起码的礼节，以便对方安排日程。突然拜访客人，可能会打乱受访者正常的工作和生活秩序，给对方带来诸多不便。

1. 预约的方式

预约时，可选择电话预约、当面预约或者书面预约。无论是哪种预约，口气和语言一定要友好，不能以强求或者命令的口气要求对方。

2. 预约时间和地点的选择

要约定在双方都认为合适和方便的时间，如果由自己提议，也必须考虑对方的时间安排，并提出几种时间段供对方选择。通常在上班时间拜访，地点会选择在办公室；私人拜访可选择家中或者某些公共场所，如咖啡馆、餐厅等。具体拜访时间和地点的选择如表 3.2 所示。

表 3.2　　拜访时间和地点的选择

拜访地点	可拜访时间	忌拜访时间
办公室拜访	可以在上班时间拜访	周一一大早或周五下班前，重要会议时间，休息及用餐时间
私宅拜访	以不影响对方休息为原则，可以在上午 9~10 点、下午 3~4 点、晚上 7~8 点或节假日前夕进行拜访	用餐时间，午休时间，晚上 10 点以后

3. 约定拜访人数

在预约时，宾主双方都要事先向对方通报届时到场的具体人数及其各自的身份。拜访时，切忌没有通知主人，而随意增加拜访的人数，以避免给主人造成不必要的干扰，影响拜访效果。

（二）心理准备

在预约得到肯定答复后，拜访者需要做好赴约的心理准备，明确自己的拜访目的，制定好拜访目标，为自己的目标理清思路，确定谈话主题。切忌仓促而去、主次不分，既浪费了受访者的时间，也会给对方留下不好的印象。

（三）材料及物品准备

为了充分实现拜访的目的，材料及物品的准备同样很重要。

1. 相关资料准备

在拜访前，需要了解受访者的基本情况和背景资料。为了更好地表达拜访内容，拜访者需要事先给自己列一个提纲；同时，还需要准备拜访时需要使用的书面材料，例如协议书、建议书、备忘录、产品介绍、价目表等。充足的材料准备，可以证明拜访者的诚意，也可以让拜访者在拜访中有条有理、思路清晰、主次分明。

2. 物品准备

在商务拜访场合中，第一次见面时，所有的交流都是从交换名片开始，因此，在商务拜访中，必须准备足够的名片。除此之外，笔和记录本也是商务拜访中不可缺少的物品。是否准备礼品要看具体的商务目的，一般来说，如果是私人家庭拜访，可以结合主人的兴趣爱好，准备一些小礼物，例如鲜花、水果、书籍等，以表达对主人的敬意。

（四）形象准备

拜访前，拜访者要对自己的仪表服饰做好准备。办公室拜访，男士最规范的穿着是西装，女士是套装。穿着要干净、整齐、端庄、大方，要和自己的职业形象相符。如果是私宅拜访，要结合具体的情况，例如拜访后要进行体育运动，那么西装或者套装就不太合适了。

（五）交通路线准备

大城市交通堵塞是经常发生的事情，因此，要事先了解所去地点的具体交通路线，尽可能地多准备几套交通应急方案。尽量提早出门，提前到达以熟悉拜访环境。

二、正式拜访

（一）准时拜访

拜访时一定要准时，提前 5~10 分钟到达是个不错的选择。万一不能准时到达，一定要提前通知受访者并在到达后郑重向对方道歉。

（二）礼貌登门

在到达拜访地点后，要跟接待人员说明：你代表哪家公司、你的姓名以及要拜访的对象，并请其传达和通报。如果没有接待员引领，在到达受访者办公室外，无论办公室门是开着还是关着，都必须先轻声敲门或按门铃，私宅拜访也是如此。敲门时要轻重适宜、速度适中，一般轻轻敲三下，不可急促猛敲，在得到受访者允许后方可进门。

（三）问候及自我介绍

与受访者相见后，要主动问好，同受访者握手，行见面礼。如果和对方是初次见面，还应做自我介绍并向受访者递上名片。倘若受访者一方不止一人，则按照商务会面交往礼仪中的“先尊后卑”的原则依次向对方打招呼。如果受访者办公室内还有其他客人，在其没有介绍时，不要随便打听其他客人信息或主动与其他客人攀谈。

（四）妥善处理随身物品及谢座

进入受访者房间后，要脱下外套，摘下帽子、手套，同随身携带的物品一起放在主人指定的地方，不要随意搁放。如果是下雨天，进入房间后应用雨套装好淋湿的雨伞再放到指定位置。

入座时，主人没有让座，不要随便坐下。主人让座后，要说“谢谢”，然后采用正确的坐姿坐下。如果主人是年长或身份较高者，应等主人坐下后，再坐下。当主人或委派他人送茶时，应立即欠身双手相接并致谢，喝茶时要慢慢品尝，不要一饮而尽。主人递烟时，应双手相接，如不会吸烟或者不想吸烟，应致谢。如果主人不吸烟，应尽量克制，抽烟时，需要先征求主人和在场女士们的同意，不要把烟灰、纸屑等污物随意扔到地上或桌面上。

三、告辞

（一）适时告辞

在拜访他人时，一定要注意拜访时间的长度，并控制好时间，最好在约定的时间内完成拜访。如果受访者表现出还有其他的事情或者不耐烦时，即使拜访工作还未完成，也要适时停止，可再约定下次会面时间。一般普通拜访，时间控制在 15~30 分钟比较合适，即使是再长的拜访，也不宜超过两个小时。

（二）礼貌辞行

提出告辞后，拜访者就应该起身离开座位。即使受访者有意挽留，也应尽快离开，不要拖延时间。辞行时，应和主人握手道别或点头致意，向主人表达“打扰”之歉意并说一些“打扰了”“谢谢”“请留步”之类的话。出门几步后，应回首再向送行的主人致谢，不可匆匆离去。不要让主人远送，也不要站在门口与主人攀谈过久。

四、拜访礼仪的注意事项

（1）忌贸然上门拜访。

（2）拜访前，需明确拜访目的。

（3）约见拜访时间时，要考虑对方的时间是否合适。

（4）忌拜访时不控制时间或拜访时间过长。

（5）私人拜访时，忌不问候对方家人，忌按照自己的喜好评判主人的房间布置，忌动主人的私人物品，忌没有主人的带领随便参观主人的房间。

（6）到宾馆拜访时，忌没有通报直接到拜访者客房。如果受访者是异性，拜访地点应选择在大堂、餐厅或者会客厅，而不宜选择在受访者的房间内。

【实训设计】

情景模拟与角色扮演

一、实训内容

小张是 A 公司的业务员，他明天要去拜访一位重要的新客户刘先生。小张在拜访客户刘先生前要做哪些准备工作？在拜访过程中需要遵循哪些礼仪规范？应该注意哪些问题？

二、实训步骤

（1）教师介绍本次实训的内容和模拟实训的情景。

（2）教师示范讲解拜访礼仪及注意事项。

（3）根据模拟活动情景分组，把全班同学分成 2 人一组。

（4）确定模拟活动情景角色。

① A 公司的业务员——小张。

② 新客户——刘先生。

（5）全组讨论拜访客户时的正确礼仪及应该注意的问题。

（6）模拟客户拜访训练，同组同学互换角色训练。

① 抽签排序，一组一组进行。（组数过多时可随机抽签确定）

② 一组模拟时，其他组观摩并指出问题。

（7）教师考核。

（8）师生点评。

三、任务考核

教师负责考核。考核评分标准如表 3.3 所示。

表 3.3　　拜访礼仪考核评分标准

组别＿＿＿＿＿　　姓名＿＿＿＿＿　　时间＿＿＿＿＿

评价项目与内容		应得分	扣分	实得分
准备工作	角色定位及时，模拟出场迅速	5		
	实训过程全组协调良好	5		
基本知识掌握	熟悉拜访的基本礼仪及应注意的问题	10		
神态、举止	声音大小适中、语速适中	5		
	热情、大方、得体	5		
	面带微笑	5		
	仪容、仪表得体	5		
	仪态得体	5		
客户拜访	拜访前准备充分、得当	5		
	语言表达恰当	5		
	拜访过程中礼仪准确、恰当	10		
	拜访后告辞、答谢得当	5		
观摩讨论	观摩认真	5		
	积极讨论	5		
实训笔记	按规定时间上交	5		
	字迹清楚、填写规范、内容详尽完整	5		
	实训分析总结正确	5		
	能提出合理化建议及创新见解	5		
合计		100		

考评教师（签名）：

任务3　馈赠礼仪

【案例导入】

在日本，有一个流传很广且很受用的商务礼仪故事。有一个部门主管在餐厅里与客户谈项目的时候，在邻桌专门安排了公司的一名职员。这名职员不是来吃饭的，而是来记录上司与客户的谈话，但这里是用心记录而不是用笔记录。当上司旁敲侧击地了解客户及其家人的喜好后，这位职员立马行动，出去张罗礼品。当双方的会谈愉快地结束时，这位职员又不失时机地出现，拎着送给客户一家大小的礼品。客户当然是喜笑颜开，因为不但有自己的礼物，还有家人的，而且都是大家喜欢的东西。结果不言而喻，他们的合作很成功。

思考：

1. 这个商务礼仪故事，对你有何启发？
2. 馈赠礼品时要遵循和注意哪些礼仪？

【任务目标】

通过实训，学生应掌握馈赠礼仪及其注意事项，并能灵活运用。

【理论知识】

馈赠也称为赠送，是人们为了向受赠者表达自己的情意，而将某些物品不求报偿地送给对方。礼尚往来是中国民族的优良传统，也是日常交往中表达情意的重要形式。在商务活动中，为了联络感情、加深印象，根据情况接受或向有关人员赠送礼物，是一种常见的礼节。无论是接受还是赠送礼品，都应遵循一定的礼仪规范。

一、礼品的选择

选择礼品时，要注意礼品是否合适。一般来说，送礼是为了表达对他人的祝贺、感谢、关怀、慰问、鼓励和思念等心情，无论送礼给谁，投其所好是非常重要的，要从对方的立场出发，去挑选礼品。

选择礼品时，需要注意以下几个方面：

（1）礼品要具有企业宣传性。在商务活动中，选择的礼品往往是为了推广宣传企业形象，既注重实用价值，也注重宣传价值。在考虑受礼者的喜好的前提下，所馈赠的礼品应能达到对方记住自己，记住自己企业、产品及服务的目的。

（2）礼品的价格不要过高。俗话说“礼轻情谊重”，礼品只是用来表达送礼者的心意。大量的现金、金银珠宝或者过于贵重的礼品，有收买对方之嫌，会加重受礼者的心理负担，往往会被拒绝。

（3）选择礼品时要适时、适地、适俗。选择礼品应与时俱进，不能选过时的礼品。

结合送礼的场合和具体情况选择不同的礼品，比如在商务拜访和私宅拜访时，选择的礼品往往不同。选择礼品时，还要考虑到受礼者的文化背景，针对不同的受礼者，需要提前了解其民族习俗、宗教信仰和生活习惯，否则会有不尊重对方之嫌，严重时会影响到双方的合作。

一般来说，在商务交往中，应该送高雅、大方、体面的礼品，不宜送与衣食住行有关的生活用品，除非是私人交往。

二、馈赠的相关礼仪

（一）赠送礼仪

要使商务交往对象愉快地接受馈赠，并不是件容易的事情。即使选择了适合的礼物，如果不讲究赠礼的艺术和礼仪，也很难达到社交的效果，甚至会适得其反。

1. 赠送的时机

就送礼的时机而言，及时、适宜是最重要的。一般来讲，节假日、对方重要的纪念日、喜庆日是送礼的好时机。在商务活动中，如向商务交往对象道喜、道贺，通常是在双方见面之初赠送礼品。而主人应该在客人离去前或者临行前送上礼品。如果是企业之间进行商务会谈，双方往往会在商务会谈结束时赠送或交换礼品，以表达与对方建立长期合作之情。

2. 赠送的地点

选择赠送礼品的地点要注意公私有别。一般来说商务交往中应该选择商务场合赠送礼品，比如办公室、会客厅等。如果是私人交往，则应该送到私人居所。忌在不适合的公众场合下送礼，送礼场合选择不当会影响到受礼者的形象，也有可能会被受礼者拒绝。

3. 赠送的方式

（1）包装。包装意味着重视，否则给人敷衍了事的感觉。尤其是送礼给外国客人，散装礼品或者是没有包装的礼品是不能送人的。精美的包装可以让礼品更上一个档次，更好地表达自己的情感和诚意。

（2）谁送及送谁。在商务交往中，应该由在场地位最高的人向客人赠送礼品。如果是向多人赠送礼品，应该从职位最高的人开始赠起。

（3）说什么和怎么说。当把所选礼物在正式商务活动中赠送给受礼者时，要进行具体的说明。比如说明礼品的含义、具体用途、与众不同之处，使受礼者加深对礼品的印象，同时接受赠送者的善意和情意。

赠礼时，要神态自然，面带微笑，双手捧上。

当碰到对方拒收礼品时，如果赠送的礼品确实没有贿赂之意，则应大胆坚持片刻。如果对方坚持拒收，可能确实有不能接受的理由，送礼者就不要一再强求，也不应表现出不高兴的情绪。

（二）接受和谢绝礼仪

1. 接受礼仪

在特定的场合，当他人宣布有礼品相送时，不管正在做什么事情，都应该放下手中的工作，起身向对方做好接受的准备。如果决定接受对方的礼品，就没有必要再三推辞，心口不一，否则反而会让对方觉得你不够诚恳。

当对方递上礼品时，要用双手去接，面带微笑，两眼注视对方。接过礼品后，应恭敬地致以谢意，也可以与对方握手，表示感谢。

在中国的传统观念中，收到礼品后当面打开，是不礼貌的行为。但如果送礼者是外国友人或年轻人，当面打开礼品是对送礼者的尊重，也是表达对礼品的看重和喜爱。礼品是否当面打开可以视送礼者的习惯、目的和具体的环境而定。

收到的礼品应放在合适、醒目的位置，不能乱丢、乱放，让送礼者感觉不被重视。

在接受礼品后，最好在一周之内写信或打电话向对方表示致谢。

2. 谢绝礼仪

商务人员之间送的礼品，只要是表达心意，一般都不能拒绝。假如对方赠送的礼品确实不宜接受，可以拒绝。在拒绝时，要讲究方法，不要让对方难堪，造成矛盾；同时，要表达礼品虽然拒绝了，但情意已经收下了。一般而言，违法违禁的礼品、价值过高的礼品和包含某种无法接受的暗示性的礼品是不能接受的。在谢绝礼品时可以选择以下方法：

（1）直白法。坦率告诉送礼者不能接受的理由，比如身份不允许或者单位有规定等。

（2）婉言法。采用委婉的方式，找个合理理由拒绝对方，但要注意语言和口气。

（3）先收后退法。有时当面拒收礼品会使送礼者很尴尬，比如在人较多的情况下，也可以先收下礼品，过后退还。退还时也要表达对对方的谢意，并说明退还理由。退还礼物的时限，通常不超过一天。

（三）回赠礼仪

收到他人的礼品后，在适当的时机要回礼，这才合乎礼仪规范。

回礼时，要把握好时机，要根据不同的情况灵活对待。比如客人上门拜访时赠送了礼品，作为主人可以在客人离开前回赠，也可在接受礼品后的一段时间内，登门拜访，回赠礼品。同时，也可以选择在特定的节日、喜庆之日回礼，表示感谢。

在选择回赠的礼品时，不要以对方赠送的同类礼品回礼，价格可以与对方赠送的礼品价格相当。同时，可以以口头或者书面形式向对方表示感谢。

三、馈赠礼仪的注意事项

（1）送礼时要有适合的理由，否则对方可能不会接受礼品。

（2）送礼是为了传达心意，忌送过于贵重的礼品，也不能随便送没有价值的礼品。礼品的价值不在于价格，而在于心意及对方的喜好。

（3）忌送广告礼品、过时礼品，这是对受礼者的不尊重。

（4）忌当着多人面给一人送礼。送礼要讲究场合，场合不当反而会惹来麻烦。

（5）忌收到礼品后很快转送他人。

（6）忌只受礼不回礼。

【实训设计】

实训技能 礼品选择

一、实训内容

在不同的情景下，选择不同的适合的礼品。

二、实训步骤

（1）准备一间多媒体实训室，教师讲解礼品选择的理论知识，使学生对其有一定的基础性的了解。

（2）学生以6~10人为一个单位，进行分组，选出组长。

（3）教师设定不同的情景，包括企业开张、大厦落成、探望病人、私宅拜访、节假日、婚礼、生日等。小组组长选择不同的情景，带领组员集思广益，寻找适合的礼品并说明理由。

（4）教师考核。

情景模拟与角色扮演

一、实训内容

A公司的业务员小张要向B公司的客户刘先生赠送礼品。小张会选择在什么时间、什么地点、选择送什么样的礼品？小张在送礼时需要遵循哪些礼仪？刘先生受礼时需要遵循哪些礼仪？

二、实训步骤

（1）教师介绍本次实训的内容和模拟实训的情景。

（2）教师示范讲解馈赠礼仪及注意事项。

（3）根据模拟活动情景分组，把全班同学分成2人一组。

（4）确定模拟活动情景角色。

①送礼方——A公司的业务员小张。

②受礼方——B公司的客户刘先生。

（5）全组讨论馈赠时的正确礼仪及应该注意的问题。

（6）每个小组自定义馈赠的时间、地点和礼品，模拟馈赠训练，同组同学互换角色训练。

①抽签排序，一组一组进行。（组数过多时可随机抽签确定）

②一组模拟时，其他组观摩并指出问题。

（7）教师考核。

（8）师生点评。

三、任务考核

教师负责考核。考核评分标准如表 3.4 所示。

表 3.4　　馈赠礼仪考核评分标准

组别＿＿＿＿＿＿　　姓名＿＿＿＿＿＿　　时间＿＿＿＿＿＿

评价项目与内容		应得分	扣分	实得分
准备工作	角色定位及时，模拟出场迅速	5		
	实训过程全组协调良好	5		
基本知识掌握	熟悉馈赠的基本礼仪及应注意的问题	10		
神态、举止	声音大小适中、语速适中	5		
	热情、大方、得体	5		
	面带微笑	5		
馈赠	馈赠时间、地点和礼品选择恰当	5		
	礼品赠送礼仪准确、恰当	15		
	礼品接受礼仪准确、恰当	15		
观摩讨论	观摩认真	5		
	积极讨论	5		
实训笔记	按规定时间上交	5		
	字迹清楚、填写规范、内容详尽完整	5		
	实训分析总结正确	5		
	能提出合理化建议及创新见解	5		
合计		100		

考评教师（签名）：

模块四　商务宴请礼仪

宴请是商务交往的重要活动之一，在私人交往与公务交往中都非常普遍。安排得当的宴请活动是商务交往各方关系的润滑剂，不仅能为商务活动的各方交往增添色彩，也有益于商业活动的促成。

中西方在文化上存在一定差异已成为共识，了解中西方宴请的礼仪既是成为一个成功商业人士的基础，也是提高社交礼仪能力的重要途径。

【礼仪谚语】

对用餐礼仪最大的考验就是要能不触犯别人的感觉。

——艾米利·彼斯特（世界著名礼仪专家）

【模块教学目标】

1. 了解商务宴请礼仪的基本内容；
2. 掌握中式宴请礼仪的规范及要求；
3. 掌握西式宴请礼仪的规范和要求。

【知识目标】

1. 掌握宴请活动程序、桌次与席位排序礼仪；
2. 掌握中式宴请餐具分类使用、点菜要领及上菜顺序等餐桌礼仪；
3. 掌握西式宴请餐具类别使用、点菜要领、上菜顺序及餐酒搭配等。

【技能目标】

1. 掌握中式宴请的尊位确定、主客位次排序；掌握中餐餐具的使用；理解中餐点菜要领及上菜顺序等餐桌礼仪。

2. 掌握西式宴请的主客位次排序；掌握西餐餐具的类别与使用；掌握西餐的点菜、上菜及餐酒搭配等餐桌礼仪。

【素质目标】

1. 培养学生的个人素养和职业素质，在提高自身综合素质的同时，帮助人们顺利开展各种商务交往；

2. 培养学生的沟通能力与交际意识。

任务1　中餐宴请礼仪

【案例导入】

云南昆明的A公司与广州的B公司要进行一个项目合作，广州B公司的员工要来云南昆明进行实地考察。小张是A公司负责接待B公司考察团队的工作人员，小张想让广州B公司的考察团队尝一尝云南的特产。他心想云南傣味是比较有特色的菜系，所以安排了一家云南有名的傣味菜馆接待广州B公司的考察团队。他很热情地将B公司考察团队迎进傣味菜馆，客人在就餐期间似乎不太满意，后来的商谈合作也没有开展下去，事后A公司领导对小张勃然大怒，小张满脸委屈，不知自己错在哪里。

思考：

1. 这件事对小张有什么深刻的教训？

2. 在工作要求下如何正确选择宴请形式？

【任务目标】

通过实训，学生应了解中式宴请商务礼仪的基本内容；掌握中餐宴请的尊位确定、主客位次排序；掌握中餐餐具的使用；理解中餐点菜要领及上菜顺序；了解就餐席间规则和礼仪。

【理论知识】

一、中餐宴请礼仪概述

中餐宴请是对宴请时食用的中餐成套菜点及其台面的统称，展示了中华民族特有的文化民俗和社交礼仪，是中国传统的宴请形式。中华民族的餐饮文化博大精深，是中华文化的重要组成部分。中餐宴请礼仪是指桌次安排、席位安排、餐具摆放、上菜顺序、菜肴的配置、就餐席间的规则和礼仪等的要求。下面就中餐宴请礼仪进行介绍。

二、中餐宴请邀请与准备

要顺利、出色地请客吃饭，达到请客预期的效果和目的，就需要我们了解宴请前应该做好什么准备，宴请准备时的程序和技巧。

（一）明确宴请的目的、名义

所谓目的，通常是指行为主体根据自身的需要，借助意识、观念的中介作用，预先设想的行为或结果。所以宴请是一个过程行为，这一行为总由某一特定的目的支配着。单纯为了请客而请客的行为是合理却不存在的。即便是家人、朋友在一起聚会吃饭，也有满足情感交流、增进情谊的目的在其中。

现实中，宴请的目的是多种多样的，可以是为某一个人，也可以为某一件事。例如：为代表团来访（作为驻外机构，可以为本国代表团前来访问，也可以为驻在国的代表团前往自己的国家访问），为庆祝某一节日、纪念日，为外交使节或外交官员的到离任，为展览会的开幕、闭幕，某项工程动工、竣工等。在国际交往中，还可根据需要举办一些日常的宴请活动。

确定邀请名义和对象的主要依据是主、客双方的身份，也就是说主客身份应该对等。例如，作为东道国宴请来访的外国代表团，出面主人的职务一般应同代表团团长对等，专业对口，身份低了使人感到冷淡，规格过高亦无必要。又如外国使馆宴请驻在国部长级以上官员，一般由大使（临时代办）出面邀请，低级官员请对方高级人士，就不礼貌。通常如请主宾携夫人出席，主人若已婚，一般以夫妇名义发出邀请。

我国大型正式活动以一人名义发出邀请。日常交往小型宴请则根据具体情况以个人名义或以夫妇名义出面邀请。

（二）确定宴请的人员、宴请时间和地点

确定宴请目的后，我们基本就能确定宴请的人员范围。再根据主、客双方都合适的时间来确定宴请的时间和地点，一般以客人的安排为主要依据。

邀请范围是指请哪些方面人士，请到哪一级别，请多少人，主人方请什么人出来作陪。这都要充分考虑到宴请的性质，主、客双方的身份，国际或日常的惯例，政治气候，民族差异等。各方面都要想到，不能只顾一面。

在确定时间和地点时，主要原则是：对主、客双方都合适，注意避开各种禁忌，注意不要选择对方的重大节假日、有重要活动或有禁忌的日子和时间。例如，对信奉基督教的人士不要选十三号，更不要选十三号星期五。伊斯兰教在斋月内白天禁食，宴请宜在日落后举行。宴请回族同胞则需要注意避开在非清真的酒店进餐。

小型宴会可以首先征询主宾意见，最好以口头当面或电话约请共同确定宴请时间和地点。主宾同意后，时间即被认为最后确定，可以按此约请其他宾客。

（三）发出邀请和请柬格式

各种宴请活动，一般均需向被宴请者发请柬，这既是礼貌，亦对客人起提醒、备忘之用，以便于被宴请者安排事务，做好准备。

宴请的方式分为口头邀请和书面邀请。口头宴请有电话邀请、当面邀请、托人邀请等形式，相对于书面邀请显得较为随意。朋友聚会、家人团聚、工作进餐等多采用此方式。书面邀请，即正式邀请，包括请柬邀请、书信邀请、传真邀请和便条邀请等，一般用于正式的、规模较大的宴请中。有些国家，邀请最高领导人作为主宾参加活动，需单独发邀请信，而向其他宾客发请柬。

请柬邀请需要注意以下问题：

（1）请柬一般提前一周至两周发出，视宴会规格和大小及被邀请者的实际情况有时需要提前一个月发出，以便被邀请人及早安排。已经口头约妥的活动，仍应补送请柬，在请柬右上方或下方注上“to remind”（备忘）字样。

（2）请柬用纸要考究，封面一般为红色并印有“请柬”字样。请柬内容可打印或者手写。手写字迹需清楚、美观。可采用黑色或者蓝色钢笔或毛笔书写，不可采用黄

色、绿色、红色等鲜艳颜色进行书写。

（3）请柬的格式一般有横式和竖式两种。横式请柬行文自左向右，从上而下，一般用于商务宴请。竖式请柬行文自右而左，从上向下，一般用于民间传统性宴请，是中国传统文化的体现。

（4）请柬的正文内容应包括宴请时间、地点，宴请名义，宴请形式，宴请要求及邀请人等。需安排座位的宴请活动，为确切掌握出席情况，往往要求被邀者答复能否出席。遇此，请柬上一般用法文缩写注上 R. S. V. P.（请答复）字样，如只需不出席者答复，则可注上 regrets only（因故不能出席请答复），并注明电话号码。也可以在请柬发出后，用电话询问能否出席。

若宴请席位已安排妥当，可在信封下角或请柬正文标明桌次或座次。即使是不安排席位的活动，也应对出席率有所估计。

（5）请柬信封上必须标明被邀请人姓名、职务，书写要准确。国际惯例给夫妇两人发一张请柬。若需要凭请柬入场的场合要注意每人发一张。

三、确定菜单

组织好宴会，菜单的确定至关重要。宴会菜单的拟定要根据宴请的规格，在规定的标准内安排。拟定菜单时要考虑四个方面的因素。

（一）尊重主宾，考虑禁忌和喜好

菜肴的选定与酒水的搭配，主要以主宾的口味习惯为依据，而不是以主人的好恶为标准，要注意尊重对方的民族饮食习惯和宗教信仰。由于每个人的口味不同或者出于健康的考虑，某些人会在用餐过程中对某些食物忌口。如：有些人不吃辣椒、大蒜；开车者不能喝酒；糖尿病患者避免食物中含糖等。

（二）合理搭配

注意菜肴的营养构成，荤素搭配要合理。时令菜、特色菜、传统菜应合理选择，另外要注意菜点与酒水、饮料的搭配，应力求照顾到多数客人的需要。

（三）价格合理

菜肴不一定要选名贵菜，要以预算为标准，有自己的立场，一般应在订菜时留下一部分预算，以备实际用餐过程中补菜之用。菜肴选定应以精致、干净卫生、可口取胜。宴请注重的是气氛，而不一定是吃喝的内容。

（四）考虑差别

饮食差别还可能体现在性别差异和地域差别上。不同性别的饮食者在记忆、思维、情绪、个性等心理因素上存在着差别，会形成不同的饮食消费心理和行为。订餐时需要考虑男女有别。男性会偏好口味重，分量足和富含脂肪、蛋白质和碳水化合物的菜式；而女性更倾向于素食、水果一类较清淡不油腻的菜式，女性往往关注用餐环境、菜品质量和服务细节甚于用餐分量。

俗话说："十里不同俗，百里不同味。"地域环境会对饮食者的心理产生持续的习惯性依赖，所以订菜时需要考虑被宴请者的地域口味偏好。

四、中餐席位排列

中餐的席位排列，关系到来宾的身份和主人给予对方的礼遇，所以是一项重要的内容。中餐的席位排列，在不同情况下有一定的差异，可分为桌次的排列和位次的排列两方面。

（一）中餐桌次的排列

1. 决定餐桌高低次序的原则

在宴会上，若餐桌不止一桌，则需要采用正式的方法排列餐桌，主桌排定之后，其余桌次的高低以离主桌远近而定，近高远低，平行时右高左低。主桌应总是处在突出的位置。

2. 排列的总体方法

餐桌排列的方法有横排、竖排、花排、正排等，具体采取哪种排列需根据场地和美观的原则来确定。常见的位次排列方法如图 4. 1～图 4. 17 所示，图中圆圈里的序号代表桌次高低位次。数字越少，代表位置越好。

两桌横排时，以右为上；两桌竖排时，当餐桌距离正门有远近之分时，以距门远者为上，如图 4. 1 和图 4. 2 所示。

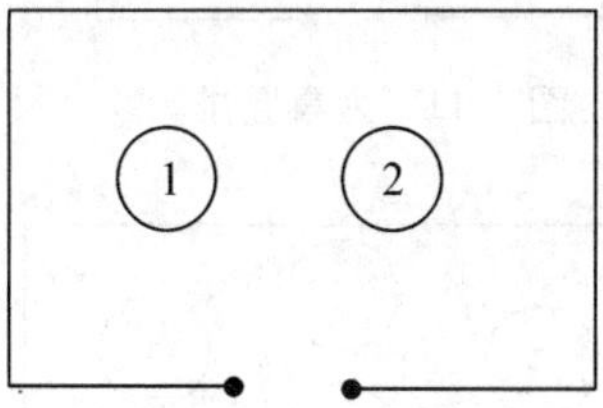

图 4. 1　两桌横排

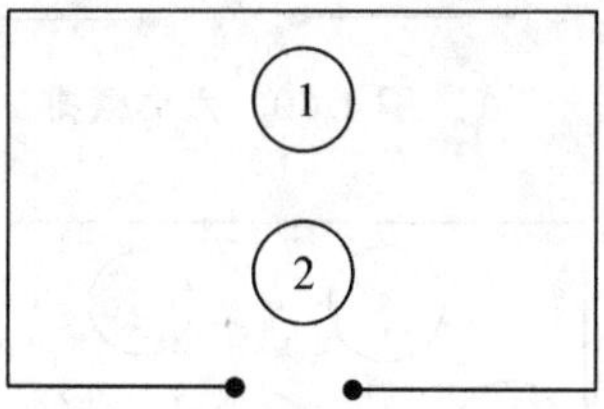

图 4. 2　两桌竖排

三桌横排或三桌竖排，以居中者为上，居右者为次上，如图 4. 3 和图 4. 4 所示。

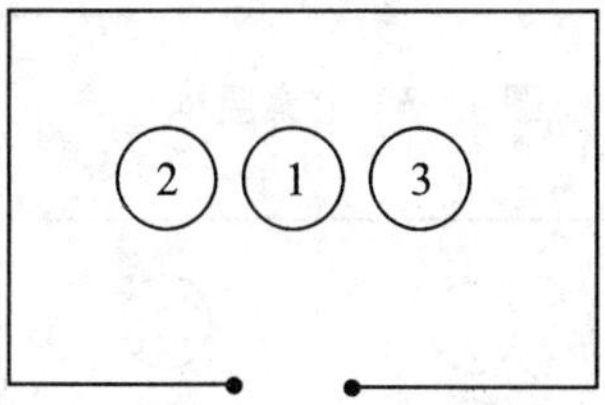

图 4. 3　三桌横排

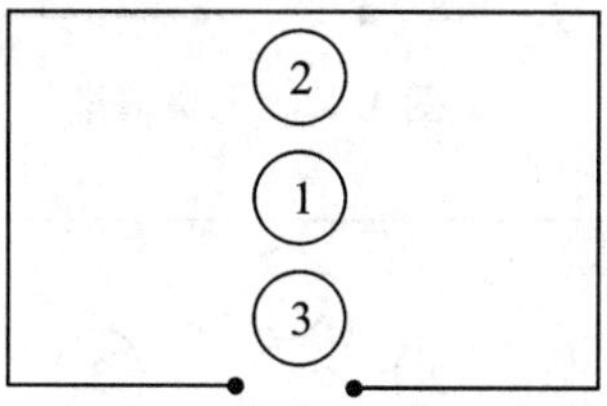

图 4. 4　三桌竖排

四桌及四桌以上的横排、花排、竖排的桌次排位规则均使用距门远者为上，居右者为上，居中者为上的原则，如图 4. 5～图 4. 17 所示。

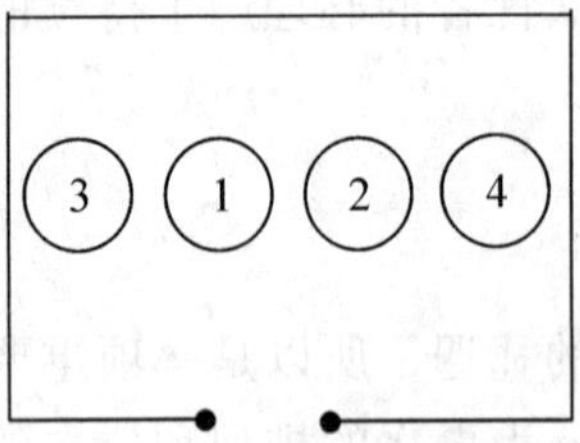

图 4.5　四桌横排

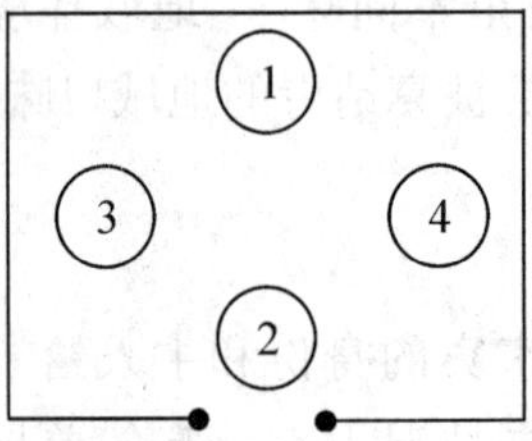

图 4.6　四桌花排

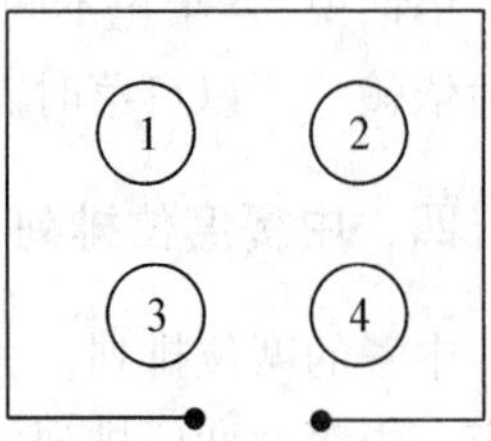

图 4.7　四桌竖排

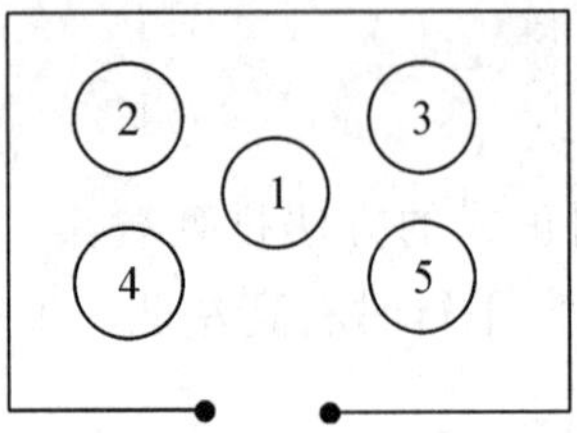

图 4.8　五桌花排

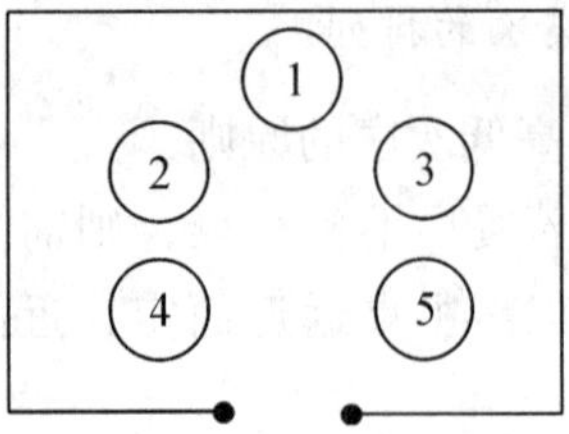

图 4.9　五桌竖排

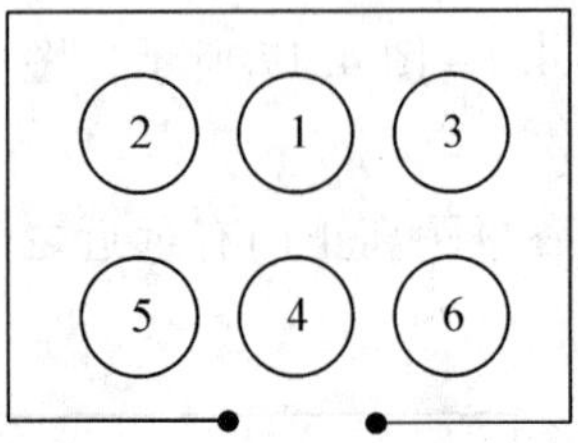

图 4.10　六桌横排

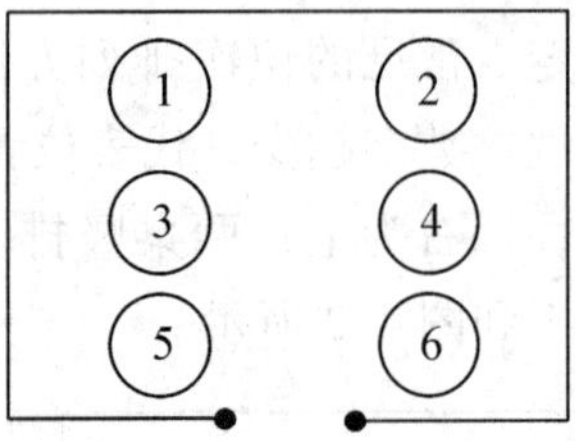

图 4.11　六桌竖排

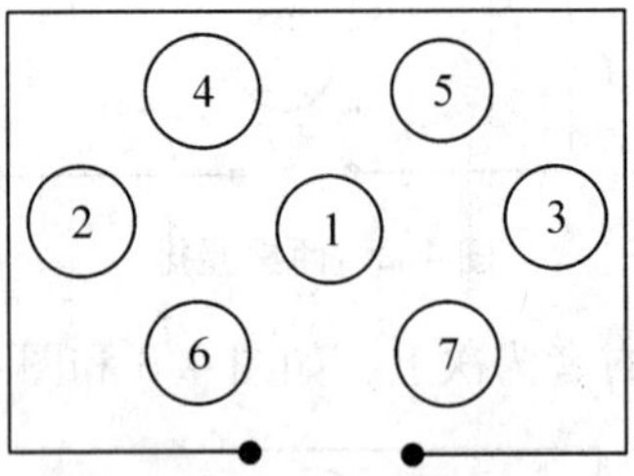

图 4.12　七桌横排

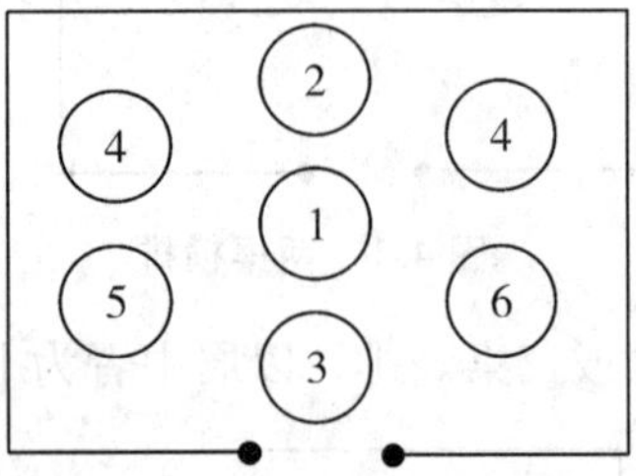

图 4.13　七桌竖排

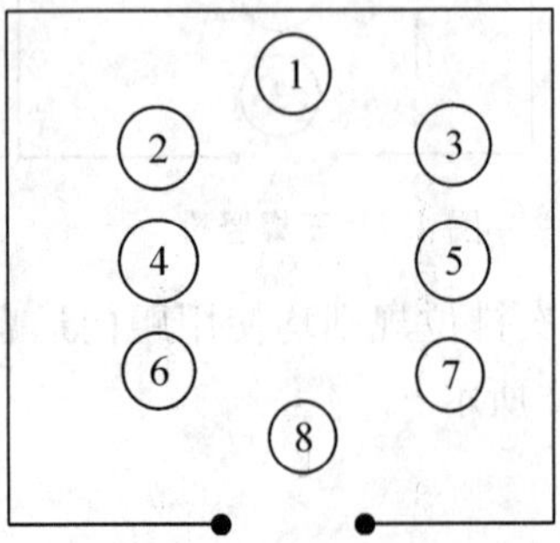

图 4.14　八桌花排

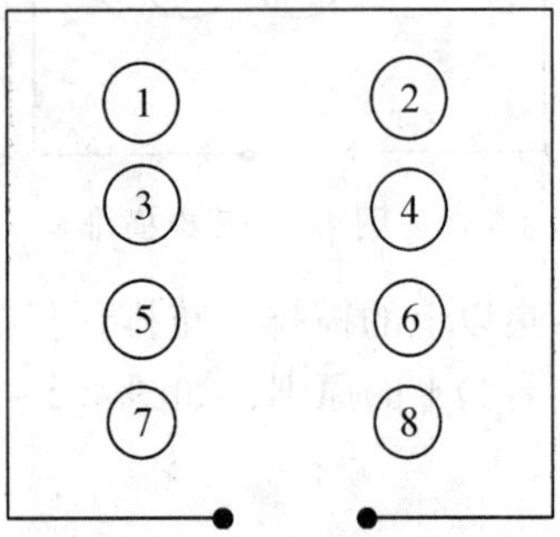

图 4.15　八桌竖排

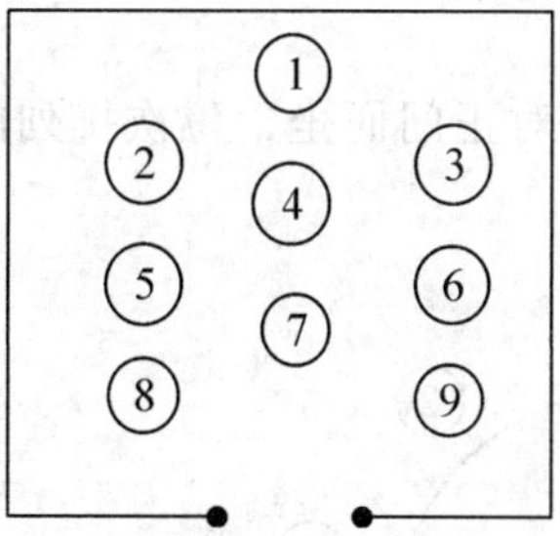

图 4.16　九桌横排

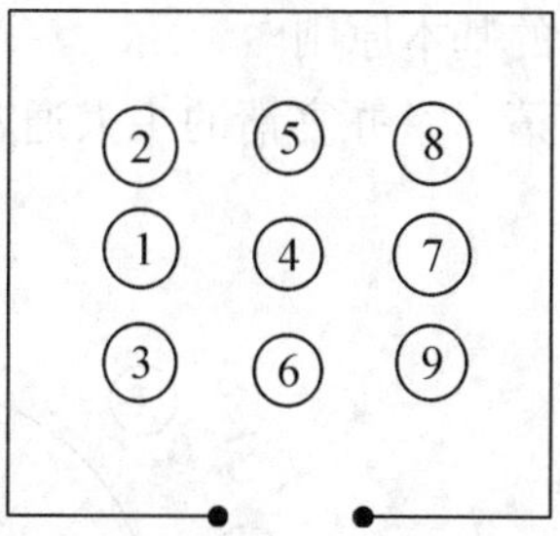

图 4.17　九桌竖排

（二）中餐位次的排列

根据上述排列方法，圆桌上位次的具体排列又可分为每桌一个主位的排列方法和每桌两个主位的排列方法两种具体情况，下面将分别进行介绍。

1. 每桌一个主位的排列方法

即每桌只有一名主人，主宾在其右边离主人最近的座位就座，每桌的主位是谈话中心，位次排列如图 4.18 的顺序所示。

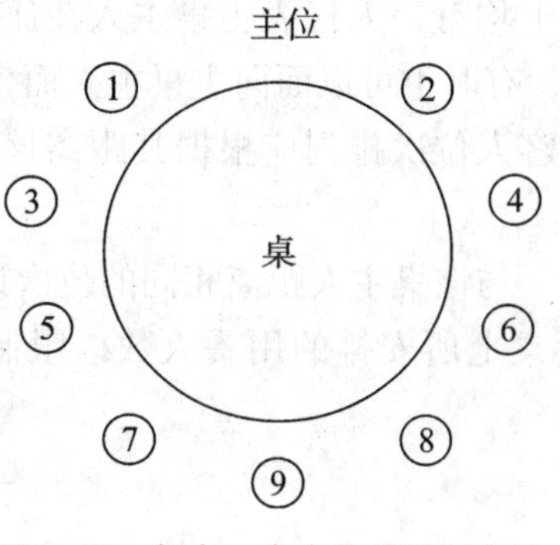

图 4.18　每桌一个主位的排列方法

2. 每桌两个主位的排列方法

这种情况通常是主人夫妇就座于同一桌，男主人就座于第一主位，女主人就座于第二主位，主宾和主宾夫人分别在男女主人的右侧就座。如果主宾的身份高于主人，为表示尊重，可安排其在第一主位上就座，而男主人坐在主宾的位次上，具体如图 4.19 所示。

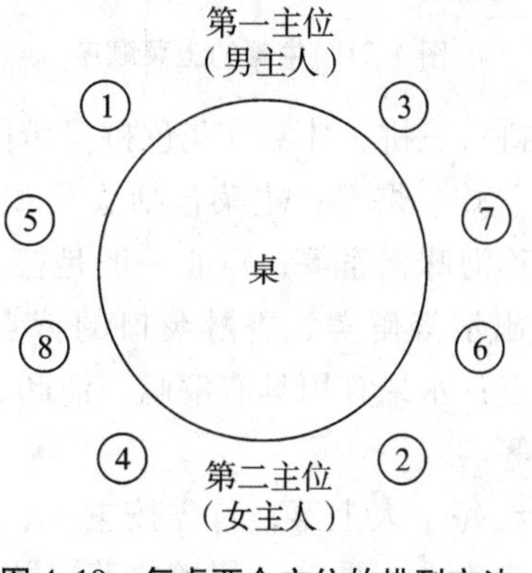

图 4.19　每桌两个主位的排列方法

3. 位次排列的基本原则

（1）单桌宴请。举办宴请的主人通常应面对正门而坐，位次排列的基本方法如图4. 20所示。

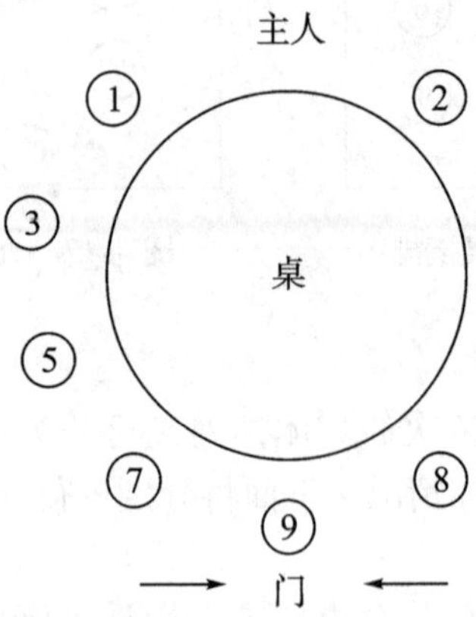

图4. 20　位次排列的基本方法

（2）多桌宴请。各桌之上均有一人代表主桌主人在座，也称为各桌主人，其位置一般应与主桌主人同向而坐，有时也可以面向主桌主人而坐。

（3）距离定位。各桌上客人位次排列应根据其距离该桌主人的远近而定，以近为上，以远为下。

（4）以右为尊。各桌上，与该桌主人距离相同的位次讲究以右为尊。

（5）最佳人数。每张餐桌上所安排的用餐人数以限制于10人之内为佳，并宜为双数。

五、中餐的上菜顺序

标准的中餐宴会，不论是何种风味，其上菜的顺序基本相同。首先上冷盘，然后上热菜，接着上主菜，随后上点心和汤，最后上水果，如图4. 21所示。因此，宴会主办方在点菜时要注意对菜品巧作搭配。

冷盘 → 热菜 → 主菜 → 点心 → 汤 → 水果

图4. 21　中餐的上菜顺序

其中：冷盘有单盘、双拼、三拼、什锦、花色拼盘带围碟等；热菜以速成菜居多，烹饪方法多采用煎、炒、烹、炸、爆等；主菜包括头菜和热荤菜，头菜一般是名气最大的菜肴，热荤菜一般是山珍海味肉畜等；点心一般是糕、粉、团、面、饺子、包子、面条等；汤以清汤为佳，突出清淡鲜美、香醇爽口的特点。此外，汤应和点心搭配，讲究甜汤配甜点，咸汤配咸点；水果宜用具有解腻、清肠、利口、润喉等作用的果品，通常可选用西瓜、苹果、梨等。

上菜时，如果由服务员给每个人上菜，首先按主宾、次宾、主人的顺序，其次要按顺时针方向依次进行。如果由个人取菜，每道热菜应放在主宾前面，由主宾开始按顺时针方向一次取食，切不可迫不及待地越位取菜。

六、餐具的使用

餐具的使用是中餐与西餐最大的区别之一，下面主要介绍常用的中餐餐具的使用。

（一）筷子的使用

筷子是中餐的主要餐具。用筷子取菜，必须成双使用。在中国几千年的饮食文化中，用筷子形成了基本的餐桌礼仪，筷子对中餐的职能只是用来夹取食物的，使用筷子要谨记以下原则：忌敲筷、忌掷筷、忌插筷、忌挥筷、忌舞筷、忌舔筷等。

（二）勺子的使用

勺子分为取菜勺子和汤匙。

取菜勺子的主要作用是舀取菜肴、食物。尽量不要单用勺子取菜，应配合筷子使用，用筷子取食时，可以用勺子来辅助。

汤匙的主要作用是盛汤，尽量不要单用汤匙去取菜。暂且不用汤匙时，应置之于自己的食碟上。使用汤匙取用食物后应立即食用，不要把它再次倒回原处。食用汤匙里盛放的食物时，尽量不要把汤匙塞入口中或反复吮吸它。如果食物太烫，切忌用汤匙舀来舀去，也不要用嘴对着吹，可以先盛放到自己碗里等凉了再吃。

（三）牙签的使用

尽量不要当众剔牙。非剔牙不可时，应用另一只手掩住口部。剔牙后，不要长时间叼着牙签，剔牙后的牙签更不可用来扎取食物。

（四）洗手巾和餐巾的使用

中式宴请中，一般会提供两种毛巾，即湿巾和餐巾。

用餐前，服务人员一般要为客人送上一方热的湿毛巾，这是供进餐者擦拭双手用的。有时，在宴会结束前，会再提供一方湿毛巾，这是供进餐者擦拭嘴角用的。湿毛巾不可以用于洗脸，擦脖子、揩手背等；否则，也是失态的。

如果桌上设有餐巾，当主人示意用餐开始时，方可将餐巾全部打开或打开到对折为止，平摊到自己腿上。值得注意的是，将餐巾塞在领口或插在裤带上的古典式做法早已不合时宜。

在正式宴会中，切忌用湿巾或餐巾擦拭餐具、酒具等物品，那是对主人的不信任、不尊重的行为。

（五）餐盘

餐盘分食碟和骨碟。食碟的主要作用是用来暂放从公共用的菜盘里取来享用的菜肴的，一次不要取放过多的菜肴于食碟中，也不要把多种菜肴在食碟中堆放在一起。骨碟的作用是盛放不吃的残渣，如果骨碟放满了，可示意服务员进行更换。

七、中餐用餐礼仪

（一）座位的选择

就餐前，要事先了解男女主人、其他男女陪客的位置，明白自己当天所扮演的角色。应让年长者、位高者和女士优先入座。如邻座是年长者或女士，应协助他们先坐下，同时应与同桌点头致意。

（二）入座的方式

得体的方式是从左侧入座，即以右手拉开椅子，从椅子左边入座。

（三）良好的坐姿

坐在餐桌边时，身体应保持挺直，两脚并齐放在地板上。用餐时，上臂和背部不要靠到椅背，腹部和桌子保持约两个拳头的距离。吃东西时，手肘最好还是离开桌面。如果两只胳膊“左右开弓”往外张开，会令两边的同席者感到不便。暂停用餐时，可把双手放在桌面上，以手腕底部抵住桌子边缘，也可以把手放在膝上，双手保持静止不动。

（四）菜肴的食用

（1）客人入席后，应待主人举杯示意开始时，客人才开始动手取用菜肴。

（2）菜肴一上桌，应由主宾先取用。一般来说，无论上任何一道菜，如果主宾尚未动筷，其他人不宜率先取食。

（3）取菜要文明，应等菜肴转到自己的对面时再动筷子，一次取菜不宜取得过多。

（4）取菜时应从盘子靠近或面对自己的盘边夹起。距离自己较远的菜可以请人帮助，不要起身甚至远离座席去取。

（5）为表示友好、热情，彼此之间可以祝酒，但不要劝酒，可以让菜，劝对方品尝，但不要为他人夹菜。不要擅自做主，不论对方是否喜欢，都不要主动为其夹菜、添饭，让人家为难。

（6）对不合胃口的菜，勿显露出难堪的表情。如果主人提醒你，取用你不喜欢的那道菜时，可婉转地回答“我吃不下了”，不要生硬地拒绝。

（五）进餐的礼仪

（1）用餐的时候，不要吃得摇头摆脑、宽衣解带、满脸油汗、汤汁横流、响声大作。

（2）宾客进餐的速度宜与男女主人同步，不宜太快，亦不宜太慢。

（3）如果需要为别人倒茶倒酒，要记住“倒茶要浅，倒酒要满”的礼仪规则。

（4）如不慎将酒、水、汤汁溅到他人衣服上，表示歉意即可。

（5）席间不宜抽烟，如需抽烟，必须先征得邻座的同意。

（6）在用餐的过程中，要尽量自己添加食物。如有长辈，尽可能主动给长辈添饭。遇到长辈给自己添饭时要道谢。

（7）进餐时要闭嘴咀嚼、细嚼慢咽，嘴里不要发出声音，口含食物时最好不与别人交谈。

（8）吐出的骨头、鱼刺、菜渣要用筷子或手取出来，不能直接吐到桌面或地面上。如果要咳嗽、打喷嚏，要用手或手帕捂住嘴，并把头向后方转。吃饭嚼到沙粒或嗓子里有痰时，要离开餐桌去吐掉。

（9）如果宴会没有结束，但自己用餐完毕，不要随意离席。要等主人和主宾餐毕先起身离席，其他的客人才能依次离席。

（10）在餐厅进餐，如果是做客，不能抢着付账；未征得朋友的同意，亦不宜代其付账。

【实训设计】

实训技能一　中餐铺台

一、实训内容

中餐铺台的技能训练。

二、实训前的准备

（1）实训场地的准备：多媒体实训室一间。

（2）设备及材料的准备：10 人餐桌、餐椅、台布、转盘等。

三、实训步骤

（1）准备一间多媒体实训室，教师讲解中餐铺台的理论知识，播放不同铺台方法的相关视频，使学生对铺台技能和方法有基础性的了解。

（2）学生以 6~10 人为一个单位，进行分组，选出组长，在组长的带领下，学生按照之前讲解的知识，练习不同方式的铺台技能。

（3）教师纠正错误，并示范和讲解正确的方法。

（4）教师考核并指出存在问题，小组成员讨论总结。

四、实训（练习）方法

1. 撒网法

（1）拉台布：正身站于主人位，双手将台布向餐位两侧拉开。

（2）拢台布：双手拇指和食指捏住台布，另三指收拢台布在身前，右臂微抬。

（3）撒台布：腰向左转或右转，手臂随腰部转动并向侧方向挥动，双手除捏握台布边角的拇指和食指，其他手指松开。

（4）台布定位：台布下落时，拇指和食指捏住台布边角，调整台布落定的位置。

（5）放转盘：把转盘放在转轴上，转轴处在桌子正中心，用手测试一下转盘是否正常。

2. 波浪法

（1）拉台布：正身站于主人位，双手将台布向餐位两侧拉开。

（2）拢台布：双手拇指和食指捏住台布，双手收拢于身前，身体朝前微弯。

（3）推台布：双手把台布沿桌面迅速用力推出，食指捏住台布边角不要松开。

（4）台布定位：台布展开时，缓缓把台布拉至桌子边沿，靠近身体处，调整台布落定的位置。

（5）放转盘：把转盘放在转轴上，转轴处在桌子正中心，用手测试一下转盘是否正常。

五、注意事项

（1）铺台布时，台布不能接触地面。

（2）台布中间折纹的交叉点应正好在餐台的中心处，台布的正面朝上。

（3）中心线直对正、副主人席位，四角呈直线下垂状，下垂部分距地面距离相等。

（4）铺好的台布应为平整无皱纹。

（5）铺好台布后，应将拉出的餐椅送回原位。

（6）所有操作必须从主宾位起按顺时针方向进行（铺设台裙、台布在副主人位）。

实训技能二　中餐摆台

一、实训内容

中餐摆台方法和规则训练。

二、实训前的准备

（1）实训场地的准备：多媒体实训室一间。

（2）设备及材料的准备：①餐台、圆桌面、餐椅（10 把）、工作台。②规格台布。③桌裙或装饰布。④餐巾（10 块）。⑤花瓶、花篮或其他装饰物（1 个）。⑥餐碟、味碟、汤勺、口汤碗、长柄勺、瓷勺、筷子、筷架（各 10 套）。⑦水杯、葡萄酒杯、白酒杯（各 10 个）。⑧牙签（10 套）。⑨菜单（2 个或 10 个）。⑩公用餐具（筷子、筷架、汤勺各 2 套）。⑪防滑托盘（2 个）。⑫桌牌号。

三、实训步骤

（1）准备一间多媒体实训室，教师讲解中餐摆台的理论知识，播放相关视频，使学生对摆台技能和注意事项有基本的了解。

（2）学生以 6~10 人为一个单位，进行分组，选出组长，在组长的带领下，学生按照之前讲解的知识，练习中餐摆台技能。

（3）教师纠正错误，并示范和讲解正确的方法。

（4）教师考核并指出存在的问题，小组成员讨论总结。

四、实训（练习）方法

1. 摆台的顺序（重点）

将餐具放在垫有巾布的托盘内，用左手将托盘托起（胸前托法）。在摆放以上物品时，可以用托盘分 6 次托摆。第一托：餐碟 10 个。第二托：勺垫 10 个、汤勺 10 把、瓷勺 10 把、长柄勺 10 把、味碟 10 个、筷子架 10 个、筷子 10 双。第三托：葡萄酒杯、白酒杯各 10 个。第四托：水杯 10 个（已插放好折叠成形的餐巾花）。第五托：烟灰缸（要单独一托）。第六托：花瓶、桌牌号。

2. 餐、酒用具摆放的规则

（1）摆定位（骨）碟。将餐具码好放在垫好餐巾的托盘内（托盘应防滑，也可以垫餐巾)，左手端托盘，右手摆放。从正主人位开始按照顺时针方向依次摆放。碟与碟之间距离相等，碟距桌边 1~2 厘米（视餐台尺寸)。正、副主人位的骨碟应摆放于台布凸线的中心位置。餐盘中心穿过转盘中心线两两对称。定位碟的摆放决定了所摆台面是否整齐、美观、雅致。

（2）摆勺垫、瓷勺和汤勺、味碟。勺垫摆在骨碟的正前方。勺垫边沿距骨碟边沿 1 厘米，勺垫的中心置于骨碟的中心线上。瓷勺摆在勺垫的中央，勺柄朝右。有时也将味碟位于餐碟正上方，相距 1 厘米。汤勺置于汤碗中，汤勺勺柄朝左，汤碗摆放在味碟左侧 1 厘米处，与味碟在一条直线上，汤勺放置于汤碗中，勺把朝左，与餐碟平行。

（3）摆筷架和筷子、长柄勺、牙签。筷架应放在骨碟的右侧，与勺垫或味碟的横向中心为一条线，注意造型、图案。如果是动物造型，头应朝左摆放。筷子放在筷架上，筷子图案或字要朝上对正（筷子套同样)，筷子末端距离桌边 1 厘米，筷身距离勺柄末端 1 厘米，或距离骨碟 1 厘米，或距长柄勺 1 厘米。如果有使用双体筷架和长柄勺，长柄勺搁摆在筷架上，长柄勺距餐碟 3 厘米。如果有分装的牙签，则牙签位于长柄勺和筷子之间，牙签套正面朝上，底部与长柄勺齐平。

（4）摆酒具。葡萄酒杯杯柱应对正骨碟中心，葡萄酒杯底托边距勺垫边 1 厘米，或距汤碗的边沿 1 厘米；白酒杯摆在葡萄酒杯的右侧，杯口与杯口相距 1 厘米。酒具的花纹要对正客人。摆放时，酒杯应扣放或直放于托盘内。操作时，手取拿酒杯的杯座处，不能触碰杯口部位。

（5）摆公用碟、公用勺、公用筷。公用碟应放置在正、副主人席位的正前方，碟边距葡萄酒杯底托 2 厘米。碟内分别横放公用勺和公用筷，筷子放在靠桌心一侧，勺放在靠近客人一侧。勺柄朝左，筷柄向右，成为对称形，勺与筷中间间距 1 厘米，筷子离公用碟部分两端相等。10 人以下摆放 2 套公用餐具，12 人以上应摆放 4 套，其中另外两套摆在台布的十字线两端，应呈十字形。如果客人人数少，餐桌较小时，可在正、副主人位置餐具前摆放公用筷架及筷子即可。

（6）摆牙签盅。牙签盅应摆在公用碟的右侧，右不超出筷柄末端，前不超出碟边外切线。

（7）摆放水杯及餐巾。将叠好的餐巾折花插入水杯中，摆放于葡萄酒杯的左侧，3 套杯的中心应横向成为一条直线，水杯的上口距葡萄酒杯的上口 1 厘米。将餐巾折花的观赏面朝向客人。

（8）摆放烟灰缸从正主人席位右侧开始，每隔 2 个座位摆放一个，烟灰缸前端应在水杯的外切线上，架烟孔要朝向两侧的客人。

（9）拉椅。从第一主人位开始按顺时针方向依次摆放，餐椅椅座边沿刚好靠近下垂台布为准，椅边与桌布间距 1 厘米。餐椅之间距离均等。拉椅声音要小，从主宾位开始，按照顺时针方向依次拉椅。(有的操作是在铺好台布后，先把餐椅拉好，从餐椅的右侧进行摆放)

（10）摆菜单。一般 10 人以下摆放两张菜单，摆放于正、副主人位的左侧。平放时菜单底部距桌边 1 厘米，立放时菜单开口处分别朝向正、副主人，菜单边缘距桌边 1 厘米。12 人以上应摆放四张菜单，并呈“十”字形摆放。(同公用筷勺的摆放)

（11）摆花瓶。花瓶放于餐台中心，正面朝向餐厅门。

（12）宴会应摆放台号。台号一般摆放在每张餐台的下首，台号朝向宴会厅的入口处，使客人一进餐厅便能看到。（大型宴会，还要摆放容易辨认的、引导性的台牌）

（13）摆座位牌。正式宴会的主桌、大型宴会的餐桌，要摆放座位牌。一般选用双面座位牌，放置于酒具外 1 厘米处。如果是单面座位牌，座位牌要正面对着餐桌中心。

五、注意事项

（1）摆台效果要求：台面各种餐具、用具摆放整齐一致，布局合理、美观，间距均等，摆放位置准确，花纹图案对正，台面用具洁净、无破损。

（2）摆放餐具从主人位开始，按顺时针顺序摆放。

（3）装盘及用具摆放时注意手法、清洁、卫生。

（4）轻拿轻放，注意安全。

情景模拟与角色扮演

一、实训内容

远翔公司要接待一批来公司接洽业务的客户，公司总经理杨先生用中餐招待。假如你是杨先生，应注意哪些用餐礼仪？

二、实训步骤

（1）教师介绍本次实训内容和实训情景。

（2）教师示范讲解中餐位次的排列、桌次的排列、上菜顺序、餐具的使用、用餐举止等方面的规则和技巧及应注意的事项。

（3）根据模拟活动情景分组，把全班同学分成每组 7 人，扮演 7 个角色。

（4）确定模拟活动情景角色。

① 远翔公司总经理——杨先生。

② 甲公司总经理——年长的汪先生。

③ 乙公司副总经理——年长的王女士。

④ 丙公司营销部经理——年轻的黄小姐。

⑤ 丁公司市场部经理——中年的杨先生。

⑥ 远翔公司营销部经理——何先生。

⑦ 远翔公司业务员——小柯。

（5）全组讨论本组角色位次排列。

（6）中餐宴请训练。

① 抽签排序，一组一组进行。

② 一组模拟时，其他组观摩并指出问题。

（7）教师考核。

（8）师生点评。

三、任务考核

教师负责考核。考核评分标准如表 4.1 所示。

表 4.1　　中式宴请礼仪考核评分标准

组别________　　姓名________　　时间________

评价项目与内容		应得分	扣分	实得分
准备工作	角色定位及时，模拟出场迅速	5		
	实训过程协调良好	5		
基本知识掌握	熟悉中餐宴请基本知识及要求	10		
神态举止	座位的选择	10		
	入座的方式	5		
	良好的坐姿	5		
	菜肴食用	10		
	进餐的风度	10		
	餐具的使用	10		
观摩讨论	观摩认真	5		
	积极讨论	5		
实训笔记	按规定时间上交	5		
	字迹清楚、填写规范、内容详尽完整	5		
	实训分析总结正确	5		
	能提出合理化建议及创新见解	5		
合计		100		

考评教师（签名）：

任务 2　西餐宴请礼仪

【案例导入】

小李的公司与英国的公司签订了某项合作协议。小李代表公司邀请英国公司来的团队到一个环境优雅的西餐厅用餐。食物非常美味，也十分合英国团队心意，在用餐过程中，双方聊得非常投缘。聊到兴奋处，小李拿着刀叉眉飞色舞地给英国团队讲述自己的见闻，但他突然发现同桌的英国团队和旁桌用餐的其他客人都用奇怪的眼神看着他，小李这才意识到自己的举止十分不雅，连忙将刀口向内、叉齿向上地将刀叉放在餐盘中，尴尬地坐着。没过多久，服务员就将他的餐具收走了，他一脸茫然地看向服务员。

思考：

1. 小李在西式宴请中犯了哪些错误？

2. 西式宴请中有哪些用餐礼仪？

【任务目标】

通过实训，学生应掌握西餐宴请的主客位次排序；掌握西餐餐具的类别与使用；掌握西餐的点菜、上菜及餐酒搭配等餐桌礼仪。

【理论知识】

一、西餐宴请礼仪概述

近几年来，西式餐厅在我国发展迅速，西式宴请也成为商务宴请的热门用餐方式。西餐是对西式饭菜的一种约定俗成的统称。西餐源于西方国家，是我们对欧美地区菜肴的统称，大致可分为以英、法、德、意为代表的“西欧式”，也称“欧式”和以苏联为代表的“东欧式”，又称“俄式”。

西餐菜肴的主要特点是主料突出，形色兼具，口味鲜美，营养丰富。在西餐厅用餐很大程度上讲究的是吃出情调：大理石的壁炉、熠熠闪光的水晶灯、银色的烛台、缤纷的美酒，再加上优雅迷人的举止，这本身就是一幅动人的油画，也体现了一种西方文化。为了能在初尝西餐时举止更加娴熟，熟悉西餐进餐礼仪是非常有必要的。

西餐宴请作为一种礼仪性的社交活动，为了能取得预期效果，组织者在宴请前必须要做好充分的准备工作，制订详细周密的宴请计划。它包括确定宴请的目的、名义、对象、范围、形式和规格；宴请时间和地点的拟定，宴请时间应方便主客双方，地点要求交通便利、干净卫生、环境优雅，其余可按活动性质、规模大小及实际可能选定；还要安排好宴会中的具体事项，包括发邀请函或请柬、确定宴会菜单、席位安排等。宴请活动一般均需先发邀请函或请柬。这既是礼貌，亦对客人起提醒、备忘的作用。除了宴请临时来访人员，时间紧促的情况以外，宴会请柬一般应在二三周前发出，至少亦应提前一周，太晚了不礼貌。有的人甚至因此拒不应邀。已经口头约妥的活动，仍应补送请柬，在请柬右上方或下方注上“to remind”（备忘）字样。国际上通常做法，如邀请夫妇二人，可只合发一张请柬。确定菜单时要既考虑宴会上的菜肴精致可口，适合于来宾的口味，还要尊重客人的宗教习惯。赏心悦目、色香味俱全的菜肴，往往能让客人体会到主人热诚待客的心意，留下久而难忘的印象。

二、西餐宴请席位与排列

正式宴会一般均排席位，也可只排部分客人的席位，其他人只排桌次或自由入座。无论采用哪种做法，都要在入席前通知到每一个出席者，使大家心中有数，现场还要有人引导。大型的宴会，最好是排席位，以免混乱。

（一）席位排列的基本原则

在西餐宴请中，席位排列的主要问题是位次的排列，需要考虑以下几条原则：

（1）女士优先：女主人——主位，男主人——第二主位。

（2）恭敬主宾：男女主宾分别紧靠女主人和男主人。

（3）以右为尊：男主宾坐于女主人右侧，女主宾坐于男主人右侧。

（4）面门为上：面对门口者高于背对门口者。

（5）距离定位：距离主位越近，地位越高。

（6）交叉排列：男女交叉安排座位，生人、熟人交叉安排座位。

（二）位次排列的具体方法

西餐用餐时采用的餐桌有长桌、方桌和圆桌。但西餐中最常见、最正规的当属长桌。

1. 长桌

以长桌排位中，一般有长桌两端坐人或者不坐人两种方法。

第一，男女主人在长桌中央对面而坐，餐桌两端坐人不坐人皆可，如图 4.22 所示。

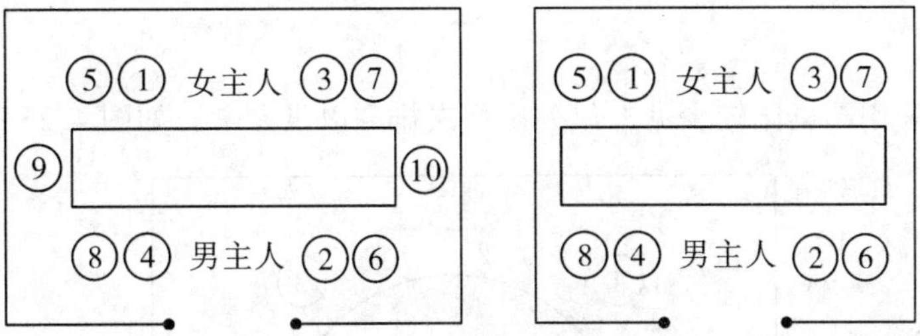

图 4.22　男女主人居中而坐的位次排列

第二，男女主人分别就座于长桌两端，如图 4.23 所示。

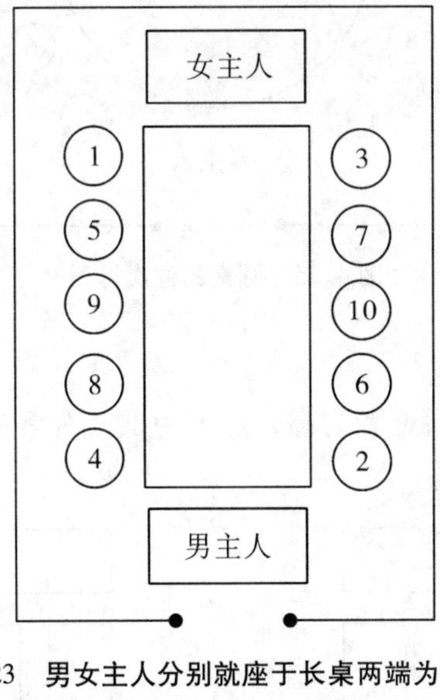

图 4.23　男女主人分别就座于长桌两端为此排列

某些时候，如用餐者人数较多时，还可以参照以上办法，以长桌拼成其他图案，以便安排大家一道用餐。

2. 方桌

以方桌排列位次时，就座于方桌四面的人数应当相等。在一般情况下，一桌八人，每侧各坐两人，并应使男、女主宾对面而坐，所有人均各自与自己的恋人或配偶坐成斜对角，如图 4. 24 所示。

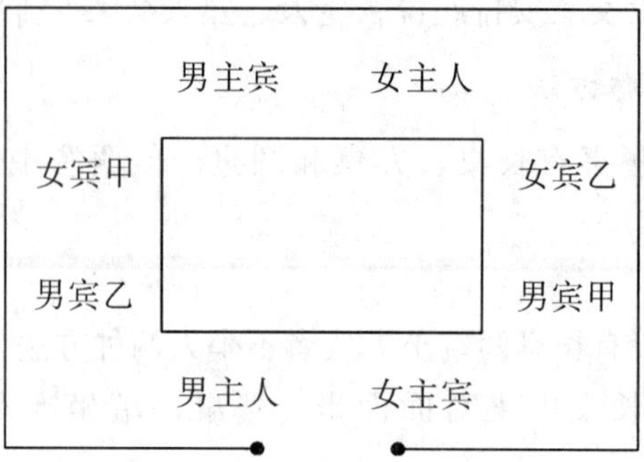

图 4. 24　方桌的位次排列

3. 圆桌

在西餐中采用圆桌比较少见，仅列出位次排列以供参考，如图 4. 25 所示。

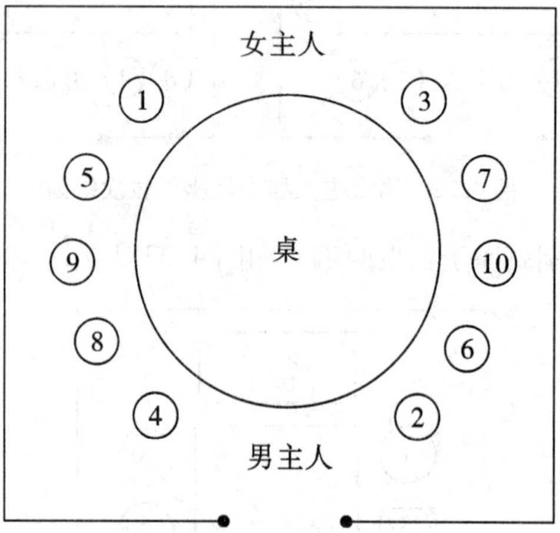

图 4. 25　圆桌的位次排列

（三）西餐桌次的排列

主桌排定之后，其余桌次近者为高，远者为低，右桌为高，左桌为低，如图 4. 26 和图 4. 27 所示。

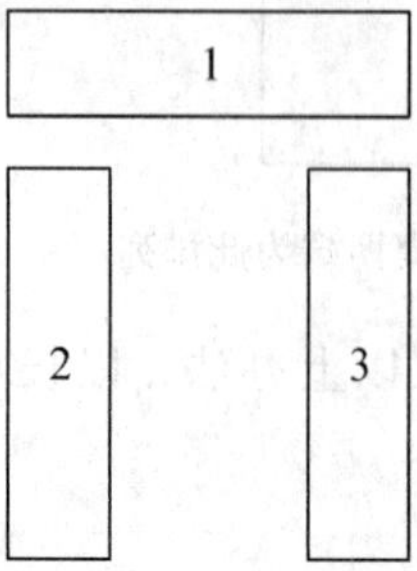

图 4. 26　三张餐桌的桌次排列

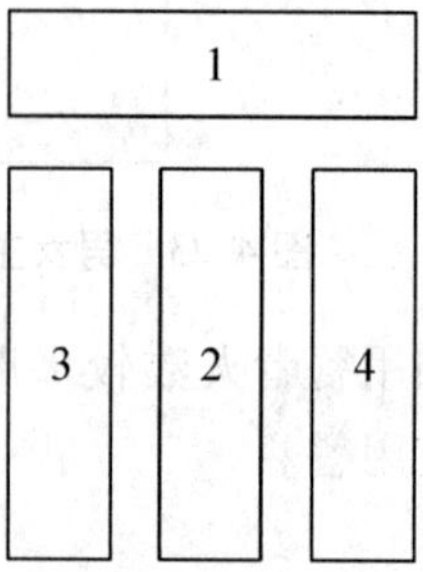

图 4. 27　四张餐桌的桌次排列

三、西餐的上菜顺序

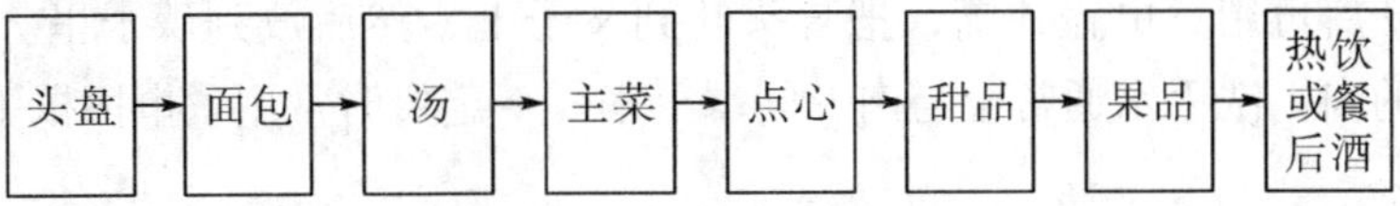

图 4.28 西餐上菜顺序

如图 4.28 所示，西餐的上菜顺序包括头盘、面包、汤、主菜、点心、甜点、果品及热饮或餐后酒。中国人则是先吃热菜后喝汤。

(1) 头盘也称开胃菜，在西餐中充当“前奏曲”的角色一般有冷盘和热盘两种。常见的品种有鱼子酱、熏鲑鱼、鸡尾酒、沙拉、什锦冷盘等。

(2) 面包主要是切片面包或现烤的小面包，可根据个人喜好，涂抹适量果酱、黄油、奶酪等。

(3) 西餐的汤菜一般有清汤、浓汤和其他特制汤。常见的汤品有：美式蛤蜊汤、意式蔬菜汤、俄式罗宋汤、法式葱头汤、牛尾清汤、奶油汤和海鲜汤等。

(4) 西餐中的主菜一般要上两个热菜和一个冷菜。热菜通常为肉类、禽类或海鲜。热菜中较有代表性的是牛肉或牛排，常配的调味汁有蘑菇汁、西班牙汁、浓烧汁、白尼丝汁等。禽类最常见的是鸡，可炸、烤、煮，常配的调味汁有咖喱汁、奶油汁等。冷菜通常是沙拉，常见的是蔬菜沙拉或水果沙拉。

(5) 点心主要有蛋糕、饼干、吐司、鲜饼、三明治等。

(6) 甜品较常见的有冰淇淋、奶酪等。

(7) 常见的果品分为干果和鲜果两类。常见的干果有核桃、腰果、杏仁、开心果等；常见的鲜果有草莓、菠萝、苹果、西瓜等。

(8) 热饮或餐后酒是西餐的最后一道菜，一般在西餐结束前提供，最正规的热饮是咖啡、红茶，也可选餐后酒。

四、西餐中几种食物的进食方法

西餐中，不同的菜式进食方法不同，下面介绍几种常见的西餐食物的进食方法。

(一) 面包

西餐就餐前要洗净手。一般来说，如果是软面包，可以直接用手将面包用手撕碎放入口中，也可用刀切下再吃；如果是硬面包，宜用刀切下再吃。用手边撕边吃时，若还需涂抹调料，正确的方法是，左手拿面包，右手撕一小块，然后把大面包放在左手的面包盘内，用左手拿着小面包，右手持牛油刀或餐刀涂抹黄油到面包上再吃。食用过程中，不能用嘴直接咬，或者用刀叉剥食，并且防止面包碎片跌落在餐桌上。

(二) 主菜

西餐的主菜通常是肉类，肉类一般较为大块，需用刀切割，切的大小以刚好一口吃完为宜，一般是一边切一边吃。吃有骨头的肉，不要直接动手，要用叉子把整片肉固定住，再用刀沿骨头插入，把肉切开，边切边吃。吃鱼时，不要把鱼翻身，吃完上层后用刀叉剃掉鱼骨再吃下层。如果骨头很小，可以用叉子把它放在嘴里，在嘴里把肉和骨头分开后再用餐巾盖住嘴，把骨头吐到叉子上，然后放到碟子里。如果使用需要直接动手的肉，洗手水通常会与肉一同端上来。一定要时常用餐巾擦拭手和嘴。

（三）汤

用汤匙从内往外舀，不可将热汤端起来喝，也不能吸着喝。喝汤时不能舔嘴唇，或咂嘴发出声音。即使汤菜再热，也不要用嘴吹，应用汤匙由后向前将汤舀起，汤匙的底部放在下唇的位置，然后将汤送入口中。碗里的汤剩下不多时，可用手将碗略抬高。吃完后，将汤匙留在汤盘里，汤匙指向自己。

（四）面条

西餐就餐中，由于使用的餐具不同，面条的食用方法也与中餐面条的食用方法截然不同，正确的做法是用叉子将面条卷妥再食用。

（五）咖啡与茶

1. 咖啡

喝咖啡是西餐最具情调的用餐礼仪之一，应用食指和大拇指端起杯子轻轻喝。可根据需要在咖啡中添加牛奶和糖，然后用勺子搅匀，随后将勺子放在咖啡杯的杯垫上。

2. 茶

西餐中饮茶文化已被多元茶文化渗透，不同的茶也有不同的礼仪。例如，中国的绿茶、薄荷茶不加任何东西；印度茶、黑茶或英国红茶可加少量的奶和糖；喝红茶或奶茶时，不要用茶匙舀茶，更不要将茶匙插放在茶杯中。

五、西餐用餐礼仪

（一）西餐进餐守则

1. 按时赴约

一般来说，宜略早到达，但不能太早；客人若身份较高，可以稍晚些到达；若因特殊情况无法出席时，应尽早向主人解释道歉。

2. 礼貌入席

西餐入席是比较讲究的。西餐开始前，首先入席的是主人夫妇与主宾夫妇，依次为其他宾客和陪同人员。注意从椅子左侧入席，若邻座客人中有长者或者女士，年轻人或男士要提前帮邻座的长者或女士拉开座椅，再落座。

3. 举止文雅

西式宴请中，用餐时要注意举止文雅，体现出自身风度。

坐相、吃相文雅：应从椅子左侧站起或坐下，并使身体与餐桌保持两拳左右的距离。坐下时，应往后将背伸直坐下，使腰的一部分与椅背轻轻接触。上身要呈挺拔之态，双手应扶住桌沿。用餐时一定要保持环境卫生，并注意个人卫生，不要把餐盘、餐桌和地面弄得乱七八糟。

进食勿出声响：用餐时尽量不要发出声来，饮汤时尤其需要注意。进餐时不可大声喧哗，也不要大声招呼服务生，可面向其稍微将手抬高示意一下，不影响他人进餐。就座、用餐时，不要把座椅、餐桌、餐具弄出怪异声音。

4. 尊重女士

中餐讲究尊重长者，而西餐讲究尊重女士，特别是女主人。宾客到达宴会地点后，男女主人会在那里恭迎。宾客应先和女主人握手后再与男主人握手。男性戴手套时，必须事先脱下，女性则不用如此。

排座位时，女主人坐在主位，男主人坐第二主位。入座后，所有宾客都以女主人为中心，当女主人将餐巾铺开后，方可宣布就餐开始。

如偶有迟到的客人入座，当女主人从座位上站起来迎接、招呼时，席上的男宾也应陪同站起来。

每上一道菜，需经女主人招呼，才能开始进食。如果女主人问客人是否愿意再添一点菜，客人应表示欣赏女主人做的菜。当女主人请客人再吃一些时，无论是否愿意再吃，客人都要向其表示谢意。

女主人要一直陪着吃得最慢的客人。一个关心别人的客人不会吃得太快，也不会吃得太慢。

客人在女主人表示宴会结束之前离席是不礼貌的，必须离席的话，应请女主人原谅。当女主人表示宴会已经结束时，应立即从座位上起立。

男宾还有照顾女宾的义务，如入席时，男宾应替身边的女宾移开座位，让她入座，自己再坐下；进餐时，也应随时照顾。在女宾起立后，男宾应帮助她们把椅子归回原处。当然，女宾接受服务后，应向男宾表示感谢。

5. 衣着得体

如参加较为正式的西式宴请，赴宴前，应注意仪表整洁，穿戴大方，忌穿工作服。如果指定穿正式的服装的话，男士必须打领带；女士要穿晚礼服或套装和有跟的鞋子，因为餐厅内的光线较暗，女士化妆可稍浓。

6. 积极交际

宾客参加西餐宴会时，用餐前，要与主人、主宾问候，要与邻座的客人交际，但应避免大声谈笑，用餐中需要交谈时，切勿喧哗，若邻座有与自己不相识的人，可以主动自我介绍。此外，要想与自己希望结识的人交际，可以请人引荐，这是结识新朋友的一种有效手段。

（二）西餐餐具使用

西餐较为注重餐具的使用。西餐餐具主要由刀叉等组成。刀叉均有不同的用途，甚至尺寸都是不同的。西餐中常见的餐具如图 4.29 所示。

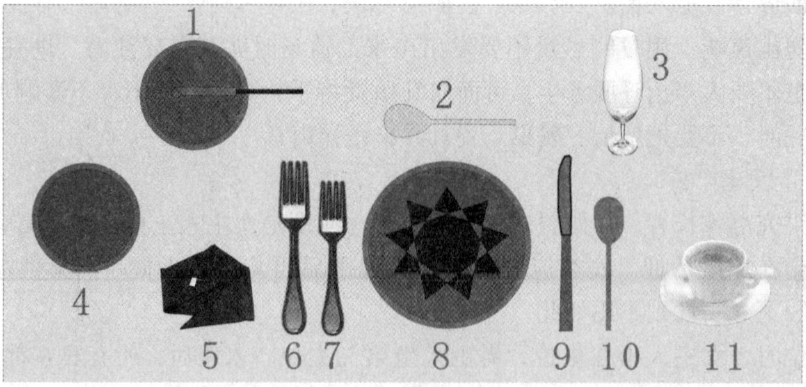

图 4.29　西餐中常见的餐具

备注：1. 奶油碟和奶油刀　2. 甜点匙　3. 杯子　4. 沙拉盘　5. 餐巾　6. 沙拉叉　7. 主菜叉　8. 主菜盘　9. 主菜刀　10. 汤匙　11. 茶（咖啡）杯、碟和茶匙

1. 刀叉的使用

主要原则：右手持刀，左手拿叉。

餐刀的正确持法：右手持刀，拇指抵刀柄一侧，食指按于刀柄上，其余三指弯曲握住刀柄。不用餐刀时，应将其横放在盘子的右上方。用刀的时候，刀刃不可以朝外。

叉子的正确用法：若叉子不与刀并用时，右手持叉取食，叉齿向下。

刀叉的配套用法：刀叉并用时，左手持叉，右手持刀，叉齿向下叉取肉。切东西时，左手拿叉按住食物，右手拿刀将食物切成小块，用叉子往嘴里送。刀叉的正确用法如图 4.30 所示。

图 4.30　刀叉的用法

在使用刀叉时要注意以下几点：

（1）切食物时，应用左手拿叉按住食物，右手拿刀将食物切成小块。

（2）美式吃法通常先将食物全部切成小块，再换右手拿叉子慢慢吃；英式吃法是边切边吃。如果吃的是多汁的菜肴，肉汁容易溅起，最好是边切边吃。

（3）正规的西餐宴会，讲究吃一道菜换一副刀叉。一般有吃黄油用的黄油餐刀、吃鱼用的刀叉、吃肉用的刀叉、吃甜品用的甜点叉等。

（4）黄油餐刀一般横放在左侧餐叉前方的面包盘上，其他刀叉则是在餐盘左右，并且右刀左叉。使用的时候，依次由两边的外侧向内侧取用。

（5）甜点叉最后使用，一般在餐盘的正上方横放点心刀和甜点叉，且刀把朝右，叉把朝左，如图 4.31 所示。

图 4.31 刀叉的区别

刀叉的暗示主要有两点，一是暂停用餐，二是用餐完毕。

暂停用餐：刀右叉左，刀口向内、叉齿向下，呈“人”字形摆放在餐盘之上。它的含义是此菜尚未用必，如图 4.32 所示。

用餐完毕：刀上叉下地并排横向放在餐盘里，并且握把皆向右，刀叉放在餐具中央到 4 点钟的方向。它的含义是服务人员可以连刀叉带餐盘一块收掉，如图 4.33 所示。

图 4.32 暂停用餐图

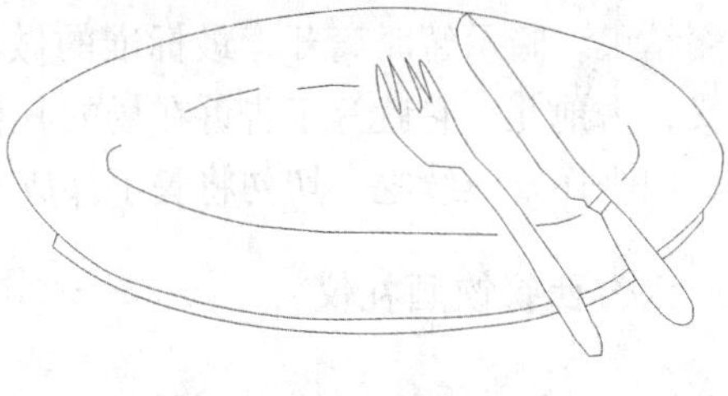

图 4.33 用餐完毕

2. 餐匙的使用

餐匙也叫调羹，是西餐中不可或缺的餐具。西餐餐匙的使用方法与中餐大致相同，按照形状和用途的不同，主要分为汤匙、甜品匙和茶匙三种。在用途上，三者不可相互替代，也不可用来舀取其他主食、菜肴。汤匙个头儿较大，通常纵放于用餐者右侧最外端，有的也会放在蔬菜刀与鱼刀之间，用于喝汤；甜品匙个头儿较小，一般横放于吃甜品用的刀叉的正上方，用于吃甜品。若不上甜品，则此位置被同样较小的茶匙代替。茶匙只起搅拌作用，不能以之舀取红茶饮用。在使用餐匙时有三点要注意：一是不能用甜品匙和汤匙取用主食或其他菜肴；二是使用餐匙时，一次不要取太满，以免汤汁溢出；三是已使用过的餐匙不要放回原处，也不要让其直立于汤盘或红茶杯中，更不可把其插入主食和菜肴中，应放在餐盘上，表示已使用过。具体如图 4.34 所示。

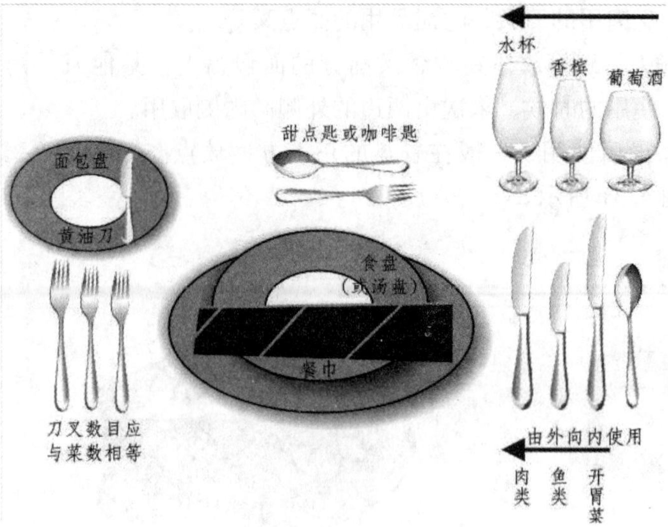

图 4.34　餐匙的使用

3. 餐巾的使用

餐巾的用途，主要是擦拭口部、服装保洁、掩口遮羞和进行暗示。

餐巾的铺放：在用餐开始前，餐巾会整齐地摆放在餐盘内，落座后才将餐巾对折后平铺在自己并拢的大腿上。最好用双手打开餐巾，并将其折放的过程悄然地在桌下完成，切勿将餐巾抖开，吸引他人注意，也不能将餐巾围在脖子上或塞在口袋里。用餐完毕，将餐巾折叠好放在桌子上方可离席。

餐巾的暗示：女主人铺开餐巾，暗示用餐开始。女主人把餐巾放在桌子上，暗示用餐结束。暗示暂时离开，最标准的做法是将餐巾折叠好放在椅面上。此举表示一个含义，占地儿。它就等于告诉在场的其他人，尤其是服务生，座位上的人到外面有点事，回来还要继续吃。切勿将餐巾揉成一团放在桌子上。

六、西餐饮酒礼仪

（一）致祝酒辞

正式宴会中，一般均有祝词，但安排的时间不尽一致。有时才入席，双方即讲话祝词；也可在热菜之后甜食之前，由主人祝词，接着由客人致答词。祝辞时，服务人员要停止一切活动，参加宴会的人员均暂停饮食，专心聆听，以示尊重。冷餐会和祝酒会的讲话时间则更显灵活。

致辞毕，则祝酒。故在致辞行将结束时，服务人员要迅速把酒添足，供主人和主宾等祝酒用。

（二）饮酒的基本原则

1. 主人礼仪

（1）倒酒。在较为正式的西式宴会上，服务员打开酒后，首先由主人试酒，感觉酒符合要求时，向服务员致意，再根据客人的重要程度依次倒酒。为表敬意，顺序是先给主宾倒酒，再给其他客人倒酒。如果酒比较名贵，可以先给客人看酒的标签、年份，并做简要介绍，给席上了解酒的客人添个话题。

（2）斟酒。斟酒前，准备好酒杯，并放在餐桌上。斟酒时，酒瓶不要碰到酒杯口，倒酒时一般以五分到八分满为宜，切勿倒满酒杯。

（3）敬酒。无论在中式宴请或者西式宴请中，敬酒都是一门学问，敬酒者要注意观察客人年龄大小、职位高低、宾主身份，给尊者、长者优先敬酒，并使用一些恰当的祝酒辞。正式宴会开始时，主人需举起酒杯敬酒，正确的姿势是，上身要笔挺，双腿站稳，双手举起酒杯，待客人先饮，自己再饮。如有客人敬酒时，要表现得恭敬，并与客人碰杯。

（4）喝酒。浅酌即可，切勿先干为敬。

（5）劝酒。劝酒有度，但切勿强人所难，特别注意不要强迫不会喝酒或不宜喝酒的客人喝酒，如年长者、女士、孩童等。

（6）酒杯准备。饮用不同的酒需准备不同的杯子。西式宴请中常见的酒杯配酒如图 4. 35 所示。

2. 宾客礼仪

（1）敬酒。主人敬酒后，宾客方可开始敬酒，主人尚未敬酒时，客人切勿喧宾夺主先敬酒。第一次敬酒要从主人开始，其次向女士、长辈或领导敬酒，其他客人以由近而远的顺序敬酒。有人敬酒时，若不能离席，距离较近者，可举杯轻碰；距离较远者，可以点头、举杯致意。

（2）喝酒。浅酌即可，切勿先干为敬、边吃边喝。正确的姿势是先摇动酒杯，再倾斜斟酒，将酒慢慢送入口中。

（3）劝酒。劝酒有度，但切勿强人所难。

（4）交谈。应主动与在座宾客交谈，尤其是邻座宾客。还可以使用祝酒词来增加气氛。

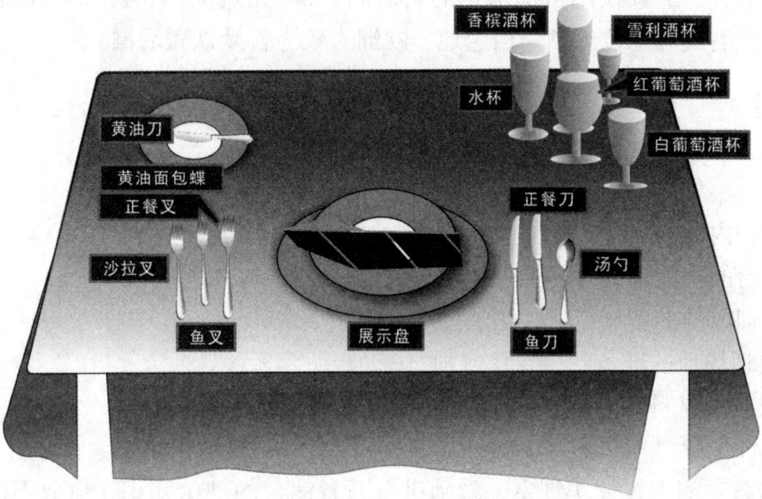

图 4. 35　西式宴请中常见的酒杯

（三）上酒流程

西餐的特点是令人在用餐的同时，享受一种优雅、浪漫和温馨。酒是一种能够营造浪漫氛围的特殊饮品，所以酒在西餐中有着特殊的地位，不仅种类多，而且各有各的配菜，各有各的喝法。

西餐中酒的种类有：餐前酒、佐餐酒、甜点酒、餐后酒。西餐对酒的功能和种类的研究源远流长，也十分讲究。一个完整的西餐流程，其酒水分类也不同，具体而言，如图 4. 36 所示。

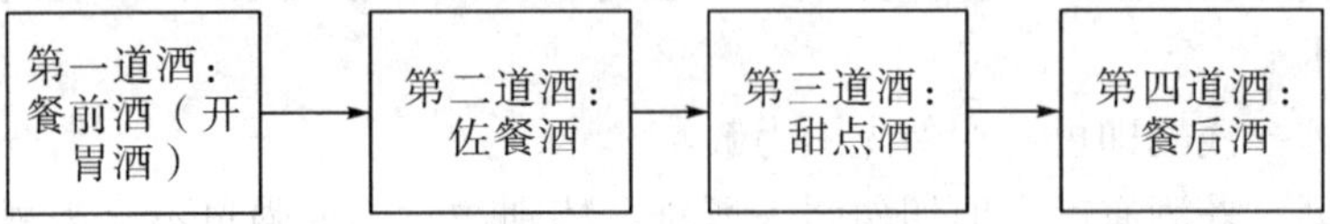

图 4. 36　西式宴请上酒流程

1. 第一道酒：餐前酒

餐前酒也称开胃酒，大约在餐前 30 分钟时饮用，或在吃开胃菜时与之配合饮用。目的是增添气氛，但不宜喝太多，否则会影响食欲。在一般情况下，人们喜欢在餐前饮用的酒有香槟、鸡尾酒、味美思等。开胃酒饮完，正餐方可开始。

2. 第二道酒：佐餐酒

佐餐酒也称餐酒，是在正式用餐期间饮用的酒水，通常配合主菜饮用。西餐里的佐餐酒均为葡萄酒，而且大多数是干葡萄酒或半干葡萄酒。选用的酒的浓淡应与菜的口味相搭配。通常来说白葡萄酒宜配鱼、白肉或酱色不深的肉，红葡萄酒宜配红肉（猪肉、牛肉）或酱色浓厚的菜。

3. 第三道酒：甜点酒

正餐用毕，期间会搭配甜点上一些含糖量较高的酒，如雪利酒、甜波特酒等。

4. 第四道酒：餐后酒

甜点结束后，适宜饮用帮助消化的餐后酒，常见的餐后酒有：加糖的苦酒、威士忌、波尔图红酒或马德拉红酒、白兰地。欧洲人较为喜爱饮餐后酒。

【实训设计】

实训技能一　西餐铺台

一、实训内容

西餐铺台的技能训练。

二、实训前的准备

（1）实训场地的准备：多媒体实训室一间。

（2）设备及材料的准备：6 人餐台数张、西式台布数块等。

三、实训步骤

（1）准备一间多媒体实训室，教师讲解西餐铺台的理论知识，播放不同西餐铺台方法的相关视频，使学生对西餐铺台技能和方法有基础性的了解。

（2）学生以6人为一个单位，进行分组，选出组长，在组长的带领下，学生按照之前讲解的知识，练习不同方式的铺台技能。

（3）教师纠正错误并示范和讲解正确的方法。

（4）教师考核并指出存在的问题，小组成员讨论总结。

四、实训（练习）方法

1. 铺“一”字形台面

（1）学生站立于餐台长侧边；

（2）把台布横向打开；

（3）双手捏住台布的一侧，将台布送至餐桌另一侧；

（4）把台布从餐桌另一侧向身体一侧慢慢展开；

（5）台布中股缝要向上，四周下垂部分等长；

（6）铺好的台布应平整，无褶皱和凸起。

2. 铺“T”形台面

（1）将几块台布拼铺在一起；

（2）拼补时，两块或多块台布的股缝方向一致；

（3）台布的连接边缘要重叠；

（4）台布下垂部分要平行相等。

（5）铺好的台布应平整，无褶皱和凸起。

实训技能二　西餐摆台

一、实训内容

西餐摆台方法和规则训练。

二、实训前的准备

（1）实训场地的准备：多媒体实训室一间。

（2）设备及材料的准备：展示盘、主餐刀、主餐叉、鱼刀、鱼叉、汤叉、甜品匙、甜品叉、甜品刀、色拉刀、色拉叉、面包盘、黄油刀、黄油碟、红葡萄酒杯、白葡萄酒杯、水杯、餐巾折花若干、烛台、盐瓶、胡椒瓶、烟缸、火柴盒各2个，每张台插花一盘。

三、实训步骤

（1）准备一间多媒体实训室，教师讲解西餐铺台的理论知识，播放不同西餐铺台方法的相关视频，使学生对西餐铺台技能和方法有基础性的了解。

（2）学生以6人为一个单位，进行分组，选出组长，在组长的带领下，学生按照之前讲解的知识，练习不同方式的铺台技能。

（3）教师纠正错误，并示范和讲解正确的方法。

（4）教师考核并指出存在的问题，小组成员讨论总结。

四、实训（练习）方法

基本要领：左叉右刀，先里后外，刀口朝盘，各种餐具成线，餐具与菜肴配套，如图4.37所示。

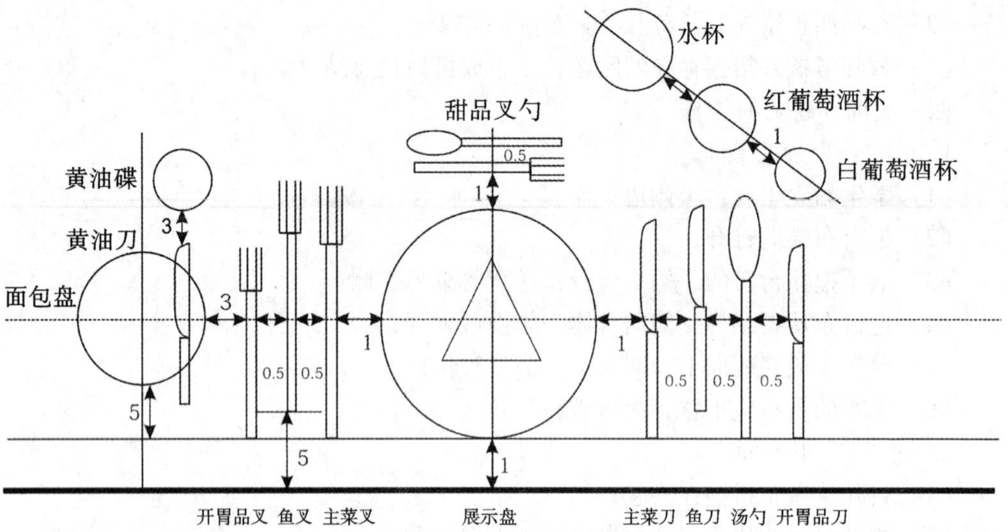

图 4.37　西餐摆台标准示意图

摆放餐、酒用具的顺序与标准：

（一）摆展示盘

可用托盘端托，也可用左手垫好口布。口布垫在餐盘盘底，把展示盘托起，从主人位开始，按顺时针方向用右手将餐盘摆放于餐位正前方。盘内的店徽图案要端正，盘边距桌边1厘米，餐盘间的距离要相等。

（二）摆面包盘、黄油碟

展示盘左侧5厘米处摆面包盘。面包盘与展示盘的中心轴取齐，黄油碟摆在面包盘右前方，距面包盘3厘米，图案摆正。

（三）摆餐刀、叉、勺

从展示盘的右侧顺序摆放餐刀、叉、勺。摆放时，应手拿刀、叉、勺柄处，从主刀开始摆。①主刀摆放于展示盘的右侧，与餐台边呈垂直状，刀柄距桌边1厘米，刀刃向左，与展示盘相距1厘米。②鱼刀、头盘刀、汤勺、餐具摆放间距0.5厘米，手柄距桌边1厘米，刀刃向左，勺面向上。③主叉放于展示盘左侧，与展示盘相距1厘米，叉柄距桌边1厘米。④摆放鱼叉时，鱼叉柄距桌边5厘米，叉头向上突出。头盘叉（开胃叉）叉面向上，叉柄与主叉柄平行。甜食叉，放在展示盘的正前方，叉尖向左与展示盘相距1厘米。⑤甜食勺，放在甜食叉的正前方，与叉平行，勺头向左，与甜食叉的叉柄相距0.5厘米。⑥黄油刀斜放在面包盘上，刀刃向左，黄油刀中心与面包盘的中心线吻合，刀柄朝右下方，与面包盘水平线呈45°角。⑦在展示盘的正前方摆水果刀、叉时以叉压刀成斜十字形，刀刃向左下方，刀柄指向右下方，叉尖指向右上方，叉柄指向左下方。也可将甜食勺放在水果刀、叉的上面，勺面向上，勺柄朝右。

（四）摆酒具

摆酒具时，要拿酒具的杯托或杯底部。①水杯摆在主刀的上方，杯底中心在主刀的中心线上，杯底距主刀尖 2 厘米。②红葡萄酒杯摆在水杯的右下方，杯底中心与水杯杯底中心的连线与餐台边呈 45°角，杯肚间距 1 厘米。③白葡萄酒杯摆在红葡萄酒杯的右下方，其他标准同上。

（五）摆放餐巾

餐巾折花放于展示盘内，餐巾折花花型搭配适当，将观赏面朝向客人。

（六）摆蜡烛台和椒、盐瓶

西餐宴会一般摆两个蜡烛台，蜡烛台摆在台布的中线上、餐台两侧适当的位置。椒、盐瓶要在台布中线上按左椒右盐对称摆放，瓶壁相距 0.5 厘米，瓶底与蜡烛台台底距离 2 厘米。

（七）摆烟灰缸、火柴

烟灰缸要放在正、副主人的正前方，它的中心在正、副主人展示盘的中心垂直线上，距椒、盐瓶 2 厘米。火柴平架在烟灰缸上端，画面向上。摆放时，从第一主人右侧开始，每隔一位摆放一个烟灰缸。

五、注意事项

（1）摆台前，应及时检查摆台所用的餐、酒用具，发现不洁或有破损的餐具要及时更换，要保证用品符合干净、光亮、完好的标准。

（2）摆放时，手不可触摸盘面或杯口。

（3）摆台时，要用托盘盛放餐具、酒具及用具。

（4）摆放金、银器皿时，应佩戴手套，保证餐具清洁，防止污染。

（5）注意西餐餐具摆放的顺序。先摆餐盘（装饰盘）以定位，后摆各种餐刀、叉、匙，再摆面包盘等，最后摆各种酒杯。

情景模拟与角色扮演

一、实训内容

A 公司刚完成一项重要的工作，公司总裁张先生委托办公室小任组织相关人员到西餐厅用餐，以示庆贺。假如你是其中的一员，应注意哪些西餐礼仪？

二、实训步骤

（1）教师介绍本次实训的内容和模拟实训的情景。

（2）教师示范讲解西餐位次的排列、桌次的排列、上菜顺序、餐具的使用、用餐举止等方面的规则和技巧。

（3）根据模拟活动情景分组，把全班同学分成每组 8 人。

（4）根据任务活动场景进行角色分工。

①公司总裁——张先生。

②公司副总经理——唐先生。

③公司企划部经理——年长的王女士。

④公司营销部经理——年轻的黄小姐。

⑤公司市场部经理——中年的杨先生。

⑥公司财务部经理——何先生。

⑦公司业务主管——孙小姐、胡小姐。

（5）全组讨论本组角色位次排列。

（6）西餐宴请训练。

①抽签排序，一组一组进行。

②一组模拟时，其他组观摩并指出问题。

（7）教师考核。

（8）师生点评。

三、任务考核

教师负责考核。考核评分标准如表 4.2 所示。

表 4.2　　西式宴请礼仪考核评分标准

组别________　　姓名________　　时间__________

评价项目与内容		应得分	扣分	实得分
准备工作	角色定位及时，模拟出场迅速	5		
	实训过程协调良好	5		
基本知识掌握	熟悉西餐宴请基本知识及要求	10		
神态举止	座位的选择	10		
	入座的方式	5		
	良好的坐姿	5		
	菜肴食用	10		
	进餐的风度	10		
	餐具的使用	10		
观摩讨论	观摩认真	5		
	积极讨论	5		
实训笔记	按规定时间上交	5		
	字迹清楚、填写规范、内容详尽完整	5		
	实训分析总结正确	5		
	能提出合理化建议及创新见解	5		
合计		100		

考评教师（签名）：

模块五　商务活动礼仪

仪式是指在指定场合举行的、具有专门程序、规范化的活动。在商务活动中，常见的仪式包括商务签字仪式、庆典仪式、展销会等。仪式礼仪是指在举行特定仪式时所要遵循的礼仪规范。仪式礼仪主要包括仪式准备阶段的礼仪规范、现场组织阶段的礼仪规范以及参加人员的行为礼仪规范等。举办商务仪式，既可表明企业对活动的重视，又可借机扩大企业的知名度。成功的商务仪式，应该能很好地树立企业形象，为企业创造效益。

【礼仪谚语】

得体的、高尚的举止是通行无阻的护照。

——约翰逊

【模块教学目标】

掌握签字仪式、开业庆典、剪彩仪式的流程及礼仪规范。

【知识目标】

1. 掌握签字仪式的程序及活动内容；
2. 掌握各种开业庆典的筹备工作流程、仪式程序与活动内容；
3. 掌握各种剪彩仪式的程序与活动内容。

【技能目标】

1. 掌握签字场地的布置准备；掌握签字文本的格式内容；掌握签字仪式的流程。

2. 掌握嘉宾名单的拟定与邀请方式的选择；掌握场地布置的方法；掌握开业庆典的流程设计及过程组织。

3. 掌握剪彩仪式的流程和活动内容；掌握剪彩场地的布置和位次的排定；掌握对剪彩者的选定和助剪者的礼仪要求。

【素质目标】

1. 培养学生的创意思维和策划能力；
2. 培养学生的团队合作精神与组织协调能力。

任务1　签字仪式

【案例导入】

201×年11月20日，中国科技城（绵阳）科技物流产业园区战略合作框架协议签约仪式在成都举行。市委副书记、市长××出席签约仪式。副市长××在签约仪式上致辞。按照协议，科技城发展投资集团、富临集团、北京弘帆公司作为合作三方，将充分发挥自身优势，利用各自资源，用7~10年的时间，将科技物流产业园打造成为省内一流、全国先进的科技物流产业园区。

思考：

1. 应该由谁准备待签合同的文件？
2. 签署合同文件时，合作的三方签署人名次如何排列？

【任务目标】

通过实训，学生应掌握签字场地的布置准备、签字文本的格式内容和签字仪式的流程。

【理论知识】

签字仪式是指订立合同、协议的各方正式签署合同、协议时所举行的仪式。我国法律规定，只有在当事人达成书面协议并签字时，才能宣告合同成立。因此，当企业之间针对谈判的重大项目达成协议时，一般都要举行签字仪式。举行签字仪式，不仅是对谈判成果的一种公开化、固定化，也是有关各方对自己履行合同、协议所做出的一种正式承诺。

一、签字仪式的准备工作

（1）应做好文本的准备工作，包括对相关文本的定稿、翻译、校对、印刷、装订等，同时也要准备好签字用的文具等相关物品；谈判结束后，双方应组织专业人员按谈判达成的协议做好文本的定稿、翻译、校对、印刷、装订、盖火漆印或单位公章等工作。作为东道主，应为文本的准备工作提供准确、周到、快速、精美的便利条件和服务。合同文本，需要用白纸印成，按大八开的规格装订成册，并以高档质料，如真皮、金属、软木等制成封面。

（2）应与客方商定助签人员。助签人员的主要职责是洽谈有关签字仪式的细节，并在签字过程仪式上帮助翻揭文本，用手指明签字位置。双方代表签字后，助签员互相交换，代表再在对方文本上签字。

（3）确定签字仪式的参加人员。这里应遵循三个原则：一是签字人的身份应与待签文件的性质相符合，二是双方签字人的身份、职位应大致相当，三是双方出席签字仪式的人数应大致相当。

参加签字仪式的人员，基本上应是双方参加会谈的全体人员。如一方要求某些未参加谈判的人员出席签字仪式，应事先征求对方的意见，取得对方同意。一般礼貌的做法是出席签字仪式的双方人数大体相等。有时为表示对本次商务谈判的重视或对谈判结果的庆贺，双方更高一级的领导人也可出面参加签字仪式，级别一般也是对等的。

二、签字仪式的会场准备

签字仪式的会场准备要完成两项内容：一是适当装饰签字仪式会场，二是安置好签字仪式会场的座次排列。

（一）签字仪式会场的装饰

签字仪式会场的布置原则是体现庄重和整洁。

一间标准的签字厅，室内应铺设地毯，摆设正规的签字长桌，长桌应横放于室内。

签字桌上，应铺设深绿色的台布以表正式，并提前放好待签的合同文本、签字笔等签字时所用的文具。

需要在签字仪式会场布置双方的国旗或标志的，以面对会场为准，右侧放客方国旗或标志，左侧放主方国旗或标志。

（二）签字仪式会场的座次排列

从礼仪上来讲，举行签字仪式时，要求双方做到郑重其事，认认真真。举行签字仪式的座次的排列方式更是重中之重。一般而言，举行签字仪式时，座次排列有三种基本方式，即并列式、相对式和主席式，这三种基本排列方式分别适用于不同的具体情况。

1. 并列式排座

并列式排座适用于两方签字仪式。其基本做法是：签字桌在室内面门横放；双方出席仪式的全体人员在签字桌之后并排排列，双方签字人员居中面门而坐，以面门为方向，客方居右，主方居左。具体如图 5.1 所示。双方的助签员应分别站于签字人员的外侧。

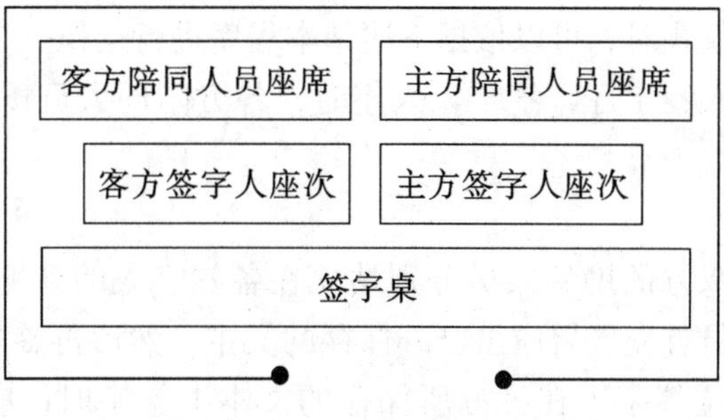

图 5.1　签字仪式并列式排座

2. 相对式排座

相对式排座适用于两方签字仪式。它与并列式签字仪式的排座大致相同。但相对式排座以签字桌为中心，将两方参加签字仪式的陪同人员座席移至签字人对面，如图5.2所示。双方的助签员应分别站于签字人员的外侧。

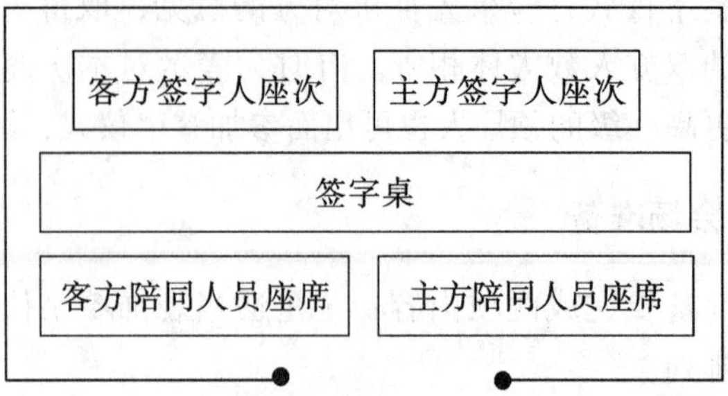

图5.2　签字仪式相对式排座

3. 主席式排座

主席式排座通常适用于多边签字仪式，其操作特点是签字桌仍需在室内横放，签字席仍需设在桌后面对正门，但只设一个，并且不固定其就座者。举行仪式时，所有各方人员，包括签字人在内，皆应背对正门、面向签字席就座。签字时，各方签字人应以规定的先后顺序依次走上签字席就座签字，然后即退回原处就座，如图5.3所示。在签字时各方的一名助签员应站在己方签字人员的外侧，协助其签字。

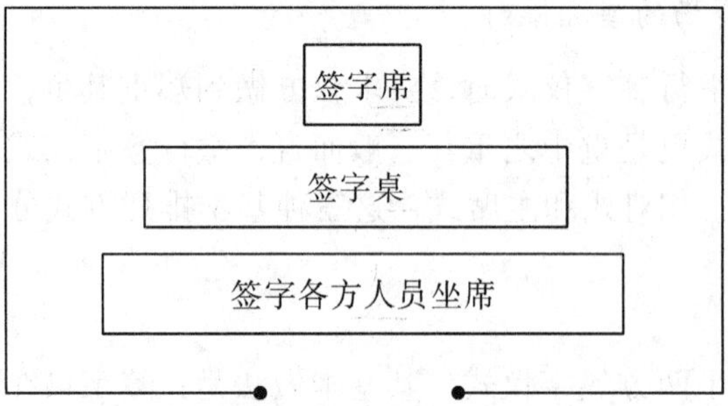

图5.3　签字仪式主席式排座

三、签字仪式的程序

在具体操作签字仪式时，可以依据下述基本程序进行运作。

各方出席人员步入签字厅，签字人入座时，各方陪同人员按身份顺序在既定的位置上就位。

1. 签署文件

通常的做法是，双方的助签人员分别站立在各签字人的外侧，协助翻揭文本，并指明签字处。签字人员首先签署应由己方保存的文本，然后再签署由他方保存的文本。依照礼仪规范，每一位签字人在己方所保存的文本上签字时，应当名列首位。因此，每一位签字人均需首先签署将由己方所保存的文本，然后再交由他方签字人签署。此种做法，通常称为“轮换制”。含义是：在文本签名的具体顺序排列上，应轮流使各方均有机会居于首位一次，以示各方完全平等。

2. 交换文本

签字人互相交换已由各方正式签署的合同文本，并相互握手，彼此祝贺，随后互换签字用笔，以此纪念。此时，全场人员应热烈鼓掌，以表祝贺之意。

3. 饮酒庆贺

有时，签字仪式后会设置共饮香槟酒庆贺的环节。在这种情况下，服务员应在各方签字时，先将酒杯送给参加仪式的人员，待签字仪式交换文本结束后，及时将酒杯呈给各方签字人，并斟酒。各方签字人应同时举杯，当场饮下一杯香槟酒，以示祝贺。这是国际上所通行的增加签字仪式喜庆色彩的一种常规性做法。

4. 对外发布

如果是重大并有影响的或有新闻价值的签字仪式，条件许可时，还可以邀请媒体，待签字仪式结束后举行新闻发布会，也可以在发布会现场签字并随即回答媒体提问。当然，开新闻发布会不是必需的项目。

【实训设计】

实训技能　签字仪式

一、实训内容

各小组拟定主题，并以此为主题，结合签约仪式的相关知识，进行签约仪式的策划和实施。

二、实训前的准备

（1）实训场地的准备：可移动桌椅的教室。

（2）设备及材料的准备：签字桌椅、国旗、文本、文具、参加人员座位、讲台、会标、台签、香槟酒及酒杯、摄像机、其他。

三、实训步骤

（1）课前教师介绍实训场景并提出实训要求。

（2）学生分组，8~10 人为一组，每组确定一个主策划人。两个小组组成一个大组，全班分为 4~6 个大组，模拟双边签约。

（3）各小组拟定一个签约主题和场景，并在双方主策划人的引导下，完成签约文本的撰写和修订，布置会场等工作，分到角色的各成员完成自己的角色任务。

（4）各签约组主持人引导签约仪式的实施。

（5）教师总结和点评学生实训中存在的问题。

四、实训（练习）方法

（1）回答如下四个问题：

①应派哪些人员拟参加合作协议的签字仪式？

②签字仪式现场应如何布置？

③签字仪式的座位应如何排列？

④签字仪式有哪些主要程序和步骤？

（2）请同学们分别扮演两公司的相关人员，草拟一份签字仪式方案。

（3）布置模拟签字厅。

（4）模拟签字仪式。

情景模拟与角色扮演

一、实训内容

A公司陈经理邀请B公司马经理到A公司参加签字仪式，周是B公司的销售部经理，随马经理一起到A公司参加签字仪式。

A公司在签字仪式前应做哪些准备？会场布置需要注意什么问题？签字仪式流程如何安排？签字仪式参加人员应如何确定？参加签字仪式应注意哪些礼仪？

二、实训步骤

（1）教师介绍本次实训的内容和模拟实训的情景。

（2）教师示范讲解签字仪式礼仪及注意事项。

（3）根据模拟活动情景分组，把全班同学分成4~6人一组。

（4）确定模拟活动情景角色。

①陈：A公司总经理。

②马：B公司总经理。

③周：B公司销售部经理。

④张：A公司市场部经理。

（5）剧情模拟内容

陈：马经理，很高兴再次见到您！

马：陈总，我也很高兴我们能再次合作！

张：陈总，这位是B公司销售部周经理。

陈：你好。（与周握手）

周：你好。（与陈握手）

陈：马经理，您一路辛苦，要不要先休息一下？

马：不用了，没关系，我不累，我们直接去签字吧。

陈：好的。

四人走进铺着红地毯的会议室，签字桌上铺着台布，中间放着一团花束。

签字仪式正式开始。

陈：请坐。

合同与签字笔已经在签字桌上放好，周和张分别帮马和陈打开合同。

陈与马审阅后，签字，然后交换合同签字。

陈和马站起来，十分庄重地交换文件，互换签字笔，并热烈握手。

陈：合作愉快！

马：合作愉快！

大家鼓掌。

陈：马经理，小张已经备好休息的酒店，由他先送您去休息，晚上6点我们在酒店一起用餐。

陈：小张，辛苦你为马经理安排一下。

张：好的，陈总。

三、任务考核

教师负责考核。考核评分标准如表 5.1 所示。

表 5.1　签字仪式礼仪考核评分标准

组别__________　姓名__________　时间____________

评价项目与内容		应得分	扣分	实得分
现场布置	布置好签字厅	10		
	准备好相关文件、物品	5		
位次安排	位置安排得当	10		
流程设计	按要求设计流程	10		
	内容完整	10		
	衔接流畅	5		
角色扮演	角色齐全	5		
	举止得体	10		
	发言清晰	10		
	表情自然	5		
实训笔记	按规定时间上交	5		
	字迹清楚、填写规范、内容详尽完整	5		
	实训分析总结正确	5		
	能提出合理化建议及创新见解	5		
合计		100		

考评教师（签名）：

任务 2　开业庆典

【案例导入】

201×年 6 月 6 日，是 A 购物中心隆重开业的日子，购物中心工作人员策划在购物中心前的广场举行开业庆典。

上午 10 时许，应邀前来参加 A 购物中心庆典的领导、各界友人、媒体人员等来宾相继到齐。在举行庆典之际，天公不作美，突然下起倾盆大雨，庆典只好移至购物中心大厅内。一时间，大厅内聚满了参加庆典的人员和避雨的行人。庆典完毕，雨仍没有停，嘉宾和避雨的行人仍然聚集在大厅内。A 购物中心的经理考虑到来宾及避雨的行人短时间内无法冒雨离去，于是当众宣布：“感谢缘分让各位朋友在我们购物中心相聚，共同见证了敝店今天开业的庆典。到场的都是我们的嘉宾，希望大家能同我们共享今天的喜庆。我代表购物中心真诚邀请诸位免费到敝店餐厅共进午餐。”话毕，购物中心大厅内响起一片热烈的掌声。

接下来，各界媒体报道了A购物中心的开业之喜，在媒体和当天受惠顾客的宣传下，A购物中心的知名度迅速提高。A购物中心虽然开业当天额外花费了一笔餐费，却得到了消费者对其美好的形象和风范的认可，生意也做得格外红火。

思考：

1. 开业庆典活动对商家有何重要作用？

2. 如何才能成功筹办开业庆典？

【任务目标】

通过实训，学生应掌握嘉宾名单的拟定与邀请方式的选择、场地布置的方法、开业庆典的流程设计及过程组织。

【理论知识】

一、开业庆典的主要内容

开业庆典又称“开张庆典”，是指经济实体创建、开业，或某一建筑物正式启用，或是某项工程正式开始之际，为了表示庆贺或纪念，而按照一定的程序所隆重举行的商业活动。在日常生活中，公司可以通过开业庆典进行宣传，向世人宣告一个鲜活的商业细胞已经形成。

开业庆典的主要内容包括：开业庆典的准备工作、开业庆典仪式的程序和开业庆典的结束工作三项内容。

（一）开业庆典的准备工作

开业庆典的准备工作主要包括充分宣传、嘉宾邀请、会场布置、人员安排、材料准备等几项内容。

1. 充分宣传

举办开业庆典的目的在于向世人宣告一个新的经济实体的诞生，从来宾出席情况、举办规模、庆典氛围的营造，以及庆典活动的整体效果，都可以给大众诠释一个经济实体的风范和实力。因此，开业庆典是塑造商业实体形象、对商业实体进行较好宣传、吸引社会各界关注的大好机会。做好开业庆典的宣传工作是争取得到社会对企业形象的认可和赞美的基石。因此，可以通过广泛宣传、邀请到开业现场进行采访的新闻媒体和媒体工作人员等为开业庆典作好准备。

2. 嘉宾邀请

首先需拟出出席开业庆典的嘉宾名单，并经领导同意，然后印制精美请柬，提前两三天送交嘉宾处并对其进行正式邀请。一般来说，嘉宾主要包括地方领导、上级主管部门领导、合作单位领导、媒体人员、社会知名人士、同行代表、员工代表、公众等。

3. 会场布置

开业庆典的举办地点通常选择在开业现场，选择室内还是室外，应结合庆典的规模、影响力及举办单位的实际情况来决定，一般来说，礼堂、会议厅、广场等都是较好的举办地点。按开业庆典礼仪的要求，举行开业庆典时，所有在场人员一律站立，故一般不设主席台和座椅。为显隆重与敬客，可在来宾尤其是贵宾站立之处铺设红地毯，摆放鲜花装饰，并在场地四周悬挂横幅、标语、气球、彩带等，在醒目之处摆设来宾赠送的花篮、牌匾等。

4. 人员安排

开业庆典上，主办方要事先安排主持人、发言人、会场工作人员和礼仪小姐，并提前做好预演，保证出场人员均各司其职地完成工作。主持人和发言人发言时要求声音洪亮、口齿清晰、发音清楚。会场工作人员和礼仪小姐原则上应由干练、形象和语言表达能力较好、应变能力较强的青年男女组成，并且最好能在事前开展培训。

5. 材料准备

开业庆典上，应备好主办单位的宣传资料、待客的食品及饮料、会场上的音响及照明设备等，并提前进行检查、调试，以保证开业庆典顺利举行。如果准备了来宾的签到簿，应摆放在宾客入场处。

（二）开业庆典仪式的程序

在正式的开业庆典中，以下介绍的1~4项为开业庆典仪式的主要程序，不可省略。

1. 嘉宾接待和签到

与一般的商业活动相比，开业庆典活动更应体现出对嘉宾的礼遇，使嘉宾感受到主办方的尊重与敬意。因此需要安排专人负责嘉宾的接待及签到，并安排迎宾人员有礼貌地迎接及引导嘉宾入场，且给予热情的服务。

2. 邀请嘉宾入座

在主持人宣布庆典开始前，庆典工作人员应安排嘉宾入座。

3. 主办方负责人致辞

主办方负责人宣布开业庆典开始，应向来宾简要介绍到场嘉宾，以表敬意和隆重，然后先向来宾简短致辞，向来宾及祝贺单位表示感谢，并简要介绍主办单位的经营特色及经营目标等。

4. 领导或来宾代表致辞

在主办方负责人致辞后，可邀请领导或来宾代表致辞，对企业开业表示祝贺。但如果安排有领导或来宾致辞环节，应提前与致辞的领导或来宾协商致辞事宜。

5. 现场提问环节

为表示主办单位的亲民性质，可在开业庆典现场安排主办方负责人回答记者或嘉宾提出的各种问题的环节。本环节也可省略。

6. 邀请来宾参观

如果开业庆典涉及商业生产经营，在有可能的情况下，可安排来宾参观主办方开办的商业实体。本环节亦可省略。

（三）开业庆典的结束工作

根据开业庆典的需要，或安排锣鼓、军乐、礼花、礼炮以助兴，或组织座谈，或宴请招待。

二、开业仪式礼仪的注意事项

对于企业来说，开业庆典的整个过程都是礼待宾客的过程，每个参与者的仪容仪表、言谈举止都关系到企业的形象。一般要注意以下几点：

（一）仪容要整洁

开业庆典的组织者，也包括出席开业庆典的人员事前要作适当的准备。女士要适当化妆，男士应该梳理好头发，剃掉胡须。整个活动现场应给人留下整洁、团结、向上的印象。

（二）服饰要规范

有统一式样制服的单位，应要求以制服作为本单位人士的庆典着装。无制服的单位，应规定届时出席庆典的本单位人员必须穿着礼仪性服装。即男士应穿深色的中山装套装，或穿深色西装套装，配白衬衫、黑色皮鞋。女士应穿深色西装套裙，配长筒肉色丝袜、黑色高跟鞋，或者穿深色的套裤，或是穿花色素雅的连衣裙。倘若有可能，将本单位出席者的服饰统一起来，则是最好的。

（三）时间要遵守

如果庆典的起止时间已有规定，则应当力求按事前宣布的时间准时开始，准时结束，要向社会证明本单位言而有信。

（四）表情要庄重

在庆典举行期间，不允许嬉皮笑脸、嘻嘻哈哈，或是愁眉苦脸、一脸晦气、唉声叹气，否则会使来宾产生很不好的想法。在举行庆典的整个过程中，都要表情庄重、全神贯注、聚精会神。假若庆典之中安排了升国旗仪式，不准不起立、不脱帽、东张西望，更不能不唱或乱唱国歌与“厂歌”。在起立或坐下时，把座椅搞得乱响，一边脱帽一边梳头，或是在此期间走动或与人交头接耳，都应视为损害本单位形象的极其严重的事件。

（五）态度要友好

这里所指的，主要是对来宾态度要友好。遇到了来宾，要主动热情地问好。对来宾提出的问题，都要立即友善地予以答复。在整个活动中，主办方人员不得做与活动无关的事情，也不能心不在焉、东张西望。

（六）要善始善终

仪式活动结束后，宾客要离开时，主办方领导、主持人、服务人员要握手告别，并致以谢意。

【实训设计】

实训技能 开业庆典礼仪

一、实训内容

各小组拟定主题，并以此为主题，结合开业庆典的相关知识，进行开业庆典的策划和实施。

二、实训前的准备

（1）实训场地的准备：多媒体实训教室。

（2）设备及材料的准备：

①场地用物品。它主要包括：场地四周悬挂的横幅标语、气球、彩带、宫灯、来宾签到簿、本单位的宣传材料、待客的饮料、音响、照明设备等。

②馈赠礼品。它主要指向来宾馈赠的礼品。首先，选择的礼品要有宣传性，可以选用本公司的产品，也可以在礼品及外包装上印有本公司的企业标识、广告用语、产品图案、开业日期等。其次，要具有一定的纪念意义，使礼品接受者感到光荣和自豪，从而对其珍惜。最后，要独特。赠送的礼品应当与众不同，具有本单位的鲜明特色，使人过目不忘。

三、实训步骤

（1）课前教师介绍实训场景并提出实训要求。

（2）学生分组，5~6 人为一组，每组确定一名负责人，对其他同学进行角色分工。

（3）各小组拟定一个开业庆典主题和场景，并在负责人的引导下，进行模拟开业庆典的具体问题的讨论。

（4）起草一份开业庆典仪式策划书，并详细安排有关人员做好准备工作（如场地、条幅内容、剪彩人员、主持人、仪式程序等）。

（5）各组将自己庆典仪式仪程及准备工作的说明，形成书面报告，在班级中讨论交流。

（6）教师总结和点评学生实训中存在的问题。

四、实训要求

（1）掌握开业庆典的组织准备和礼仪规范。

（2）在实践中真实体验开业庆典的准备工作、详细内容和礼仪规范，并应用于模拟训练中。

任务 3 剪彩仪式

【案例导入】

B 公司为举行公司周年庆典的剪彩仪式，请来了 A 市长和当地各界名流嘉宾参加，并邀请 A 市长作为该公司的剪彩者。仪式开始时，主持人讲话：“有请 A 市长进行致辞。”但却见A市长脸上显出一丝惊奇和勉强，但还是起身作了简要的发言。A公司顺利完成了剪彩过程。但事后，B公司的领导了解到，原来是剪彩仪式的活动负责人只通知了A市长作为剪彩者，并没有通知到A市长发言致辞，随后将主持人及安排剪彩仪式的负责人进行严肃批评。主持人很委屈，剪彩仪式的负责人也深表歉疚。

思考：

1. 本案例中剪彩仪式上有哪些失误之处？

2. 剪彩仪式应该做好哪些准备工作？

【任务目标】

通过实训，学生应掌握剪彩仪式的流程和活动内容、剪彩场地的布置和位次的排定、对剪彩者的选定和助剪者的礼仪要求。

【理论知识】

剪彩仪式是重要的商业活动之一，指商界的有关单位，为了庆祝公司的成立或周年庆典、项目开工或落成、商店的开张或开业、大型建筑物的启用、道路的开通、展销会或展览会的开幕等而举行的一项隆重的礼仪性程序。一般来说，剪彩仪式可以作为开业庆典的一项程序，也可以独立出来举办。

剪彩仪式的程序主要包括剪彩的准备、剪彩人员的安排、剪彩仪式程序、剪彩人员注意事项四个方面。

一、剪彩的准备

剪彩的准备工作主要涉及场地布置和用具准备等。要求在准备工作中要认真细致、一丝不苟。

（一）场地布置

剪彩活动对场地要求比较严格，包括场地的布置、环境卫生、灯光与音响的设置、现场服务人员的培训及安排等。

（二）用具准备

剪彩仪式需要用到的一些专业用具也要一一备齐，如红色缎带、新剪刀、白色薄纱手套、托盘以及红地毯等。

二、剪彩人员的安排

剪彩的人员必须审慎选择，必要的话可以事先进行培训。剪彩人员主要包括剪彩者及助剪人员。应事先确定剪彩人员名单，特别是剪彩者名单。剪彩人员名单一经确定，应尽早通知到位，保证剪彩人员有充足的时间作好准备，避免突发变故，导致主办方需临时找人凑数。通常，主办方应尊重剪彩人员，确定剪彩者时，要征求个人意见，切勿勉强对方，而剪彩人员也要提前为剪彩仪式作好准备。

（一）剪彩者

剪彩者配备要求：剪彩者是剪彩仪式上的核心人员，是剪彩仪式上持剪刀剪彩的人。依惯例，剪彩者可以是一个人，也可以是多个人，但最多不能超过5个人。通常，剪彩者由上级领导、合作伙伴、社会名流、员工代表或客户代表担任。

剪彩者着装：剪彩仪式上，剪彩者应着套装、套裙或制服，切勿穿着便装，并应将头发梳理整齐。要避免戴帽子、墨镜出席。

剪彩者位次排列：当剪彩者是一个人时，其剪彩时站在正中位置。当剪彩者是多人时，应遵循如下要求：中间高于两侧，右侧高于左侧，距离中间站立者越远，位次便越低，即主剪彩者应居于中央的位置。特别是剪彩者中有外宾时，必须遵从“右侧高于左侧”的国际惯例，若剪彩者中无外宾参加，亦可遵循“左侧高于右侧”的做法。

（二）助剪人员

助剪人员指剪彩者剪彩过程中，为剪彩者从旁边提供帮助的人员。一般由主办方的女职员担任，即所谓的礼仪小姐。从任务分配上来看，在剪彩仪式上服务的礼仪小姐，主要可以分为六类，即：迎宾者、引导着、服务者、拉彩者、捧花者、托盘者。其主要工作内容和人员数量要求如表5.2所示。

表5.2　剪彩仪式中礼仪小姐的分工

序号	岗位	主要工作内容	人员数量
1	迎宾者	在剪彩现场负责嘉宾的迎来送往	多人
2	引导着	剪彩时负责带领剪彩者登台及退场	一人或多人
3	服务者	为出席来宾及剪彩者提供饮料，安排休息之处	多人
4	拉彩者	剪彩时展开并拉直红色绸缎	成双人员
5	捧花者	剪彩时手捧鲜花	一花对应一人
6	托盘者	剪彩时为剪彩者提供剪刀、手套等用品	一人或多人

礼仪小姐的素质要求：相貌较好、身材颀长、年轻健康、气质高雅、音色甜美、反应敏捷、机智灵活、善于交际。

礼仪小姐的着装要求：化淡妆、盘起头发，穿款式、面料、色彩统一的单色旗袍，配肉色连裤丝袜、黑色高跟鞋。除戒指、耳环或耳钉外，不得佩戴其他任何首饰。有时，礼仪小姐身穿深色或单色套裙亦可。但是，她们的穿着打扮必须尽可能地整齐划一。必要时，可向外单位临时聘请礼仪小姐。

三、剪彩仪式程序

剪彩仪式举行的时间不宜过长，程序宜紧凑，过程要流畅，通常时间保持在一刻钟到一小时之间即可。一般来说，应包含如下六项基本程序：

第一项，请来宾就位。在剪彩仪式上，通常只为剪彩者、来宾和本单位的负责人安排座席。剪彩仪式开始前片刻，即应敬请大家在已安排好的座位上就座，在一般情况下，剪彩者应就座于前排易于出入处。

第二项，仪式正式开始。通常由主持人宣布仪式开始。此时，应播放音乐或有请乐队奏乐，现场可燃放鞭炮，全体到场者应热烈鼓掌。随后，主持人应向全体到场者介绍到场的重要嘉宾。

第三项，奏国歌。此刻全体到场人员必须起立，必要时，亦可随之演奏本单位标志性歌曲。

第四项，进行发言。发言者依次应为东道主单位的代表、上级主管部门的代表、地方政府的代表、合作单位的代表等。发言内容应言简意赅，每人不超过三分钟，重点应为介绍、道谢与致贺。

第五项，进行剪彩。首先由礼仪小姐在乐曲声中引领剪彩者步入主办单位安排站立的位置。该环节中，礼仪小姐的数量及站位，都需要提前安排并彩排。主持人向全体到场者介绍剪彩者。随后，拉彩者拉起、展开红绸及彩球。在剪彩者剪断红绸、彩球落盘时，全体出席人员应热烈鼓掌，必要时还可燃放鞭炮。

第六项，后续活动。通常在剪彩之后，主办方应陪同来宾参观被剪彩的项目。主办单位还可安排一些文艺、联谊、座谈、签名、题词等后续活动。随后主办单位向来宾赠送纪念性礼品，并以自助餐款待全体来宾。至此，仪式宣告结束。

四、剪彩人员注意事项

（1）所有剪彩人员在剪彩仪式上的操作应保证标准无误。特别是进行正式剪彩时，剪彩者与助剪人员的具体做法必须合乎规范。

（2）当主持人宣告进行剪彩之后，礼仪小姐应率先登场。在上场时，礼仪小姐应排成一行行进，从两侧同时登台。登台之后，礼仪小姐开始完成各自负责的不同任务。其中，拉彩者与捧花者应当站成一排，拉彩者处于两端拉直，并展开红色绸带，捧花者每人双手手捧一朵花团。托盘者须站立在拉彩者与捧花者身后一米左右，并且自成一行。

（3）在剪彩者登台时，引导者应在其左前方进行引导，使之各就各位。剪彩者登台时，宜从右侧出场。当剪彩者均已到达既定位置之后，托盘者应前行一步，到达剪彩者的右后侧，以便为其递上剪刀、手套。剪彩者若不止 1 人，则其登台时，亦应列成一行，并且使主剪者行进在前。

（4）在主持人向全体到场者介绍剪彩者时，剪彩者应面含微笑向大家欠身或点头致意。剪彩者行至既定位置之后，应向拉彩者、捧花者含笑致意。当托盘者递上剪刀、手套时，亦应微笑着向对方道谢。

（5）在正式剪彩前，剪彩者应首先向拉彩者、捧花者示意，待其有所准备后，集中精力，右手持剪刀，表情庄重地将红色绸缎一刀剪断。若多名剪彩者同时剪彩时，其他剪彩者应注意主剪者动作，与主剪者协调一致，力争同时将红色绸带剪断。

（6）剪彩以后，红色花团应准确无误地落入托盘者手中的托盘里，切勿使之坠地。为此，需要捧花者与托盘者合作。剪彩者在剪彩成功之后，可以右手举起剪刀，面向全体到场者致意，然后放下剪刀，脱下手套，至于托盘内，举手鼓掌。接下来，剪彩者可依次与主人握手道喜，并列队在引导者的引导下退场。退场时，一般宜从右侧走向台下。

（7）待剪彩者退场后，礼仪小姐方可从队列右侧退场。

（8）剪彩者和助剪人员在上下场时，要注意井然有序、步履稳健、神态自然，在剪彩过程中更要表现得自然大方、情绪乐观。

【实训设计】

实训技能　剪彩仪式礼仪

一、实训内容

各小组拟定主题，并以此为主题，结合剪彩仪式的相关知识，进行剪彩仪式的策划和实施。

二、实训前的准备

（1）实训场地的准备：多媒体实训教室。

（2）设备及材料准备：红色缎带、新剪刀、白色薄纱手套、托盘、彩球、彩带以及红色地毯等。

三、实训步骤

（1）课前教师介绍实训场景并提出实训要求。

（2）学生分组，5~6 人为一组，每组确定一名负责人，对其他同学进行角色分工。

（3）各小组拟定一个剪彩仪式主题和场景，并在负责人的引导下，进行模拟剪彩仪式具体问题的讨论。

（4）撰写一份详细的剪彩仪式仪程，并详细安排有关人员做好准备工作（如场地、条幅内容、剪彩人员、主持人、仪式程序等）。

（5）各组将自己的剪彩仪程及准备工作说明，形成书面报告，在班级进行讨论交流。

（6）教师总结和点评学生实训中存在的问题。

四、实训要求

（1）掌握剪彩仪式的组织准备和礼仪规范。

（2）在实践中真实体验剪彩仪式的准备工作、详细内容和礼仪规范，并应用于模拟训练。

情景模拟与角色扮演

×服装公司新店开业庆典及庆典上的剪彩仪式

一、实训内容

×服装公司新店举行开业庆典，公司的诸多高层领导参加了该店面的剪彩仪式；同时，请来一位明星参加开业剪彩仪式。×服装公司新店开业庆典仪式仪程及准备工作有哪些？剪彩仪式的组织准备要注意什么？礼仪规范如何体现？

二、实训步骤

（1）教师介绍本次实训的内容和模拟实训的情景。

（2）教师示范讲解庆典礼仪、剪彩仪式礼仪及注意事项。

（3）根据模拟活动情景分组，把全班同学分成7~10人一组。

（4）确定模拟活动情景角色。

【角色】

总经理1人，主持人1人，接待员1人，女明星1人，礼仪小姐3人，服装秀模特3人，客串来宾6人。

【道具】

三套旗袍、红色绸缎一条、拉花、三只托盘、两把剪刀、音响、音乐、话筒、礼炮、彩色气球、签到簿、签字笔、盆花、红地毯、标签。

【场景布置】

黑板布置：黑板（热烈庆祝×服装公司新店隆重开业）。

奖台布置：两边悬浮彩色气球，增添喜庆氛围。

讲话台布置：讲话台正中前方位置摆一团花，以示隆重。

台下布置：靠两墙排列两列椅子（整齐排列），在椅子上铺上拉花。

一、迎接、招呼、接待

场景布置：门口（入口处）三位礼仪小姐身着旗袍做迎接工作，其中两位礼仪小姐面对面站于门口，另一位站于签到台的右侧。门口处设一桌一椅，在桌上放置签到标签、签到簿和签字笔，接待员站立于此桌前，做来宾签到工作。当一切准备工作完毕后，各就各位，由接待员播放音乐。来宾依次进入会场。

来宾1进场。

礼仪小姐1：欢迎光临。

来宾1点头示意。

接待员：先生，您好！请到这边签到！

来宾1：好！

总经理上前与来宾1握手迎接，说道：××，欢迎啊，一路辛苦，请到我们休息室休息一会儿。

礼仪小姐2带路。

来宾1：兄弟办喜事，必须道贺啊。不辛苦，倒是你辛苦啦！好的，我先到里屋去坐坐。

总经理：嗯，好！那先休息。礼仪小姐2。

礼仪小姐2：哎！

总经理：招待一下我们的来宾1。

礼仪小姐2：好的！

总经理对来宾1说：来，兄弟，请！

来宾1走进休息室。

礼仪小姐2：来宾1，请坐！

来宾1：谢谢！

礼仪小姐2给来宾1倒水、敬茶：来宾1，请喝茶！请您在这儿休息一会儿。

来宾1：好的，谢谢！

礼仪小姐2退下，走到休息室门口。

来宾2等人进场。

礼仪小姐1：欢迎光临。

来宾2等人依次进入，点头示意。

接待员：请各位来宾到这边签到。

来宾2：好的。

然后，来宾依次签到。

来宾相继走进会场，总经理与各位来宾闲谈，互赠名片。

门口两位礼仪小姐待最后一位来宾进入休息室后，走进会场奖台两边，站好。

主持人走上主席台，说：请各位安静！我们的开业仪式马上就要开始了，请各位到主会场入座。

礼仪小姐3站于休息室门口做请的手势，总经理和来宾随秘书走进会场。礼仪小姐3于最后进入会场门口，站立于此。

主持人说：请各位来宾们入座。（做邀请入席手势）

二、主持人致辞

待来宾入座后，接待员关掉音乐。

主持人走上讲台，拿起话筒：

尊敬的各位领导、各位来宾，女士们、先生们：

大家好！

非常荣幸能担任此次盛典的主持人，我是×公司的秘书长。很高兴大家能聚于此地并以饱满的热情来参加我们公司新店开业庆典仪式。朋友们，首先请允许我代表主办方向各位的光临表示热烈的欢迎。（鼓掌）下面我为大家介绍今天在场的嘉宾，他们是……同时，莅临今天现场的还有一位神秘嘉宾，那就是我们最当红的影视明星1。（主持人鼓掌）。有请明星1。今天，明星1的造型有点特别，她身着的这套黑色“礼服”是我们公司在国际时装大赛上的获奖作品，很高兴地向大家宣布，明星1已经正式与我公司签约，成为我公司的形象代言人。

明星1走到总经理前，伸出手与总经理握手：总经理，您好！

总经理：您好！请坐！（向明星1示意坐下）

明星1坐下。

主持人说：好！下面邀请我们×公司的总经理致辞。

观众鼓掌。

三、总经理致辞

各位服装行业的伙伴们，真诚欢迎您的到来！感谢大家一直以来对我公司的支持与帮助。

当今社会，只有合作才能让我们实现共赢。×公司需要精诚合作的团队来支撑，加盟者是我们成长的巨大助力，我们一直在寻找事业的伙伴，只要您信任我们，我们随时欢迎您的加入。

我们企业的目标是："办全世界知名的服装品牌。"企业的经营理念是："我们用心，让您穿得温馨。"

这一理想的实现，需要这个大家庭中你、我、他每一位员工积极发扬崇高的企业精神，以高度的主人翁责任感、使命感，与企业同呼吸、共命运，在各自的岗位上，勤奋敬业，尽职尽责，奋力拼搏。希望我们的平台能给您更大的舞台。

最后，我要再次对参加×公司新店开业庆典仪式的来宾们表示最诚挚的感谢！谢谢你们的支持！谢谢！（鼓掌）

主持人说：感谢总经理，相信我们公司有了总经理的领导，我们的事业将会越做越强。

四、剪彩仪式

三位礼仪小姐准备剪彩道具，并排成一队，准备上场。

总经理和明星依次走上台，站立于台上。三位礼仪小姐端着托盘走上讲台，站成一排，把红绸缎拉好。

主持人：请总经理和明星拿起剪刀。现在，我们开始倒数：3，2，1。

总经理和明星一起剪断红绸。观众热烈鼓掌。

主持人说：现在是8点58分，这是个非常吉利的时刻，它预示着我们服装旗舰店今后的经营发展一定会越走越顺畅。

五、服装秀

主持人说：接下来是×公司的服装秀，请大家欣赏。

音乐响起。

主持人说：现在有请我们的模特儿！

观众鼓掌。

模特1出场。

主持人说：这是我们公司今年秋天最新款的皮革装，它不仅保暖，而且十分时尚。我相信穿上它，你会拥有的不只是强大的气场。若您喜欢它的话，不妨将它收入衣柜中。

模特2出场。

主持人说：这是我们公司今年秋季新品展示中最耀眼的一款衣服，它不仅在材质上实现了突破，更是在设计上增添了时尚与优雅结合的元素。我们使用的这种新材质更加亲肤，穿上它，您获得的不只是舒适。

模特3出场。

主持人说：这是我们公司今年最热卖的一款衣服，自从今年3月以来，此款衣服都是销售线上的火热产品，我们相信我们的品牌，我们也相信您的眼光。

观众鼓掌，音乐响起。

主持人说：尊敬的各位来宾，今天是个好日子，让我们记住今天这个盛典，让我们为×这个品牌而惊叹。当然，今天我是最最荣幸的一位，因为我有最后的发言权：

×服装公司开业庆典到此结束。

全场来宾鼓掌。

活动结束。

三、任务考核

教师负责考核。考核评分标准如表 5.3 所示。

表 5.3　开业庆典礼仪考核评分标准

组别＿＿＿＿＿　姓名＿＿＿＿＿　时间＿＿＿＿＿＿

评价项目与内容		应得分	扣分	实得分
准备工作	角色定位及时，模拟出场迅速	5		
	试训过程全组协调良好	10		
基本知识掌握	熟悉庆典活动、剪彩礼仪及应注意的问题	10		
流程设计	名单确定合理	5		
	会场布置恰当	10		
	来宾接待得当	10		
角色扮演	角色齐全	5		
	举止得体	10		
	发言清晰	10		
	表情自然	5		
实训笔记	按规定时间上交	5		
	字迹清楚、填写规范、内容详尽完整	5		
	实训分析总结正确	5		
	能提出合理化建议及创新见解	5		
合计		100		

考评教师（签名）：

模块六　会议谈判礼仪

会议是商务活动的有机组成部分，商务人员在日常工作交往中必不可少的一项活动就是参加会议以及商务洽谈。会议及商务洽谈是在人与人之间进行的，整个过程是一个人际交往的过程。人际关系在洽谈中起着十分微妙的作用。道德水平低、礼仪修养差的人和企业，是无信誉可言的，在商场上要想取得成功很难。而如果能够在会议及洽谈中体现出个人及企业良好的礼仪修养，那么将有助于会议及洽谈的顺利进行，甚至能起到事半功倍的效果。

【礼仪谚语】

有礼貌不一定总是智慧的标志，可是不礼貌总使人怀疑其愚蠢。

——兰道尔

【模块教学目标】

1. 了解会议及谈判礼仪的基本知识；
2. 掌握会议及谈判准备所涉及的礼仪要求。

【知识目标】

1. 掌握组织会议、接待会议以及参加会议的相关礼仪规范；
2. 掌握组织和参加茶话会的礼仪规范；
3. 掌握谈判前、中、后期整个过程的礼仪要求。

【技能目标】

1. 能进行日常商务会议的组织策划；
2. 能掌握参加会议及谈判要求的个人服饰、举止等礼仪行为。

【素质目标】

1. 培养学生的个人素养和职业素质，在提高自身综合素质的同时，帮助其顺利进行组织、策划、开展各种会议及谈判等商务交往；

2. 培养学生的会议组织能力及沟通能力。

任务1 商务会议礼仪

【案例导入】

发放资料的学问

天地石化股份有限公司董事会召开会议讨论从国外引进化工生产设备的问题。秘书小李负责为与会董事准备会议所需文件资料。因有多家国外公司竞标，所以材料很多。由于时间仓促小张就为每位董事准备了一个文件夹，将所有材料放入文件夹中。有三位董事在会前回复说因有事不能参加会议，于是小张就未准备他们的资料。不想，正式开会时其中的两位又赶了回来，结果会上有的董事因没有资料可看而无法发表意见，有的董事面对一大摞资料不知如何找到想看的资料，从而影响了会议的进度。

思考：

你知道应如何发放资料才能避免此类事件的发生?

【任务目标】

通过学习会议的组织策划，学生应了解会议准备的内容；掌握商务会议工作流程及制定方法；掌握组织会议、接待会议以及参加会议的相关礼仪规范；掌握会议座次安排的原则和质询礼仪。

【理论知识】

一、会议的分类

按参会人员可把会议分成公司外部会议和公司内部会议。公司外部会议有产品发布会、研讨会、座谈会等；公司内部会议包括工作定期的周例会、月例会、年终总结会、表彰会、计划会等。

二、会议礼仪

会议礼仪，是会议前、会议中、会议后，参会人应注意的礼仪事项，掌握会议礼仪对会议精神的执行有较大的促进作用。

现代化的会议离不开各种辅助器材，在召开会议之前，应把各种辅助器材准备妥当，并且需要反复确定与会者名单，以确保所有与会者都能收到通知并按时出席会议。

会务中，也需遵循一定的礼仪规范。首先，正式的外部会议应该有专门的人员负责与会人员的报到与接待，组织与会人员签到，并引领其入场等；会议开始后，需要有专人负责做好会议记录，必要时还需把会议记录整理汇编，之后再分发给相关人员；同时，整个会议期间，都需要做好周到的后勤保障及安保工作。

会议结束后，会议的组织方还应该做到周到的会后工作。它主要包括安排与会人员有秩序地离场，撰写会议纪要，对会议工作进行总结，对会议上涉及的催办与反馈等工作做好会后的跟踪衔接，确保会议精神落到实处。最后，还应该将会议涉及的文书进行立卷归档，以备以后随时查询。

会务工作流程具体如图 6.1、图 6.2 和图 6.3 所示。

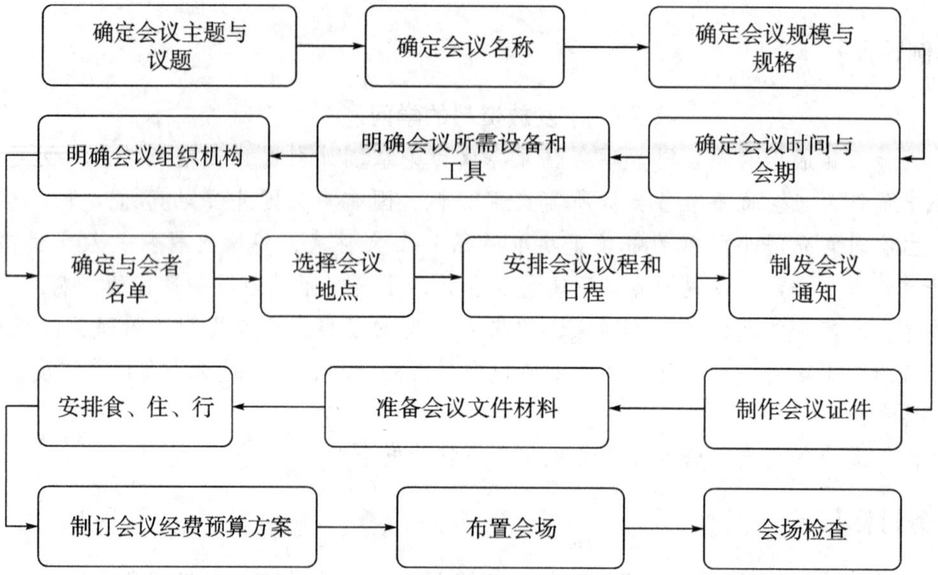

图 6.1　会务工作流程图（会前）

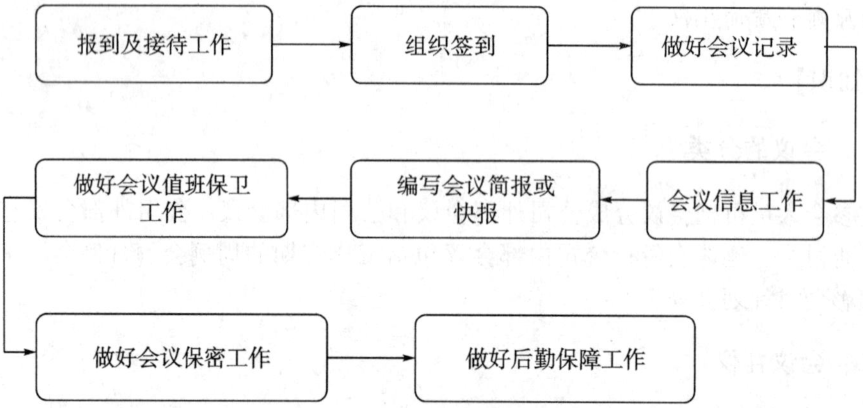

图 6.2　会务工作流程图（会中）

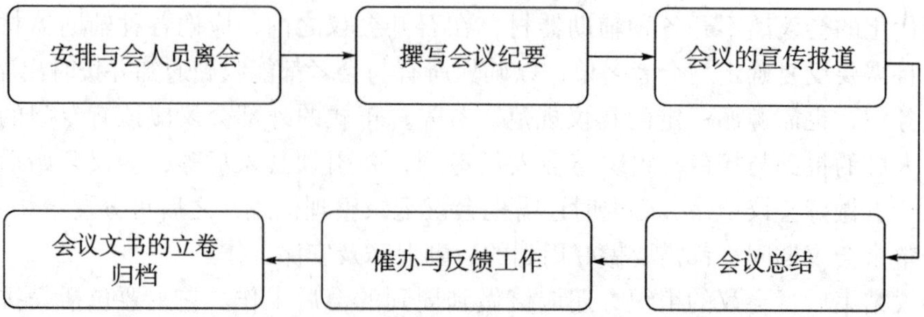

图 6.3　会务工作流程图（会后）

三、会议参会人员的一些礼仪

（一）主持人的礼仪

各种会议的主持人，一般由具有一定职位的人来担任，其礼仪表现的好坏对会议能否圆满成功有着重要的影响。

（1）主持人应衣着整洁、大方庄重、精神饱满，切忌不修边幅、邋里邋遢。

（2）走上主席台应步伐稳健有力，行走的速度因会议的性质而定，一般来说，热烈的会议步频应较慢。

（3）入席后，如果是站立主持，应双腿并拢，腰背挺直。持稿时，右手持稿的底中部，左手五指并拢自然下垂。双手持稿时，应与胸齐高。坐姿主持时，应身体挺直，双臂前伸。两手轻按于桌沿，主持过程中，切忌出现搔头、揉眼、拦腿等不雅动作。

（4）主持人应口齿清楚，思维敏捷。

（5）主持人应根据会议性质调节会议气氛，或庄重，或幽默，或沉稳，或活泼。

（6）主持人对会场上的熟人不能打招呼，更不能寒暄闲谈，会议开始前，或会议休息时间可点头、微笑致意。

（二）会议发言人的礼仪

会议发言有正式发言和自由发言两种，前者一般是领导报告，后者一般是讨论发言。正式发言者，应衣冠整齐，走上主席台应步态自然，刚劲有力，体现一种成竹在胸、自信自强的风度与气质。发言时应口齿清晰，讲究逻辑，简明扼要。如果是书面发言，要时常抬头扫视一下会场，不能低头读稿，旁若无人。发言完毕，应对听众的倾听表示谢意。

自由发言则较随意，应要注意，发言应讲究顺序和秩序，不能争抢发言；发言应简短，观点应明确；与他人有分歧时，应以理服人，态度平和，听从主持人的指挥，不能只顾自己。

如果有会议参加者对发言人提问，应礼貌作答，对不能回答的问题，应机智而礼貌地说明理由，对提问人的批评和意见应认真听取，即使提问者的批评是错误的，也不应失态。

（三）会议参加者的礼仪

会议参加者应衣着整洁，仪表大方，准时入场，进出有序，依会议安排落座。开会时应认真听讲，不要私下小声说话或交头接耳。发言人发言结束时，应鼓掌致意，中途退场应轻手轻脚，不影响他人。

四、会议就座礼仪

如果受到邀请参加一个已排定座位的会议，最好等待工作人员将自己引导到座位上去。座席的配置要和会议的风格和气氛相符，讲究礼宾次序，一般有圆形、口字形、教室形三种配置方法。本书采用国际商务礼仪座次安排以右为尊的原则，在国内政府机构或者国企中，往往会采用以左为尊的原则。

（一）圆形

会议时，使用圆桌或椭圆形桌子，使与会者同领导一起围桌而坐，可以消除上下级不平等的感觉。此外，使用圆桌会议，与会者能清楚地看到其他人的面容，有利于互相交换意见。圆桌形式适用于10~20人的会议。座次安排应注意来宾或上级领导与企业领导及陪同人员面对面做，来宾的最高领导应坐在朝南或朝门的正中位置，企业最高领导与上级领导相对而坐，具体如图6.4所示。

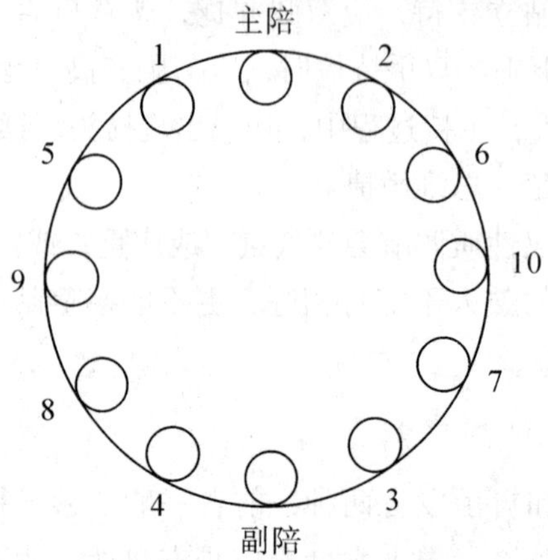

图6.4 圆形会议座次安排

（二）口字形

口字形一般是使用长形方桌进行会议。这种形式比圆桌形更适用于较多人数的会议，具体如图6.5和图6.6所示。

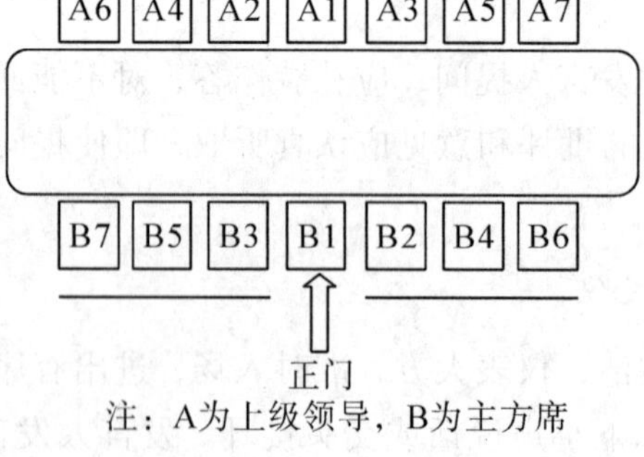

图6.5 口字形（横向）会议座次安排

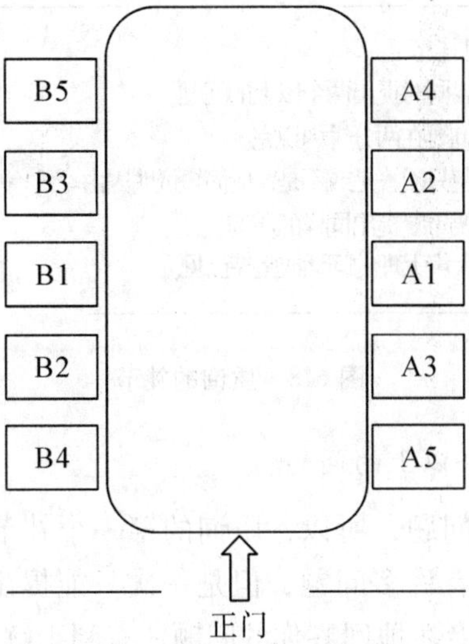

图 6.6　口字形（竖向）会议座次安排

（三）教室形

教室形是采用得最多的一种会议形式，适用于以传达情况、指示为目的的会议，这时与会者人数比较多，而且与会者之间不需要讨论、交流意见。这种形式是主席台与听众席相对而坐。主席台的座次按人员的职务、社会的地位排列。主席台的座位以第一排正中间的席位为上，其余按右为上左为下的原则依次排列，具体如图 6.7 所示。

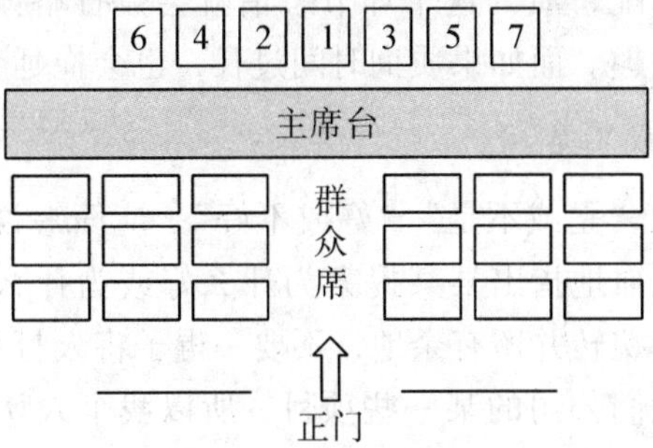

图 6.7　教室形会议座次安排

五、质询的礼节

质询是会议的一项重要内容，一般情况下，与会者遇到质询时总会显得比较紧张，甚至害怕。其实，质询完全是一种有理有据的行为，它的存在是为了让会议的议题更加明确，让会议更容易达成一致。只要每位与会者了解和掌握了质询的礼节，就会明白应该使用何种技巧来正确应对，质询也就不会成为可怕之事了。关于质询的礼节如图 6.8 所示。

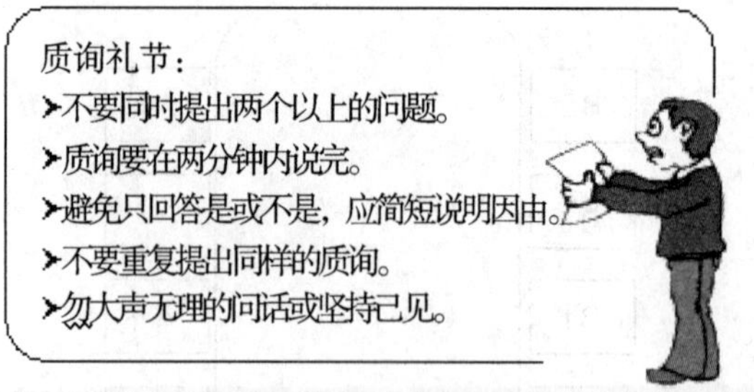

图 6.8　质询的礼节

（一）不要同时提出两个以上的问题

质询也就意味着要提出问题，所以，质询的第一个礼节就是不要同时提出两个以上的问题。即使你目前确实有许多问题，但是一次只能提出一个问题，而且是一对一的提问。这样能让被质询者专注地回答你的问题，有利于解答你心中的疑问。

如果一次提出多个问题，一时之间会令对方不知所措，更不利于解决问题。一对一的提问方式既可以表现出你对对方以及问题本身的尊重，也是一种有礼貌的表现。

（二）质询要在两分钟内说完

会议主席要提前做好会议各项议程的时间段的分配，要专门留出一定的时间供与会者提出质询。而且要事先明文规定，每位提问者必须让自己的提问在两分钟内完成，从而空出更多的时间让被提问者回答。

若不事先做好时间分配，质询这个环节恐怕就会被省略掉，因为过于冗长的会议会让与会者丧失提问的兴趣。而如果质询时间过长，也会拖延会议的进程。

（三）避免只回答是或不是

回答问题时不能只说“是或不是”“好或不好”，应简短说明因由。回答要简洁明了、有理有据。要一针见血地指出某某提案为什么好或为什么不好；另外，回答问题不要过于直截了当，尽量婉转并留有余地，不要一棍子将人打死。比如你可以说：“因为我觉得这个会影响到我们公司的某一些项目，所以我个人认为我们采用其他的方案会更好。”

（四）不要重复提出同样的质询

开会时不要重复提出同样的问题。有些人为了表现自己，即使同样的问题已经有人提出，还是会再提出一次。这种行为实属多余，而且也很不明智，别人提过的问题已经失去了再问的意义，你应该构思其他的问题。而且，这种重复提问还会占据会议的时间，影响他人提问，实在是损人又不利己。

（五）勿大声无理地问话或坚持己见

少数服从多数是会议规则中的一条，强调的是一种集体的声音，压制的是个别不同的声音。所以，如果你的意见与绝大多数人的想法相左，你就要试着去接受大家的意见，而不是坚持己见。

如果你因为自己的意见不被认同而脸色难看甚至在会议中大喊大闹，那不仅于事无补，而且还会让其他与会者觉得你没有风度、气量狭小，甚至会因此而处处树敌，使自己处于孤立的境地，与其如此，还不如顺应“民意”。

【实训设计】

情景模拟与角色扮演

一、实训内容

各小组自选一个主题，并以此主题为中心策划一次公司会议，要求综合运用会议策划相关礼仪知识。

二、实训步骤

（1）准备一间多媒体实训室，课前教师介绍实训场景并提出实训要求。

（2）学生分组，8~10 人为一组，每组确定一个主持人。注意分组应兼顾男女生搭配。

（3）各小组拟定一个会议礼仪场景，并在主持人的引导下交流、修改和整合会议筹备方案，分到角色的各成员完成自己的角色任务。

（4）各小组主持人引导小组讨论、整合成果，并进行交流。

（5）教师总结和点评学生实训中存在的问题。

三、注意事项

（1）会议筹备方案要将各种情况考虑全面。

（2）会议主持人的选择很关键。

四、任务考核

教师负责考核。考核评分标准如表 6.1 所示。

表 6.1　　商务会议礼仪评分表

组别＿＿＿＿＿　　姓名＿＿＿＿＿　　时间＿＿＿＿＿＿

评价项目与内容		应得分	扣分	实得分
准备工作	剧情合理，道具准备到位	5		
	实训过程全组协调良好	5		
基本知识掌握	熟悉商务会议的基本礼仪及应注意的问题	10		
神态、举止	声音大小适中、语速适中	5		
	热情、大方、得体	5		
	仪容、仪表、仪态得体	5		
商务会议	语言表达恰当	5		
	会议筹备方案完整、合理	10		
	会议通知的到位程度	10		
	主席台及群众席的座次安排	10		

表6.2(续)

评价项目与内容		应得分	扣分	实得分
观摩讨论	观摩认真	5		
	积极讨论	5		
实训笔记	按规定时间上交	5		
	字迹清楚、填写规范、内容详尽完整	5		
	实训分析总结正确	5		
	能提出合理化建议及创新见解	5		
合计		100		

考评教师（签名）：

任务2　茶话会礼仪

【案例导入】

某公司的员工茶话会策划方案

一、背景

2011年工作以来领导层与员工一直没有交流座谈。这几个月来，大家一直以积极努力的姿态去做好自己的工作，不惧任何困难。

本次茶话会将以多种多样的形式增强大家在工作中的信心，同时也增进职工与领导的交流，为今后在企业更好地工作奠定基础。

二、活动主题

我们携手共创，我们服务热忱，我们努力创新，我们相互尊重，我们一致团结，我们收获共享，我们肩负责任，我们共同进步。

三、活动目的

(1) 增进领导与员工之间的了解和认识，让员工感受企业的发展活力，加深领导对员工的印象。

(2) 提高大家的交流能力、自信心。

(3) 提高大家的团队合作精神，鼓舞士气，增强公司凝聚力。

(4) 调节、缓和工作压力，丰富业余生活。

四、活动时间、地点、对象

活动时间：××年××月××日。

活动地点：三楼会议室。

活动对象：公司领导层、中层、班长、员工代表。

五、活动流程

(1) 开场：主持人讲话（3分钟）。

（2）领导讲话（发言15分钟）。

（3）幻灯片欣赏（音乐、图片15分钟）。

（4）游戏环节（40分钟）。

（5）会话时间（40分钟）。

主题：①“我与企业的第一次亲密接触”谈谈大家对公司的第一感受，以及在公司的第一次难忘的经历。（让领导嘉宾先发言，带动员工积极性）

②“昨天、今天、明天”让大家谈谈过去、现在的生活、未来的理想。因人数而定，不一定每个人都要说，选代表即可。

（6）自由发言提问时间（10分钟）。

（7）个人才艺展示（15分钟）。

（8）领导总结（10分钟）。

（9）组织退场。

六、相关工作安排

（1）活动对象人员的统计。

（2）主持人（要求普通话标准、能活跃会场气氛）。

（3）讨论自由发言提问的几个主要内容。

（4）推荐讨论个人才艺展示。

（5）会场布置，设备调试。

（6）通知下达，领导邀请。

（7）席位安排：每人都制作席位卡（采取领导与员工近距离接触的座次安排，把员工的座次分开安排到领导中去）。

【任务目标】

通过茶话会的策划及情景模拟，学生应了解茶话会准备工作的内容，掌握茶话会相关礼仪规范。

【理论知识】

和其他类型的商务性会议相比，茶话会是社交色彩最浓的一种。

一、茶话会的目的

它是为了联络老朋友、结交新朋友的具有对外联络和招待性质的社交性集会。参加者可以不拘形式地自由发言，并且备有茶点。茶话会一般不排座次，起码座次安排不会过于明显。可以自由活动，与会者不用签到。

二、茶话会的举办

茶话会礼仪，具体内容主要涉及会议的主题、来宾邀请、时间地点的选择、茶点的准备、会场的布置、会议的议程、发言七个方面。

（一）主题

茶话会的主题，可以分为三类，即联谊、娱乐、专题。以联谊为主题的茶话会，我们见得最多；以娱乐为主题的茶话会，为了活跃气氛，而安排一些文娱节目，并以此作为茶话会的主要内容，以现场的自由参加与即兴表演为主；专题茶话会，是在某个特定的时刻，或为某些专门问题而召开的，以听取某些专业人士的见解，或是为和某些与本单位有特定关系的人士进行对话。

（二）来宾邀请

主办单位在筹办茶话会时，必须围绕主题来邀请来宾，尤其需要确定好主要的与会者。来宾可以是本单位的顾问、社会知名人士、合作伙伴等各方面人士。

茶话会的来宾名单一经确定，应立即以请柬的形式向对方提出正式邀请。按惯例，茶话会的请柬应在半个月之前被送达或寄达被邀请者，被邀请者可以不必答复。

（三）时间地点的选择

时间地点的具体选择是茶话会要取得成功的重要条件。辞旧迎新、周年庆典、重大决策前后、遭遇危难挫折的时候，都是召开茶话会的良机。

根据惯例，举行茶话会的最佳时间是下午四点钟左右。有些时候，也可以安排在上午十点钟左右。在具体进行操作时，也不用墨守成规，应该以与会者特别是主要与会者的便利与否以及当地人的生活习惯为准。茶话会往往是可长可短的，关键要看现场有多少人发言，发言是否踊跃。如果把时间限制在一个小时到两个小时之内，它的效果往往会更好一些。

适合举行茶话会的场地主要有：一是主办单位的会议厅，二是宾馆的多功能厅，三是主办单位负责人的私家客厅，四是主办单位负责人的私家庭院或露天花园，五是包场高档的营业性茶楼或茶室。餐厅、歌厅、酒吧等地方，不合适举办茶话会。

（四）茶点的准备

茶话会不上主食，不安排品酒，只提供茶点。茶话会是重“说”不重“吃”，没必要在吃的方面过多下功夫。

在茶话会上，为与会者所提供的茶点，应当被定位为配角。我们在进行准备时要注意的是：

（1）对于用来待客的茶叶、茶具，务必要精心准备。应尽量挑选上品，不要滥竽充数。还要注意照顾与会者的不同口味，比方说是提供绿茶、花茶还是红茶。

（2）最好选用陶瓷茶具，并且讲究茶杯、茶碗、茶壶成套。

（3）除主要供应茶水外，在茶话会上还可以为与会者略备一些点心、水果或是地方风味小吃。需要注意的是，在茶话会上向与会者所供应的点心、水果或地方风味小吃，品种要适量、数量要充足，并要方便拿取，同时还要配上擦手巾。

按惯例，在茶话会结束后不必再聚餐。

（五）会场的布置

从总体上来讲，在布置会场时，必须和茶话会的主题相适应，可以采取下面几种方式：

一是环绕式。就是不设立主席台，把座椅、沙发、茶几摆放在会场的四周，不明确座次的具体顺序，而让与会者入场后自由就座。这一安排座次的方式，与茶话会的主题最相符，也最流行。

二是散座式。散座式排位，常见于在室外举行的茶话会。它的座椅、沙发、茶几自由地组合，甚至可由与会者根据个人要求而随意安置。这样就容易创造出一种宽松、惬意的社交环境。

三是圆桌式。圆桌式排位，指的是在会场上摆放圆桌，请与会者在周围自由就座。圆桌式排位又分下面两种形式：一是适合人数较少的，仅在会场中央安放一张大型的椭圆形会议桌，而请全体与会者在周围就座。二是在会场上安放数张圆桌，请与会者自由组合。

四是主席式。在茶话会上，这种排位是指在会场上，主持人、主人和主宾被有意识地安排在一起就座，并且按照常规座次就座。

（六）会议的议程

茶话会的基本议程是：

第一项：主持人宣布茶话会开始。宣布开始前，主持人要请与会者各就各位。宣布开始后，主持人可对主要与会者略加介绍。

第二项：主办单位的主要负责人讲话。讲话应以阐明这次茶话会的主题为中心内容，还可以代表主办单位，对全体与会者表示欢迎和感谢，并且恳请大家一如既往地理解和支持。

第三项：与会者发言。这些发言在任何情况下都是茶话会的重心。为了确保与会者在发言中直言不讳，畅所欲言，通常主办单位事先不对发言者进行指定和排序，也不限制发言的具体时间，而是提倡与会者自由地进行即兴式的发言。一个人还可以多次发言，来不断补充、完善自己的见解、主张。

第四项：主持人总结。主持人略作总结后，可以宣布茶话会结束。

（七）发言

现场发言在茶话会上举足轻重。假如茶话会上没有人踊跃发言，或者与会者的发言严重脱题，都会导致茶话会的最终失败。

茶话会上，主持人更重要的作用是在现场审时度势、因势利导地引导与会者的发言，并且控制会议的全局。大家争相发言时，主持人决定先后顺序。没有人发言时，主持人引出新的话题；或者恳请某位人士发言。会场发生争执时，主持人要出面劝阻。在每位与会者发言前，主持人可以对发言者略作介绍。发言的前后，主持人要带头鼓掌致意。

与会者茶话会的发言以及表现等，必须得体。在要求发言时，可以举手示意，但也要注意谦让，不要争抢；不管自己有什么高见，都不要打断别人的发言。肯定成绩时，要力戒阿谀奉承；提出批评时，不能讽刺挖苦。切忌当场表示不满，甚至私下里进行人身攻击。

【实训设计】

情景模拟与角色扮演

一、实训内容

各小组自选一个主题，并以此主题为中心策划一次茶话会，要求综合运用茶话会相关礼仪知识。

二、实训步骤

（1）准备一间多媒体实训室，教师介绍实训场景并提出实训要求。

（2）将学生分组，每小组 8～10 人，分别扮演茶话会的主办方和参会方。其中，主办方包括主持人、服务人员、签到及礼品负责人员、引领人员、机动人员等；参会人员组包括行业专家、大客户代表等。

（3）分好组以后，各小组组织编排练习自己的情景。

（4）茶话会情景表演。

（5）小组成员自评、总结，并回答指导老师的提问。

（6）教师总结点评。

三、实训要求

（1）在实训过程中，各小组均须注意各自在迎来送往各环节的相关礼仪。

（2）主持人要作好充分准备，特别是开头语和结束语的准备、中途冷场的调节设计等。

（3）座谈过程中，各小组可充分发挥想象，设计一些特殊情境，如茶水泼了、杯子打碎了等，以考察同学的临场发挥应变能力。主客双方都至少发言一次。

（4）会议主办方拟写一张会议邀请函。

四、任务考核

教师负责考核。考核评分标准如表 6.2 所示。

表 6.2 茶话会礼仪评分表

组别__________ 姓名__________ 时间___________

评价项目与内容		应得分	扣分	实得分
准备工作	剧情合理，道具准备到位	5		
	团队精神面貌、分工合理	5		
基本知识掌握	熟悉茶话会的基本礼仪及应注意的问题	10		
神态、举止	声音大小适中、语速适中	5		
	热情、大方、得体	5		
	仪容、仪表得体	5		
茶话会礼仪	茶话会组织规范程度	10		
	主持人综合礼仪表现	10		
	参会者综合礼仪表现	10		
	茶话会邀请函设计	5		

表6.2(续)

评价项目与内容		应得分	扣分	实得分
观摩讨论	观摩认真	5		
	积极讨论	5		
实训笔记	按规定时间上交	5		
	字迹清楚、填写规范、内容详尽完整	5		
	实训分析总结正确	5		
	能提出合理化建议及创新见解	5		
合计		100		

考评教师（签名）：

任务3　商务谈判礼仪

【案例导入】

案例一：

在1972年以前的15年里，中美大使级会谈共进行了136次，全都毫无结果。中美之间围绕台湾问题、归还债务问题、收回资金问题、在押人员获释问题、记者互访问题、贸易前景问题等进行了长期的、反复的争执与讨论。对此，基辛格说："中美会谈的重大意义似乎就在于，它是不能取得一项重大成就的时间最长的会谈。"然而，周恩来总理以政治家特有的敏锐的思维和高超娴熟的谈判艺术，把握住了历史赋予的转机。在他那风度洒脱的举止和富有魅力的笑声中，有条不紊地安排并成功地导演了举世瞩目的中美建交谈判，在1972年的第137次会谈中，终于打破了长达15年的僵局。美国前总统尼克松在其回忆录中对周恩来总理的仪容仪态、礼貌礼节、谈判艺术、风格作风给予了高度的赞赏。

尼克松说，周恩来待人很谦虚，但沉着坚定，他优雅的举止、直率而从容的姿态，都显示出巨大的魅力和泰然自若的风度。他外貌给人的印象是：亲切、直率、镇定自若而又十分热情。双方正式会谈时，他显得机智而谨慎。谈判中，他善于运用迂回的策略，避开争议之点，通过似乎不重要的事情来传递重要的信息。他从来不提高讲话的调门，不敲桌子，也不以中止谈判相威胁来迫使对方让步。他总是那样坚定不移而又彬彬有礼，他在手里有"牌"的时候，说话的声音反而更加柔和了。他在全世界面前树立了中国政府领导人的光辉形象，不愧是一位将国家尊严、个人人格与谈判艺术融洽地结合在一起的伟大人物。谈判的成功固然应归结于谈判原则、谈判时机、谈判策略、谈判艺术等多种因素，但周恩来高尚的品格给人们留下了最深刻而鲜明的印象。他的最佳礼节礼仪无疑也是促成谈判成功的重要因素之一。

案例二：

张庆今年大学毕业，刚到一家外贸公司工作，经理就交给他一项任务，让他负责接待一下最近将来公司的一个法国谈判小组。经理说这笔交易很重要，让他好好接待。

张庆心想，这还不容易，大学时经常接待外地同学，难度不大。于是他粗略地想了一些接待程序，就准备开始他的接待工作。张庆提前打电话和法国人核实了一下来的人数、乘坐的航班以及到达的时间。然后，张庆向单位要了一辆车，用打印机打了一张A4纸的接待牌，还特地买了一套新衣服，到花店订了一束花。小张暗自得意，一切都在有条不紊地进行。到了对方来的那一天，张庆准时到达了机场，谁知对方左等不来，右等也不来。他左右看了一下，有几位老外比他还倒霉，比他等得还久。他想，该不就是这几位吧？于是又竖了竖手中的接待牌，对方没反应。等到人群散去很久，张庆仍然没有接到。于是，张庆去问讯处问了一下，问讯处说该国际航班飞机提前15分钟降落。张庆怕弄岔了，赶紧打电话回公司，公司回答说没有人来。张庆只好接着等，周围只剩下那几位老外了，他想问一问也好，谁知一询问，就是这几位，小张赶紧道歉，并献上由8朵花组成的一束玫瑰。对方的女士看看他，一副很好笑的样子接受了鲜花。张庆心想，有什么好笑的。接着，小张引导客人上车，客人们便大包小包地上了车。

张庆让司机把车直接开到公司指定的酒店，谁知因为旅游旺季，酒店早已客满，而张庆没有预订，当然没有房间。张庆只好把他们一行拉到一个离公司较远的酒店，这家条件要差一些。至此，对方已露出非常不悦的神情。张庆把他们送到房间，一心将功补过的他决定和客人好好聊聊，这样可以让他们消消气。谁知在客人房间待了半个多小时，对方已经有点不耐烦了。张庆一看，好像又吃力不讨好了，心想以前同学来我们都聊通宵呢！张庆于是告辞，并和他们约定晚上七点饭店大厅等，公司经理准备宴请他们。

到了晚上七点，张庆在大厅等待客人，谁知又没等到。张庆只好请服务员去通知法国人，就这样，七点半人才陆续来齐。到了宴会地点，经理已经在宴会大厅门口准备迎接客人，张庆一见，赶紧给双方作了介绍。双方寒暄后进入宴会厅，张庆一看宴会桌，不免有些得意：幸亏我提前作了准备，把他们都排好了座位，这样总万无一失吧。谁知经理一看对方的主谈人正准备坐下，赶紧请对方坐到正对大门的座位，让张庆坐到刚才那个背对大门的座位，并狠狠瞪了张庆一眼。张庆有点莫名其妙，心想：怎么又错了吗？突然，有位客人问："我的座位在哪里？"原来张庆忙中出错，把他的名字给漏了。法国人都一副很不高兴的样子。好在经理赶紧打圆场，神情愉快地和对方聊起一些趣事，对方这才不再板起面孔。一心想弥补的张庆在席间决定陪客人吃好喝好，频频敬酒，弄得对方有点尴尬，经理及时制止了张庆。席间，张庆还发现自己点的饭店的招牌菜——辣炒泥鳅，老外几乎没动。张庆拼命劝对方尝尝，经理面带愠色地告诉小张不要劝，张庆不知自己又错在那里。好在健谈的经理在席间和客人聊得很愉快，客人很快忘记了这些小插曲。等双方散席后，经理当夜更换了负责接待的人员，并对张庆说："你差点坏了我的大事，从明天起，请你另谋高就。"张庆就这样被炒了鱿鱼，但他始终不明白自己究竟都错在哪里了。

思考：

请你帮张庆分析一下，他的错出在哪里？正确的做法应该怎样？

【任务目标】

通过谈判的组织策划，学生应了解商务谈判重点涉及的内容，掌握谈判室的布置，与主、客方谈判座次安排，出席商务谈判的仪表仪态，语言规范等基本要求。

【理论知识】

所谓谈判，又叫会谈，指的是有关各方为了各自的利益，进行有组织、有准备的正式协商及讨论，以便互让互谅，求同存异，以求最终达成某种协议的整个的过程。

从实践上看，谈判并非人与人之间的一般性交谈，而是有备而至，方针既定、目标明确、志在必得，技巧性与策略性极强。虽然谈判讲究的是理智、利益、技巧和策略，但这并不意味着它绝对排斥人的思想、情感从中所起的作用。在任何谈判中，礼仪实际上都一向颇受重视。其根本原因在于，在谈判中以礼待人，不仅体现着自身的教养与素质，而且还会对谈判对手的思想、情感产生一定程度的影响。

一般而言，谈判的礼仪重点涉及谈判地点、谈判座次、谈判表现等具体方面。

一、谈判地点

在正式谈判中，具体谈判地点的确定很有讲究。它不仅直接关系到谈判的最终结果，而且还直接涉及礼仪的应用问题。具体而言，它又与谈判的分类、操作的细则两个问题有关。按照谈判地点的不同来进行划分，则谈判可分为主座谈判、客座谈判、主客座谈判和第三地谈判。上述四类谈判对谈判的双方的利与弊往往不尽相同，因此各方均会主动争取有利于己方的选择。

对参加谈判的每一方来说，确定谈判的具体地点均事关重大。从礼仪上来讲，具体确定谈判地点时，有两个方面的问题必须为有关各方所重视。

（一）商定谈判地点

在谈论、选择谈判地点时，既不应该对对手听之任之，也不应当固执己见。正确的做法是，应各抒己见，最后再由大家协商确定。

（二）做好现场布置

在谈判之中，身为东道主时，应按照分工，自觉地做好谈判现场的布置工作，以尽地主之责。

二、谈判座次

举行正式谈判时，有关各方在谈判现场具体就座的位次要求是非常严格的，礼仪性是很强的。从总体上讲，排列正式谈判的座次，可分为两种基本情况。

（一）双边谈判

双边谈判指的是由两个方面的人士所举行的谈判。在一般性的谈判中，双边谈判最为多见。双边谈判的座次排列，主要选用长方形谈判桌，有竖桌式和横桌式两种可供选择，如图 6.9 所示。有时，也会采用圆形谈判桌（如图 6.10 所示）和马蹄形谈判桌（如图 6.11 所示）。

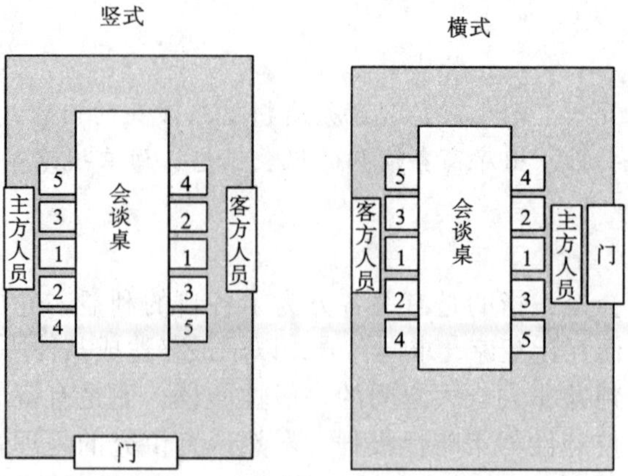

图 6.9　长方形谈判桌座次安排

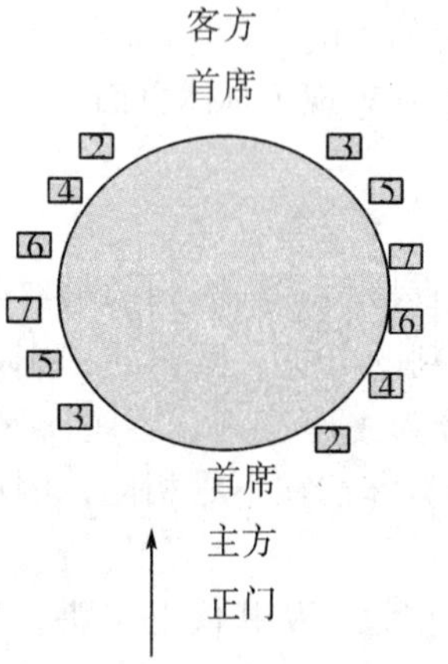

图 6.10　圆形谈判桌座次安排

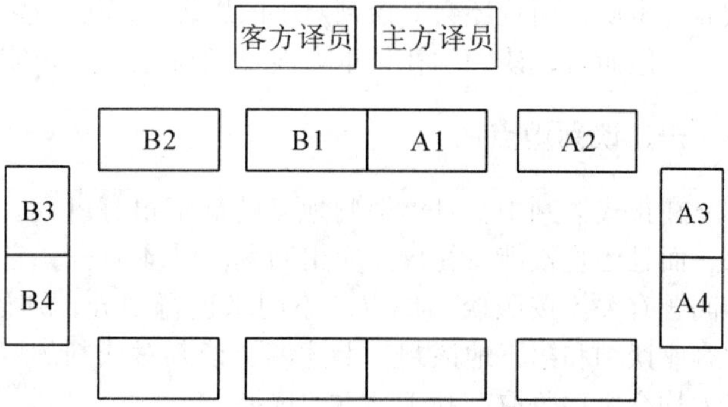

注：A为主方，B为客方

图 6.11　马蹄形谈判座次安排

小型的谈判，也可不设谈判桌，直接在会客室沙发上进行，双方主谈人在中间长沙发就座，主左客右，译员在主谈人后面，双方其余人员分坐两边。

（二）多边谈判

多边谈判指由三方或三方以上人士所举行的谈判。多边谈判的座次排列，主要分为自由式和主席式。

三、谈判表现

举行正式谈判时，谈判者尤其是主谈者的临场表现，往往直接影响到谈判的现场气氛。一般认为，谈判者的临场表现中，最为关键的两个问题是讲究打扮、礼待对手。

（一）讲究打扮

参加谈判的人员一定要讲究自己的穿着打扮。此举并非是为了招摇过市，而是为了表示自己对于谈判的高度重视。

1. 修饰仪表

参加谈判前，谈判者应认真修饰个人仪表，尤其是要选择端庄、雅致的发型。一般不宜染彩色发。男士通常还应当剃须。

2. 精心化妆

出席正式谈判时，女士通常应当精心化妆。妆容宜淡雅清新，自然大方，不可以浓妆艳抹。

3. 规范着装

在参加正式谈判时的着装，一定要简约、庄重，切不可摩登前卫、标新立异。一般而言，选择深色套装、套裙，白色衬衫，并配以黑色皮鞋，才是最标准的。

（二）礼待对手

在谈判期间谈判者一定要礼待自己的谈判对手。具体来讲，主要需要注意以下两点：

1. 人事分开

在谈判中，要正确地处理己方人员与谈判对手之间的关系，就是要做到人与事分别而论。朋友归朋友，谈判归谈判。在谈判之外，对手可以成为朋友。在谈判之中，朋友也会成为对手。二者不容混为一谈。

2. 讲究礼貌

在谈判过程中，切不可意气用事、举止粗鲁、表情冷漠、语言放肆、不懂得尊重谈判对手。在任何情况下，谈判者都应该待人谦和，彬彬有礼，对谈判对手友善相待。即使与对方存在严重的利益之争，也切莫对对方进行人身攻击、恶语相加、讽刺挖苦，不尊重对方的人格。

【实训设计】

情景模拟与角色扮演

一、实训内容

各小组根据给定的谈判场景，模拟谈判，要求综合运用谈判礼仪相关知识。

二、实训步骤

（1）准备一间多媒体实训室，教师介绍实训场景并提出实训要求。

（2）将参加实训的学生分成两组，一组为买方，一组为卖方。

（3）老师提出商务谈判礼仪训练的基本要求和注意事项。

（4）指导教师给出实例，每组根据实例中的角色（卖方或买方）进行准备。

（5）分小组模拟买卖双方进行谈判的接待礼仪、谈判室的布置、谈判磋商过程中的礼仪训练。

场景设计：你公司准备同当地的著名物流企业新星集团进行一次关于联合开发大型超市项目的谈判。谈判地点设在你公司所在的会议室。公司通过前期对谈判对手的调查得知，负责新星集团超市开发工作的项目开发部部长田中次郎是位日本人，而你被领导指派为你公司负责接待的接待组组长。你公司的领导要求你对谈判室的布置、接待礼仪、谈判磋商等所有工作全权负责，并保证谈判的成功。

三、注意事项

（1）接待礼仪要与对方谈判代表的身份、职业要相当。

（2）要注意不同国家、不同地区的礼仪风俗与禁忌。

谈判中要手势自然，不宜乱打手势，以免造成轻浮之感。切忌双臂在胸前交叉，那样显得十分傲慢无礼。要认真听对方谈话，细心观察对方举止表情，并适当给予回应，这样既可了解对方意图，又可表现出尊重与礼貌。在谈判中报价不得变换不定，对方一旦接受价格，即不再更改。

问题和异议要选择气氛和谐时提出，态度要开诚布公。切忌气氛比较冷淡或紧张时查询，言辞不可过激或追问不休，以免引起对方反感甚至恼怒。但对原则性问题应当力争不让。对方回答询问时不宜随意打断，答完时要向解答者表示谢意。

对于事关双方利益的焦点问题，容易因情急而失礼，因此更要注意保持风度，应心平气和，求大同，容许存小异。发言措辞应文明礼貌。要就事论事，保持耐心、冷静，不可因发生矛盾就怒气冲冲，甚至进行人身攻击或侮辱对方。

处理冷场要灵活，可以暂时转移话题。如果确实已无话可说，则应当机立断，暂时中止谈判，稍作休息后再重新进行。主方要主动提出话题，不要让冷场时间持续过长。

四、任务考核

教师负责考核。考核评分标准如表 6.3 所示。

表 6.3　　商务谈判礼仪评分表

组别__________　　姓名__________　　时间____________

评价项目与内容		应得分	扣分	实得分
准备工作	剧情合理，准备充分	10		
	实训过程全组协调良好	10		
基本知识掌握	熟悉商务谈判的基本礼仪及应注意的问题	10		
神态、举止	声音大小适中、语速适中	5		
	热情、大方、得体	5		
	仪容、仪表得体	5		
商务谈判礼仪	主方准备、组织	10		
	主客方的洽谈过程、洽谈结束的表现	10		
	称呼介绍：称呼技巧、自我介绍、介绍他人、业务介绍等	5		
观摩讨论	观摩认真	5		
	积极讨论	5		
实训笔记	按规定时间上交	5		
	字迹清楚、填写规范、内容详尽完整	5		
	实训分析总结正确	5		
	能提出合理化建议及创新见解	5		
合计		100		

考评教师（签名）：

模块七 求职面试礼仪

面试，在很多情况下是应聘者与面试官最直接的“短兵相接”，求职者的一举一动、一言一行，都让面试官尽收眼底。而礼仪是求职面试中非常重要的一个环节，礼仪是个人素质的一种外在表现形式，尤其对于即将毕业的大学生，礼仪是面试制胜的法宝。求职面试礼仪是由许多小环节构成的，如果对礼仪知识知之甚少，或忽视礼仪的作用，即使只是在某一个小环节上出现纰漏，也会被淘汰出局，导致面试失败。因此，对待求职面试礼仪切不可掉以轻心。

【礼仪谚语】

再好的千里马也需要得体的包装。

——金正昆

【模块教学目标】

1. 了解求职面试的基本礼仪和要求；
2. 掌握求职面试前的准备工作；
3. 掌握面试过程中的礼仪技巧和注意事项。

【知识目标】

1. 了解求职面试礼仪的基本原则和要求；
2. 掌握求职面试着装和仪容的礼仪要求；
3. 掌握面试中仪态礼仪的一般要求；
4. 熟知面试中的十个礼仪要求及三个注意事项，以及面试结束后的礼仪规范。

【技能目标】

1. 培养学生的应聘能力；
2. 提高学生的沟通能力与言谈技巧；
3. 要求学生能出色地完成一次面试任务。

任务 1　求职面试准备

【案例导入】

刘英同学在简历的著作栏里写下了曾发表的一篇关于贸易保护方面的文章，以期在面试银行时会有作用。结果在面试汇丰银行时，当主考官问起她对汇率稳定的观点时，她结结巴巴，说不出个所以然。事实是，身为会计专业的她对金融问题根本没什么研究，只是托金融专业的同学在所发表的文章后带了自己的名字。因此，她也和汇丰银行失之交臂。

思考：

1. 刘英为什么应聘失败？
2. 应聘前需要做好哪些准备？

【任务目标】

通过实训，学生应了解并能独立完成求职面试前的准备工作，如信息收集、简历准备、自荐信准备、面试问题的准备、仪表和仪容的准备等。

【理论知识】

一、信息收集

所谓“知己知彼，百战不殆”，求职前进行信息收集，是对用人单位的尊重，也是更加了解用人单位以及职位的重要方法。

（一）就业信息的内容

1. 供求信息

（1）用人单位的信息。一些毕业生在选择单位时对用人单位情况不甚了解，在择业时带有很大的随意性和盲目性。如只挑选大城市而不问用人单位的性质、业务范围；有的只图单位名称好听就盲目签订劳动合同等。要避免这些现象，做到对用人单位有个比较客观的评价，关键在于掌握用人单位的信息。

（2）职业情况。了解产业分类与结构，以及随着社会的发展，产业结构的调整和变化趋势；了解职业的分类与结构，以及该职业发展的趋势，使自己总览全局，以便更好地把握自己，在国家建设的大背景下找到自己的正确位置。

（3）当年毕业生总的供求形势。如全国当年毕业生的总人数，同类高校、同类专业的毕业生的情况，哪些专业紧俏，哪些专业供大于求等。

（4）本专业培养目标、发展方向、适用范围、对口单位的情况。

（5）同自己专业直接对口或相关的行业、部门和单位的现状和发展趋势。

2. 就业政策和相关规定

（1）了解国家就业方针、原则和政策。不仅可以了解当年的就业政策，更重要的是了解当前的就业形势和对策。

（2）了解相关的就业法律法规。不仅可以取得合法权益，而且可以捍卫自己的正当权利，减少不必要的损失。作为大学毕业生，必须清楚地了解就业法规、法令，学会用法律来保护自己。

（3）地方的用人政策。

（4）学校的有关规定。为了保证毕业生就业的顺利进行，学校一般会根据国家的政策要求制定若干补充规定，这也是毕业生应该了解和遵守的，如毕业生协议书使用和签订规定，毕业生派遣程序，毕业生改派程序等。

（二）就业信息的收集与处理

就业信息的收集可以多渠道进行。例如从学校的就业指导中心、各大人才市场、各种招聘求职的网络渠道等。

就业信息的处理则需要去粗存精，去伪存真，有目的、有针对性地加以筛选处理，使获得的信息具有准确性、全面性和有效性，使之更好地为自己的求职服务。

其实，最好的就业信息收集应该是平时积累的结果，而不是就业时临时抱佛脚。为此，需要做到以下几点：

（1）平时主动收集信息，养成阅读、浏览信息的好习惯。

（2）朋友多了路好走，建立良好的人际关系，树立健康的个人形象。

（3）尽可能利用假期、周末到单位实习，了解用人单位的工作流程。

（4）拓宽个人的知识面，建立合理的知识结构。

二、自荐材料的准备

自荐材料包括：个人简历、自荐信、学校推荐表、学习成绩单、各种证书、各种社会实践实习的鉴定材料、有关的科研成果证明等。这里重点讲个人简历和自荐信。

（一）个人简历

简历，顾名思义，就是对个人学历、经历、特长、爱好及其他有关情况所作的简明扼要的书面介绍。简历是个人形象，包括资历与能力的书面表述，决定了求职者“能否获得企业的面试机会”。

现在在网络上可以下载很多个人简历表格，很多求职者图方便，只是机械性地把自己的信息补上，而没有考虑到该表格是否适合自己。这种简历看上去呆板、苍白、千篇一律，没有一点创意，同时也不能引起用人单位的兴趣和好感。

而有些求职者，虽然很想写好简历，但苦于方法不当，结果简历冗长乏味，主次不分，不尽如人意。

想要制作一篇好的个人简历，需要掌握很多技巧。

1. 长度

中国式个人简历的长度一般以1~2页纸为最佳；美国式个人简历一般只有一页纸；

欧洲式个人简历需要有封面，一般为2~3页纸。

2. 写作风格和内容

个人简历的写作风格以简洁明了为好，在简历中，一般使用短语和不完整的句子。

针对大学生求职者，简历的主要内容应有：本人的个人情况、教育背景、社会实践、所学主要课程、个人特长和取得的各种荣誉和成绩等。在此需要特别强调的是，由于大学生往往没有工作经历，因此可以用在大学期间参加的社会实践、兼职工作、社团活动等内容来代替工作经历的部分。

3. 重点

在个人简历中，要着重强调求职者做过的事情，例如与应聘的职位最为密切相关的事情；能体现求职者优于其他求职者的地方以及近期的信息。

如果一个求职者有多个求职目标，应该结合每个求职目标的不同，撰写多份不同的简历，在每一份简历中都突出自己和这个求职目标吻合的重点，这才能使求职者显得与众不同，从而获得更多招聘者的青睐。

但很多求职者在写个人简历时，由于是下载表格，下载后也没有结合自身的特点修改内容，因此经常会出现例如"英语四级未过"等字样，这不但没有体现自己的优势，反而加重了自己的缺点。

4. 细节

细节能够提供证据支持你的观点，使应聘单位信服。在撰写个人简历的时候，尽量用数字说话，因为数字比概述的文字更有说服力。例如，很多同学在描述兼职经历时提到"销售业绩很好"，那"很好"到底是多少呢？

5. 版面设计

尝试各种布局、字体和行间距，使你的简历更有吸引力。

如果你的个人简历是有封面的，那姓名、联系方式、求职意向，甚至是学校名称、专业等信息应该是包含在内的。对于没有封面的个人简历，求职者应该把个人基本信息放在开头或者结尾的部分。

按照人们长期形成的快速阅读习惯，文本的开头和结尾通常是阅读的焦点，因此在这两部分一定要体现求职者最为重要的数据和想要强调的内容。同时，在撰写简历时，可以借助列表、特殊的字体、字体大小、字体加重等突出重要信息。但要注意简历的整体性，不要因为突出重点而使简历看起来杂乱无章。

6. 简历照片

简历照片既可以使用彩色照也可以使用黑白照。很多人图省事，在复印简历时将照片也一同复印上去，由于复印效果较差，给人一种不好的感觉。有人采用喷墨打印机将扫描后的个人照片直接打印在简历上，由于喷墨点阵较大，打出来的照片给人一种模模糊糊、害相思病的感觉。

同其他身份证明上的照片一样，个人简历上贴的照片应该是本人近期的照片，千万不要随随便便把大一，甚至高中以前的照片拿来贴在简历上。同时，个人简历上的照片也不适合放生活照或者明星照。

简历上的照片选得不好也一样会影响到本人的面试机会。

7. 简历打印

在简历打印之前，应该再三地检查和修改，不要出现错别字、错误的标点符号、错误的表格以及错误的信息。

简历打印时，应尽量使用激光打印，低档次的彩色喷墨打印只适合打印幅面较小的图片、文字，幅面过大容易使纸张因吸水过多而折皱变形。倘若条件允许，不妨采用彩色激光打印，但一定要注意保持整体风格的素雅统一，别把简历搞得五颜六色，形同涂鸦。

（二）自荐信

写自荐信是目前毕业生求职择业的一种比较常用，也是非常主要的手段，用人单位出于节约人力和时间的考虑，多数不采取直接面试的形式，而是要求求职者先寄送自我介绍材料，由他们进行比较、筛选，然后才通知求职者是否面试。因此，写好自荐信十分重要，它是敲开职业大门的第一个重要步骤。

1. 自荐信的内容

（1）个人的基本情况

首先要介绍个人的基本情况，如姓名、性别、年龄、政治面貌、就读学校、专业等。个人基本情况介绍得越详细越好，但也要注意详略得当。为使对方增加直接印象，最好附有近期照片。

同时，说明用人信息的来源，说明你对该单位的印象。

（2）说明胜任某项工作的条件

这是自荐信的核心部分，主要是向对方说明你有知识，有经验，有专业技能，有与工作要求相符合的特长、性格和能力。

总之，无论从哪个角度都要突出适合于所求职业的特长和个性，不落俗套，起到吸引和打动对方的目的。

（3）介绍自己的能力

如：向对方介绍自己曾经参加过各种社会工作及取得的成绩，预示着自己有管理方面的才能，有发展、培养的前途。

（4）附上有关材料或证书

在自荐信上附上有关资料文件，如毕业证书、学位证书、获奖证书的影印件，学校的推荐信，履历表，近照及有关证明等，给对方以办事认真、考虑周全的印象。

（5）表示面谈的愿望

结尾要表示希望对方给予回信，并且热切地希望有一个面谈的机会。

写清自己详细的通信地址、邮政编码和电话号码，必要时还应注明何时打电话较合适等，以便互相联络。

2. 自荐信注意避免的事项

（1）不够自信，过于谦虚；

（2）主观意愿，推理不当；

（3）自述语气，过于主观；

（4）措辞不当，造成反感。

3. 失败的自荐信类型

（1）为用人单位限定时间的求职信：如“因学校×月×日以前留京指标截止，敬请贵公司务必于×日内给予答复”。

点评：这种写法，表面看上去很客气，但实际上是在限定对方的时间，好像给对方下命令。当然，我们非常理解你焦急等待的心情，但不必在求职信中作这样的表露。你完全可以通过向熟人打听或以其他方式尽早知道结果。

（2）为用人单位规定义务的求职信：如“本人谨以最诚挚的心情，希望成为贵公司的一员，盼望得到贵公司的尊重、考虑和录用”。

点评：这种写法，事实上是在强迫对方，因为这句话的实际含义是“如果你不录用我，就是对我的不信任”。

（3）盛气凌人的求职信：如“贵公司××总经理先生要我直接写信给您”，或者“××处长十分关心我的工作问题，特让我写信给您，请多关照”。

点评：这种求职信让人看后很反感，“既然总经理（或处长）都对你感兴趣，你还写信给我干什么？”或者别人会认为“这还了得，还没进公司就到处找关系，搭后台，谁敢用你！”

（4）“卖官子”的求职信：如“现已有多家公司欲聘用我，故盼请贵公司从速答复”。

点评：这实际上是在用别的单位来压用人单位，好像是在说“我可是一位难得的人才，你们不聘我，别人还抢着要呢！”除非你是在跟单位斗气，否则这样的写法实在没有必要。

三、面试问题的准备

通常在面试前，求职者需要提前准备好一些常规的问题。除了自我介绍、专业所学、面试岗位及原因、获奖经历及爱好等，求职者还需要准备两方面的问题：

第一，你希望面试官了解到你自己哪些信息。找出2~5处能反应你在该工作上的优势的地方，比如性格特点、语言能力、学生会工作等。但要注意的是，每项优势需要有具体的例子来证明。

第二，你需要淡化哪些劣势或者缺点。找出你可能会被问到的劣势或者缺点，比如成绩平平、缺乏经验、英语成绩不好等。对待劣势问题的回答，要懂得技巧。比如“我的成绩很普通，是因为我觉得，在大学期间，除了学习成绩外，其他能力的培养也很重要，因此我参加了很多社团活动，取得了具体××奖项”。

面试中经常会被问到的问题包括：

（1）介绍一下自己。

（2）概述简历内容。

（3）你为什么觉得自己能胜任我们公司的工作？

（4）最让你满意的两三项成就是什么？

（5）你最喜欢和不喜欢的大学课程是什么？为什么？

（6）你在班级的排名是多少？你的成绩分数怎样？你的分数为什么这么低？

（7）你最近读了什么书？看了哪些电影？

（8）描述你在大学期间/学生会工作期间/实习期间曾经遇到过的某个重大问题，谈谈你是如何解决它的。

（9）工作之余有什么兴趣爱好？参加过哪些校园或社区活动？

（10）为了解我们公司，你做了些什么？

（11）你最大的优势/缺点是什么？

（12）你有什么问题要问我们吗？

四、仪表、仪容的准备

（一）面试着装准备

求职者的外在形象，是给主考官的第一印象。对于即将毕业的大学生，一套合适的职业装是必不可少的，与职业装相配的鞋子、袜子、皮带以及包都是在面试前需要准备的物品。男士在面试中，不宜佩戴饰品；女士佩戴饰品时，应避免佩戴过多、过杂，应当采用“少而精”的原则。无论是男士还是女士，包的选择应该偏于职业化，男士可以选择公文包，女士选择包时，不要过于花哨。包内物品应精简，归类整齐，不能什么东西都塞在包里。

（二）仪容准备

1. 头发

女士应聘者，头发要梳理整齐，最好不要染色，留长发的女士不要披头散发，前额刘海不要超过眉毛。

男士应聘者，在面试前应保持头发整洁，发型简单、朴素，稳重大方，前面不留刘海，侧面头发不盖耳朵，后面头发不碰衣领。

2. 脸

男士求职者在面试时，不用化妆，但需要把脸洗干净，胡子刮干净。

女士求职者面试当天化一点妆会显得更精神、更自信。但化妆一定要以轻柔、优雅的淡妆为主，切忌浓妆艳抹。

3. 手

手是人体中活动最多的部分之一，当向面试官递交材料时，手往往会成为面试官注视的焦点。因此面试前，要注意手部卫生，不要留长指甲。女士不要涂抹颜色艳丽的指甲油。

4. 体味

面试前应该洗个澡，既可以除掉身上的异味，也可以让精神更加抖擞。面试前不要吃洋葱、大蒜等刺激性味道的食物，也不要喝酒。面试前最好不要抽烟。面试前两三个小时，可以使用一些清淡型的香水。

五、其他准备

随行资料的准备是面试前必须要做的。面试时，可以多带几份个人简历的复印件，同时需要准备自己的证件、获奖证书、成果或作品集等的复印件。带好用来记录的笔和纸。

面试前，还需做好行程计划，尤其是到自己不熟悉的地方或者城市，必须提前规划好路程和时间，以免面试迟到。

【实训设计】

实训技能　自荐材料的制作

一、实训内容

所有同学完成自己的自荐材料的制作。

二、实训方法

所有同学独立完成。

三、实训步骤

（1）教师讲解求职面试前的准备礼仪的相关知识，并布置实习任务。

（2）所有同学按照要求，在机房独立完成自己的自荐材料的制作，并装订成册。

（3）上交自荐材料。

四、任务考核

教师负责考核。考核评分标准如表 7.1 所示。

表 7.1　自荐材料评分表

组别__________　　姓名__________　　时间__________

考评项目	考评内容	应得分	扣分	实得分
自荐材料制作	材料的完整性	15		
	自荐材料是否符合礼仪要求	45		
	简历的创新性及吸引性	20		
	自荐信的内容	20		
	合计	100		

考评教师（签名）：

任务2　面试礼仪

【案例导入】

一位普通的大学生到一家著名的国外大公司去求职，很快被录用了。公司的员工对此很惊讶，问公司的总裁为什么。总裁说：“你们没有注意到吗？他在门口蹭掉脚上的土，进门后随手关上了门，说明他做事小心仔细。当他看到那位残疾人时，他立即起身让座，表明他心地善良，体贴别人。进了办公室他先脱去帽子，回答我所有的问题干脆果断，证明他既有礼貌又有素养。”“其他所有人都从我故意放在地上的那本书上迈过去，而他却俯身拣起那本书，并放在桌上。当我和他交谈时，我发现他衣着整齐，头发梳得整整齐齐，坐姿端正。有这样小节的人难道不该用吗？”

【任务目标】

通过实训，学生应掌握求职者的仪态礼仪，熟知面试中的十个礼仪要求及三个注意事项，掌握面试时的一些应答及应对技巧。

【理论知识】

一、求职者的仪态礼仪

（一）求职者站姿的基本要求

站姿是仪态美的起点，又是发展不同动态美的基础。良好的站姿能衬托出求职者良好的气质和风度。

站姿的基本要求是挺直、舒展，站得直，立得正，线条优美，精神焕发。其具体要求是：

头要正，头顶要平，双目平视，微收下颚，面带微笑，动作要平和自然；脖颈挺拔，双肩舒展，保持水平并稍微下沉；两臂自然下垂，手指自然弯曲；身躯直立，身体重心在两脚之间；挺胸、收腹、直腰，臂部肌肉收紧，重心有向上升的感觉；双脚直立，女士双膝和双脚要靠紧，男士两脚间可稍分开点儿距离，但不宜超过肩膀。

（二）求职者坐姿的基本要求

坐姿是仪态的重要内容。良好的坐姿能够传递出求职者自信练达、积极热情的信息，同时也能够展示出求职者高雅庄重、尊重他人的良好风范。

求职者坐姿的基本要求是端庄、文雅、得体、大方。具体要求如下：

入座时要稳要轻，不可猛起猛坐使椅子发出声响。女士入座时，若着裙装，应用手将裙子稍向前拢一下。

坐定后，身体重心垂直向下，腰部挺直，上体保持正直，两眼平视，目光柔和。男子双手掌心向下，自然放在膝盖上，两膝距离以一拳左右为宜。女士可将右手搭在左手上，轻放在脚面上。

坐时不要将双手夹在两腿之间或放在臀下，不要将双臂端在胸前或放在脑后，也不要将双脚分开或将脚放或伸得过远。坐于桌前应该将手放在桌子上，或十指交叉后以肘支在桌面上。

入座后，尽量可能保持正确的坐姿，如果坐的时间长，可适当调整姿态以不影响坐姿的优美为宜。

（二）求职的走姿的基本要求

走姿是站姿的延续动作，是在站姿的基础上展示人的动态美，无论是在日常生活中还是在社交场合中，走路往往是最吸引人注意的体态语言，最能表现一个人的风度和魅力。

求职者走姿的具体要求是：

行走时，头部要抬起，目光平视对方，双臂自然下垂，手掌心向内，并以身体为中心前后摆动。上身挺拔，腿部伸直，腰部放松，腿幅适度，脚步宜轻且富有弹性和节奏感。

男士应抬头挺胸，收腹直腰，上体平稳，双肩平齐，目光直视前方，步履稳健大方，显示出男性的刚强雄健的阳刚之美。

女士应头部端正，目光柔和，平视前方，上体自然挺直，收腹挺腰，两脚靠拢而行，步履匀称自如，含蓄恬静，显示女生庄重而文雅的温柔之美。

（四）仪态礼仪注意的七个问题

在面试时，求职者的行为举止十分重要，一般而言要注意七个问题：

（1）应聘时不要结伴而行。无论应聘什么职位，独立性、自信心都是用人单位对每位应聘者的基本素质要求。

（2）保持一定的距离。面试时，求职者和主考官必须保持一定的距离，不适当的距离会使主考官感到不舒服。如果应聘的人多，招聘单位一般会预先布置好面试室，把应试人的位置固定好。当求职者进入面试室后，不要随意将椅子挪来挪去。有的人喜欢表现亲密，总是把椅子向前挪。殊不知，这是失礼的行为。如果应聘的人少，主考官也许会让你同坐在一张沙发上，求职者这时应界定距离，太近了，容易和主考官产生肌肤接触，这是失礼的行为。

（3）不卑不亢。求职面试的过程实际上是一种人际交往过程，求职双方都应用平和的心态去交流。

（4）举止大方。举止大方是指求职者举手投足自然优雅，不拘束，从容不迫，显示良好的风度。

（5）忌不拘小节。有求职者，自持学历高，或者有经验、有能力，不愁用人单位不用，在求职时傲慢不羁，不拘小节，表现出无所谓的样子，这是不可取的。正是这些不易被人注意的细节，使很多人失去了一些好的工作机会。

（6）勿犹豫不决。一般来说，求职者应聘时举棋不定的态度是不明智的。这会让主考官感到你是个信心不足的人，难免怀疑你的工作作风和实际能力，容易让招聘的单位有更多的选择机会，而自己却丧失了一次机遇。

二、面试礼仪

（一）守时守信

守时是职业道德的一个基本要求，提前10~15分钟到达面试地点效果最佳，可熟悉一下环境，稳定一下心情。面试时迟到或是匆匆忙忙赶到是致命的，如果应聘者面试迟到，那么不管有什么理由，也会被视为缺乏自我管理和约束能力，即缺乏职业能力，给面试者留下非常不好的印象。不管有什么理由，迟到会影响自身的形象，这是一个涉及对人、对自己尊重的问题。而且大公司的面试往往一次要安排很多人，迟到了几分钟，就很可能永远与这家公司失之交臂了，因为这是面试的第一道题，你的分值就被扣掉，后面的你也会因状态不佳而搞砸。

如果路程较远，宁可早到30分钟，甚至一个小时。城市很大，路上堵车的情形很普遍，对于不熟悉的地方也难免迷路。但早到后不宜提早进入办公室，最好不要提前15分钟以上出现在面谈地点，否则聘用者很可能因为手头的事情没处理完而觉得很不方便。外企的老板往往是说几点就是几点，一般绝不提前。当然，如果事先通知了许多人来面试，早到者可提早面试或是在空闲的会议室等候，那就另当别论。对面试地点比较远，地理位置也比较复杂的，不妨先跑一趟，熟悉交通线路、地形，甚至事先搞清洗手间的位置，这样就可知道面试的具体地点，同时也了解了路上所需的时间。

（二）放松心情

许多求职者一到面试点就会产生一种恐惧心理，害怕自己思维紊乱，词不达意，出现差错，以致痛失良机。于是往往会因为紧张而出现心跳加快、面红耳赤等情况。此时，应控制自己的呼吸节奏，努力调节，尽量调整到最佳状态后再面对招聘考官。

（三）以礼相待

进入公司前台，求职者要把访问的主题、有无约定、访问者的名字和自己名字报上。到达面试地点后，求职者应在等候室耐心等候，并保持安静。如果此时有的单位为使面试能尽可能多地略过单位情况介绍步骤，尽快进入实质性阶段，准备了公司的介绍材料，是应该仔细阅读以先期了解情况，也可自带一些试题重温。切忌不要来回走动显示浮躁不安，也不要与别的面试者聊天，因为这可能是你未来的同事，甚至决定你能否称职的人，你的谈话对周围的影响是你难以把握的，这也许会导致你应聘的失败。更要坚决制止的是：在接待室恰巧遇到朋友或熟人，就旁若无人地大声说话或笑闹；吃口香糖、抽香烟、玩手机。

求职者在等候面试时，不要旁若无人，随心所欲，对接待员熟视无睹，自己想干什么就干什么，给人留下不好的印象。对接待员要礼貌有加，也许接待员就是公司经理的秘书、办公室的主任或人事单位的主管人。如果你目中无人，没有礼貌，在决定是否录用时，他们可能也有发言权，所以，你要给所有的人留下良好的印象，而并非只是面试的主考官。面试时，自觉将手机关掉。

（四）入室敲门

求职者进入面试室的时候，应先敲门，即使面试房间是虚掩的，也应先敲门，千万别冒冒失失地推门就进，给人鲁莽、无礼的感觉。

敲门时要注意门声的大小和敲门的速度。正确的是用右手的手指关节轻轻地敲三下，问一声：我可以进来吗？待听到允许后再轻轻地推门进去。

（五）微笑示人

求职者在踏入面试室的时候，应面带微笑，如果有多位考官，应面带微笑地环视一下，以眼神向所有人致意。

一般而言，陌生人在相互认识时，彼此会首先留意对方的面部，然后才是身体的其他部分。面带真诚、自然、由衷的微笑，可以展示一个人的风度、风采，有利于求职者塑造自己的形象，给人留下美好的印象。

求职者与主考官相识之后，便要稍微收敛笑容，集中精神，平静的面容有助于求职者面试成功。

（六）莫先伸手

求职者进入面试室，行握手之礼，应是主考官先伸手，然后求职者单手相应，右手热情相握。若求职者拒绝或忽视了主考官的握手，则是失礼。若非主考官主动先伸手，求职者切勿贸然伸手与主考官握手。

（七）请才入座

求职者不要自己坐下，要等主考官请你就座时再入座。主考官叫你入座，求职者应该表示感谢，并坐在主考官指定的椅子上。如果椅子不舒适或正好面对阳光，求职者不得眯着眼，最好是询问后再调整位置。

（八）递物大方

求职者求职时必须带上个人简历、证件、介绍信或推荐信，面试时一定要保证不用翻找就能迅速取出所有资料。如果送上这些资料，应双手奉上，表现得大方和谦逊。

（九）语言谦和

培根说："和蔼可亲的态度是永远的介绍信。"谦和是对他人的敬重，是一种友好的表示，必然收到友好的回报。充满热情，必然给人以精力充沛、富有生机和自信的感觉。回答问题要口齿清晰，声音大小适度，但不要太突然，答句要完整，不可犹豫，不可用口头禅；也忌信口开河、卖弄自己、高谈阔论、纵情大笑。面谈时，讲话要充满自信。回答问题时尽量详细，要按招聘人员的话题进行交谈。有的主考官会故意提一些令应聘者感到受冒犯的问题，用来试探一下应聘者如何对待，考察其修养和应变能力。此时应聘者一定要冷静，不能意气用事。拒绝回答是可以的，但口气和态度一定要婉转、温和。

（十）学会倾听

好的交谈是建立在"倾听"的基础上的。倾听是一种很重要的礼节，不会倾听，也就无法回答好主考官的问题。倾听就是要对对方说的话表示出兴趣，在面试过程中，主考官的每一句话都可以说是非常重要的。你要集中精力，认真地听，记住说话人讲话的内容重点。

倾听对方谈话时，要自然流露出敬意，这才是一个有教养、懂礼仪的人的表现。要做到：

（1）记住说话者的名字；

（2）身体微微倾向说话者，表示对说话者的重视；

（3）用目光注视说话者，保持微笑；

（4）适当地作出一些反应，如点头、会意地微笑、提出相关的问题。

三、面试禁忌

（一）迟到

迟到是面试的一大忌。等待会使人产生焦急烦躁的情绪，使面谈的气氛不够融洽。国外专家统计，求职面试迟到者获得录用的概率只相当于不迟到者的一半。面试以提前十分钟左右到达场地为宜。

（二）过多的手势

“手势宜少不宜多。”多余的手势，会给人留下装腔作势、缺乏涵养的感觉。反复摆弄自己的手指，要么活动关节，要么捻响，要么攥着拳头，或是手指动来动去，往往会给人一种无聊的感觉，让人难以接受。在面谈活动时，有些手势会让人反感，严重影响形象。例如，手指在桌上乱写乱画。

（三）不必要的小动作

避免一些不必要的小动作。例如，玩弄衣带、笔，玩手指头，咬指甲、抠指甲，抓头皮，挠头皮，掏耳朵、抠鼻孔，跷起二郎腿乱抖，用脚敲踏地面，双手托下巴，说话时用手掩着口，摇摆小腿、抖腿等。

四、面试结束时的礼仪

面试结束时，不论是否被顺利录取，都要对用人单位的人事主管抽出宝贵时间来与自己见面表示感谢，并且表示期待着有进一步与他/她面谈的机会。与面试官道别，离开办公室时，应该把刚才坐的椅子扶正到刚进门时的位置，再次致谢后出门。经过前台时，要主动与前台工作人员点头致意或说“谢谢，再见”之类的话。

面试之后，回到家里，应该仔细记录整个面试经过，每个面试提问、每个细节都要记载在面试记录手册里。面试成功与否并不是最重要的，最重要的是从上一次面试中分析各种因素，学到经验，让自己下次面试表现得更好。

【补充资料】

面试自我介绍范例二则

例 1：我叫韩雪，今年 22 岁，是××学院护理专业的毕业生。入学以来，我的学习成绩在班上一直名列前茅，但我觉得学习成绩的优秀并不能说明整体素质的优秀。作为团支部书记，我努力做好自己的工作，依靠大家的努力，我们支部连续三年被评为优秀团支部，我也连续三年被评为优秀团干部。我在××医院××病房实习了一年，多次受到护士长的表扬。我性格开朗、活泼，待人热情诚恳。我认为我的性格对做好护理工作会有很大的帮助。

例 2：我叫李刚，是××职业学院汽修专业的毕业生，今年 20 岁。我从小就对汽车有着特殊的感情，特别喜欢我的专业。我们所学的主要专业课是汽车构造、汽车维修和汽车电器。我的文化课成绩一般，但专业课在班上数一数二，我还是学校少有的拿到了汽车驾驶执照的学生。

【实训设计】

情景模拟与角色扮演

一、实训内容

各小组自编一个面试情景，策划一次应聘面试，要求综合运用面试礼仪相关知识。

二、实训步骤

（1）各小组讨论确定自编情景，要求情景设计既要反应面试礼仪的基本要求，又要体现一定的创意，同时也不能太过夸张。

（2）各小组根据所拟情景，编排面试礼仪情景剧。

（3）各小组表演自己的情景剧，所有成员均须完成自己的角色任务。

（4）各小组主持人引导小组讨论，整合成果，并作交流。

（5）教师总结和点评学生实训中存在的问题。

三、任务考核

教师负责考核。考核评分标准如表 7. 2 所示。

表 7. 2　　面试礼仪评分表

组别＿＿＿＿＿　　姓名＿＿＿＿＿　　时间＿＿＿＿＿＿

评价项目与内容		应得分	扣分	实得分
准备工作	剧情合理，道具准备到位	5		
	实训过程全组协调良好	5		
基本知识掌握	熟悉面试的基本礼仪及应注意的问题	10		
神态、举止	声音大小适中、语速适中	5		
	热情、大方、得体	5		
	仪容、仪表、仪态得体	5		

表7.2(续)

评价项目与内容		应得分	扣分	实得分
面试礼仪	语言表达恰当	5		
	对面试其他礼仪知识的覆盖面及反映程度	10		
	情景设计的创新性	10		
	小组成员的角色扮演是否到位	10		
观摩讨论	观摩认真	5		
	积极讨论	5		
实训笔记	按规定时间上交	5		
	字迹清楚、填写规范、内容详尽完整	5		
	实训分析总结正确	5		
	能提出合理化建议及创新见解	5		
合计		100		

考评教师（签名）：

参考文献

[1] 杜明汉. 商务礼仪——理论、实务、案例、实训 [M]. 北京：高等教育出版社，2010.

[2] 罗树宁. 商务礼仪与实训 [M]. 2 版. 北京：化学工业出版社，2012.

[3] 杨再春，陈方丽. 商务礼仪实训教程 [M]. 北京：清华大学出版社，2010.

[4] 徐汉文. 商务礼仪实训 [M]. 大连：东北财经大学出版社，2010.

[5] 赖红清. 新编商务礼仪与实训教程 [M]. 武汉：华中科技大学出版社，2012.

[6] 闫秀荣. 现代社交礼仪 [M]. 北京：人民邮电出版社，2011.

[7] 胡爱娟，陆青霜. 商务礼仪实训 [M]. 2 版. 北京：首都经济贸易大学出版社，2011.

[8] 周思敏. 你的礼仪价值百万 [M]. 北京：中国纺织出版社，2010.

[9] 基蒂 O · 洛克，唐娜 S. 金茨勒. 商务与管理沟通 [M]. 金茨勒，译. 北京：机械工业出版社，2008.

[10] 王慧敏. 商务沟通教程 [M]. 北京：中国发展出版社，2009.

[11] 金正昆. 商务礼仪教程 [M]. 4 版. 北京：中国人民大学出版社，2013.

[12] 金正昆. 商务礼仪 [M]. 北京：北京联合出版公司，2013.

[13] 金正昆. 社交礼仪 [M]. 北京：北京联合出版公司，2013.

[14] 金正昆. 职场礼仪 [M]. 北京：北京联合出版公司，2013.

[15] 金正昆. 公关礼仪 [M]. 北京：北京联合出版公司，2013.

[16] 林友华. 社交礼仪 [M]. 4 版. 北京：高等教育出版社，2014.

[17] 吕维霞，刘彦波. 商务礼仪 [M]. 北京：清华大学出版社，2007.

[18] 胡柳. 实用礼仪 [M]. 上海：华中科技大学出版社，2008.

[19] 姜红. 商务礼仪 [M]. 上海：复旦大学出版社，2009.

[20] 杰奎琳. 惠特摩尔. 商务礼仪 [M]. 姜岩，译. 北京：中央编译出版社，2010.

[21] 格罗斯，斯通. 男士商务礼仪着装 [M]. 洛日，张潇弓，译. 北京：中国纺织出版社，2009.

[22] 刘民英. 商务礼仪 [M]. 上海：复旦大学出版社，2014.

[23] 金正昆. 商务礼仪 [M]. 北京：北京大学出版社，2005.

[24] 刘丽娜. 哈佛商务礼仪课 [M]. 北京：中国法制出版社，2014.

［25］多丽丝·普瑟，张玲. 商务礼仪：聆听国际大师最权威的礼仪课［M］. 北京：科学出版社，2014.

［26］杨路. 高端商务礼仪：56 个细节决定商务成败［M］. 北京：北京联合出版公司，2013.